U0867672

仲裁与法律

ARBITRATION AND LAW

第145辑

《中国国际商事仲裁年度报告（2018～2019）》特辑

（中英文）

主办

中国国际经济贸易仲裁委员会

中国海事仲裁委员会

中国国际商会仲裁研究所

CIETAC

法律出版社

LAW PRESS·CHINA

仲裁与法律

第 145 辑

中国国际商事仲裁年度报告(2018～2019)

主　编:李　兵

副主编:杨　帆

编　委:陈　波　姚俊逸　陆　菲　贾　珅

赵　英　湛　玲　卢雅函　张　蓓

栗　撒　蔡　飞　田雨酥

地　　　址:北京市西城区桦皮厂胡同 2 号国际商会大厦 6 层

邮 政 编 码:100035

电　　　话:(010)82217788　64646688

传　　　真:(010)82217766　64643500

电 子 信 箱:law@ cietac. org

网　　　址:http://www. cietac. org

前　言

党的十八届四中全会提出“完善仲裁制度，提高仲裁公信力”的改革任务，党的十九大提出要加强预防和化解社会矛盾机制建设，开启了中国特色社会主义仲裁事业发展的新征程。中共中央办公厅、国务院办公厅印发的《关于完善仲裁制度提高仲裁公信力的若干意见》为我国仲裁事业发展指明了方向，要求服务国家全面开放和发展，提升仲裁委员会的国际竞争力。

作为中国最具代表性的国际性常设仲裁机构，中国国际经济贸易仲裁委员会（以下简称贸仲委）长期致力于促进国际商事仲裁的发展，具有独特优势和丰富经验。近年来，贸仲委保持着蓬勃发展的趋势，无论是受理案件总数、案涉标的总额还是在涉及当事人国别的广泛性等方面，均已跻身国际仲裁机构的前列。随着“一带一路”建设的全面推进，中国最高人民法院国际商事法庭的顺利运行发展，中国国际商事仲裁界与各国仲裁界的进一步交流合作，以贸仲委为代表的中国国际商事仲裁机构的国际化程度获得进一步提升，国际影响力不断扩大。

2015 年 9 月 22 日贸仲委在北京首次发布《中国国际商事仲裁年度报告（2014）》，这是国内第一次针对中国国际商事仲裁（通常意义上的中国涉外仲裁）的发展所作的年度总结。2014 年、2015 年、2016 年、2017 年年度的中英文版《中国国际商事仲裁年度报告》发布后，受到了国内外仲裁理论界和实务界的广泛关注。为进一步总结中国国际商事仲裁法治建设情况，推动我国国际商事仲裁制度完善、行业发展和信息交流，扩大我国在国际商事仲裁舞台上的话语权和影响力，并为我国进一步发展国际商事仲裁事业提供参考，贸仲委决定继续编写并发布《中国国际商事仲裁年度报告(2018 ~2019)》。

《中国国际商事仲裁年度报告(2018 ~2019)》采用实证分析与理论研究相结合的研究方法,力求展现中国国际商事仲裁的发展亮点。具体言之,在分析 2018 年中国国际商事仲裁案件数据和 2018 年至 2019 年 6 月中国仲裁法制实践发展的基础上,跟踪中国国际商事仲裁理论研究进展,探讨中国国际商事仲裁司法审查情况,分析《新加坡调解公约》对我国立法及仲裁工作的影响,以中国涉"一带一路"沿线国家或地区仲裁案件实践和中国金融仲裁实践作为 2018 ~2019 年年度中国国际商事仲裁发展的特别观察。

《中国国际商事仲裁年度报告(2018 ~2019)》除前言和结语外,共分为五章。第一章"中国国际商事仲裁发展概况",对 2018 年年度中国国际商事仲裁案件数据和 2018 年至 2019 年 6 月的仲裁实践概况进行梳理分析,概述中国国际商事仲裁政策和法制的发展情况,以及中国国际商事仲裁理论研究的动态进展。第二章"中国涉'一带一路'国家或地区仲裁实践观察",通过大数据分析以及对典型案例的剖析,首次总结了涉"一带一路"沿线国家或地区商事争议案件的特点和特色,以及当事人处理涉外商事争议案件的经验与启示,在此基础上提出风险防范的建议。第三章"中国金融仲裁实践观察",以近几年业务发展最迅猛、市场交易规模巨大、涉及法律问题相对复杂多样以及违约纠纷频发的资产管理业务为视角,就金融纠纷案件处理的最新发展、问题和挑战进行论述和分析。第四章"《新加坡调解公约》对我国立法及仲裁工作的影响",在介绍《新加坡调解公约》的背景和基本内容的基础上,着重分析了该公约项下的调解与仲裁程序中调解的关系,以及加入该公约对中国现行立法的影响,并提出了中国加入公约后现有"调解中心"开展调解工作需要注意的问题。第五章"中国国际商事仲裁司法审查",主要探讨涉外涉我国港澳台地区仲裁协议效力的确认、涉外涉我国港澳台地区仲裁裁决的撤销和不予执行、外国仲裁裁决的承认和执行及我国港澳台地区仲裁裁决的认可和执行等方面的司法审查情况。

2018 ~2019 年年度报告课题组负责人为中国人民大学法学院党委常务副

书记兼副院长、博士研究生导师杜焕芳教授和贸仲委仲裁研究所李兵主任，课题组主要成员为最高人民法院知识产权法庭审判长、国际商事法庭沈红雨法官，安杰律师事务所合伙人董箫律师，君泽君律师事务所合伙人陶修明律师，中伦律师事务所合伙人孙巍律师。具体任务分工如下：前言和结语由杜焕芳负责撰写，第一章由杜焕芳、沈红雨、郭诗雅、廖小瑜负责撰写，第二章由董箫负责撰写，第三章由陶修明负责撰写，第四章由孙巍负责撰写，第五章由沈红雨负责撰写。年度报告初稿完成后，李兵和杜焕芳对报告全文进行了统稿，贸仲委副主任兼秘书长王承杰，原党委书记兼副秘书长李虎，贸仲委仲裁院副院长赵健、谷岩等对报告进行了审稿。

《中国国际商事仲裁年度报告（2018～2019）》的编写，得到最高人民法院民事审判第四庭、司法部公共法律服务管理局、安杰律师事务所、君泽君律师事务所、中伦律师事务所、中国人民大学法学院等单位在资料提供、初稿撰写、中期评审等方面给予的便利条件和大力协助。贸仲委仲裁研究所粟撒、梁意等为本报告的分工协调、数据收集、文字核校、排版印刷等工作付出了大量努力。在此一并表示由衷感谢！

《中国国际商事仲裁年度报告（2018～2019）》课题组

2019 年 7 月

Preface

The Fourth Plenary Session of the 18th Central Committee of the Communist Party of China(CPC)put forth the guiding principles of "Perfecting the arbitration system and enhancing the credibility of arbitration" and the 19th CPC National Congress proposed the further construction of mechanisms for preventing and defusing social tensions, embarking on a new journey to push forward the arbitration cause of socialism with Chinese characteristics. The *Several Opinions on Improving the Arbitration System and Strengthening the Credibility of Arbitration* released by the General Office of the CPC Central Committee and General Office of the State Council points out the direction for the development of China's arbitration cause as serving the overall opening-up and development strategy and enhancing the international competitiveness of arbitration commissions.

As the most representative permanent international arbitration institution in China, China International Economic and Trade Arbitration Commission (CIETAC) has long been committed to pushing the development of international commercial arbitration, thus accumulating distinctive advantages and abundant experience in this regard. In recent years, CIEATC has been flourishing and ranking among the top international arbitration institutions in terms of caseload, the total amount in dispute, the diversity of nationalities of parties involved, and so forth. As the "Belt and Road" Initiative is implemented in an all-round way and the SPC's International Commercial Court put into smooth operation, the exchange and cooperation between China's international commercial arbitration and the arbitration communities of other countries were deepened, China's international commercial arbitration institutions, represented by CIETAC, became further internationalized and the influence of these arbitration institutions in international arena continuously expanded.

CIETAC released the *Annual Report on International Commercial Arbitration in China* (2014) in Beijing on 22 September 2015, which was the first annual summary ever released in China on the development of China's international commercial arbitration (or normally the "foreign-related arbitration"). Moreover, the release of the *Annual Report on International Commercial Arbitration* in China in both Chinese and English for the years of 2014, 2015, 2016 and 2017 attracted extensive attention of domestic and foreign arbitration theorists and practitioners. Therefore, CIETAC decides to move on to the preparation and publication of the *Annual Report on International Commercial Arbitration in China* (2018 – 2019) (2018 – 2019 *Annual Report*) to further summarize the construction of the legal system of international commercial arbitration in China, propel its improvement, development and the exchange of information, increase the voice and influence of China in international commercial arbitration arena and provide references for further development of international commercial arbitration cause in China.

Combining empirical analysis with theoretical research, the 2018 – 2019 *Annual Report* reflects the highlights in the development of international commercial arbitration in China. Specifically, based on the analysis of the data of international commercial arbitration case in 2018 and the development of the arbitration system and practices in China from January 2018 to June 2019, the 2018 – 2019 *Annual Report* follows up the development of theoretical research on China's international commercial arbitration, discusses judicial review over arbitration, analyzes the influence of *Singapore Convention on Mediation* on the legislation and arbitration in China, makes special observations on arbitration practice of cases involving the countries along the "Belt and Road" and China's financial arbitration practice as reflecting the development of international commercial arbitration in China of the year.

Apart from the *Preface* and *Summary of the Year*, the 2018 – 2019 *Annual Report* comprises five chapters. Chapter 1 *Overview of International Commercial Arbitration Development in China* sorts out and analyzes the data of China's international arbitration cases in 2018 and arbitration practice from January 2018 to June 2019, summarizes the development of policies and legal system of international commercial arbitration nationwide, and the trends and progress of theoretical research on China's international commercial arbitration. Chapter 2 *Observation on China's Arbitration Practice Involving the Countries/Regions along the "Belt and Road"*, based on the analysis of big data and typical cases, sums up the characteristics and distinctions of commercial dispute cases involving the countries/regions along the "Belt and Road" for the first time and the parties' experience of dealing with foreign-related commercial dispute cases, and brings forward the suggestions for risk prevention. Chapter 3 *Observation on China's Financial Arbitration Practice* discourses upon the latest development, problems and challenges of financial dispute cases with the focus being placed on the business of capital management, which has witnessed the most rapid development, maintained a huge market size, involved various complex legal issues and frequent default disputes in recent years. Chapter 4 *Influence of Singapore Convention on Mediation on the Legislation and Arbitration in China*, based on the introduction of the background and basic content of Singapore Convention on Mediation (Singapore Convention), analyzes the relationship between mediation under the Singapore Convention and mediation in the arbitration proceedings, and the influence of signing the Singapore Convention on China's current legislation, as well as raises issues that require special attention of the existing "mediation centers" upon China's joining in the Singapore Convention. Chapter 5 *Judicial Review of International Commercial Arbitration in China* focuses on discussing judicial review over the confirmation of the validity of arbitration agreements involving foreign countries, Hong Kong, Macao and Taiwan regions, the revocation and non-enforcement of foreign-related and Hong Kong-related, Macao-related and Taiwan-related (HMT-related) arbitral awards, as well as recognition and enforcement of arbitral awards made in foreign countries, Hong Kong, Macao and Taiwan regions.

The 2018 – 2019 *Annual Report* was prepared by the Research Team of Renmin University of China, led by Professor Du Huanfang, Executive Deputy Party Secretary and Vice President of the Law School of Renmin University of China, and Ms. Li Bing, Director of the Arbitration Research Institute of CIETAC. Main members of the Research Team include Ms. Shen Hongyu, Chief Judge of the Intellectual Property Court of the Supreme People's Court of China (SPC) and Judge of the International Commercial Court, Mr. Dong Xiao, Partner of AnJie Law Firm, Mr. Tao Xiuming, Partner of JunZeJun Law Offices, and Mr. Sun Wei, Partner of Zhong Lun Law Firm. Their respective duties are as follows: Preface and Summary of the Year were prepared by Professor Du Huanfang. Chapter 1 was jointly compiled by Professor Du Huanfang, Ms. Shen Hongyu, Ms. Guo Shiya and Ms. Liao Xiaoyu, Chapter 2 was compiled by Mr. Dong Xiao, Chapter 3 was compiled by Mr. Tao Xiuming; Chapter 4 was compiled by Mr. Sun Wei and Chapter 5 was compiled Ms. Shen Hongyu. After the initial draft was completed at the beginning of this year, Ms. Li Bing and Professor Du Huanfang finally compiled and edited this Report in whole, and Mr. Wang Chengjie, Vice Chairman and Secretary General of CIEATC, Mr. Li Hu, Deputy Party Secretary and Deputy Secretary General of CIEATC, Mr. Zhao Jian and Mr. Gu Yan, both Vice

Presidents of CIETAC Court of Arbitration reviewed the Report.

We hereby acknowledge substantial support and generous assistance from the Civil Adjudication Tribunal No. 4 of the SPC, Bureau of Public Legal Services Administration of the Ministry of Justice, AnJie Law Firm, JunZeJun Law Offices, Zhong Lun Law Firm and the Law School of Renmin University of China, etc. in providing information, drafting and interim review. We also extend our gratitude to Ms. Su Sa and Ms. Liang Yi et al. of the Arbitration Research Institute of CIETAC for great efforts in coordination, information collection, proofreading, typesetting and printing of this Report.

Research Team of the Annual Report on International
Commercial Arbitration in China (2018 – 2019)
June 2019

目 录

Table of Contents

第一章　中国国际商事仲裁发展概况

2018年全国仲裁机构受案量继续保持高速增长，涉外仲裁案件的数量也稳步上升。2018年是“一带一路”倡议践行五周年，中共中央办公厅、国务院办公厅印发了中央全面深化改革领导小组审议通过的《关于建立“一带一路”国际商事争端解决机制和机构的意见》，部署了设立国际商事法庭、组建国际商事专家委员会、建设“一站式”国际商事纠纷解决平台三大任务，这对保障“一带一路”建设顺利实施意义重大，也给中国商事仲裁国际化创造了前所未有的发展机遇。在国际商事仲裁研究动态方面，主题更加集中、研究越发深入，“一带一路”争端解决机制、仲裁法修改与仲裁程序改革、国际投资仲裁的“去商事化”、国际商事仲裁改革中的“加速”仲裁程序、紧急仲裁制度、国际商事仲裁中的透明度等问题，是国内外仲裁研究者关注的热点。

一、中国国际商事仲裁案件数据分析

（一）全国仲裁委员会受理案件情况[①]

1. 受案量及标的额

2018年，全国255家仲裁委员会共受理案件544，536件，比2017年增加305，176件，增长率为127%；案件标的总额人民币6950亿元，比2017年增加1612亿元，增长率为30%。有22家仲裁委员会运用网上仲裁方式，共处理案件357，008件，占全国案件总数的66%。

---

① 资料来源：司法部公共法律服务管理局《二〇一八年全国仲裁处理案件情况》。

2018 年,全国仲裁机构中,中国国际商会设立的仲裁委员会(共2家),受理案件3027件,约占全国案件总数的0.56%;标的额人民币1018亿元,约占全国案件标的总额的14.6%。其中,中国国际经济贸易仲裁委员会(以下简称贸仲委)受理仲裁案件2962件,涉案标的额人民币1015.9亿元(见图1-1、图1-2、图1-3、图1-4)。

直辖市设立的仲裁委员会(共5家)受理案件15,727件,约占全国案件总数的2.9%;标的额人民币1397亿元,约占全国案件标的总额的20.1%。

省、自治区人民政府所在地的市设立的仲裁委员会(共27家)受理案件273,072件,约占全国案件总数的50.1%;标的额人民币1833亿元,约占全国案件标的总额的26.4%。

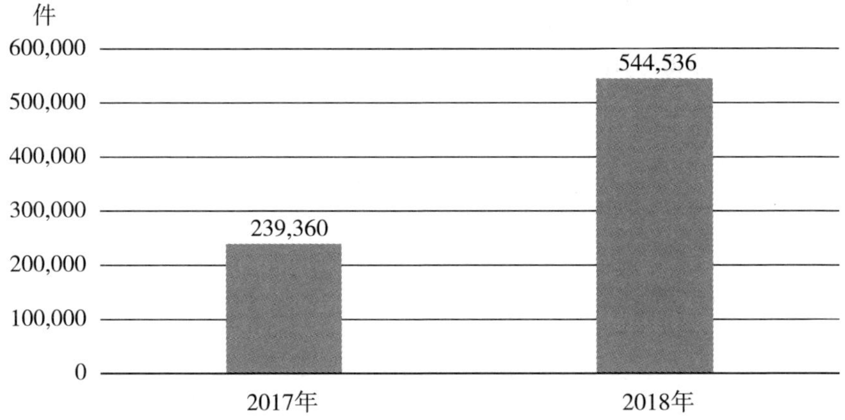

图1-1 全国仲裁委员会受案总量

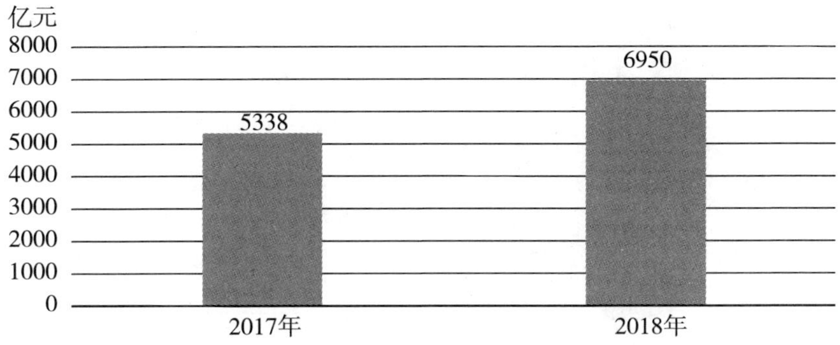

图1－2　全国仲裁委员会案件标的总额

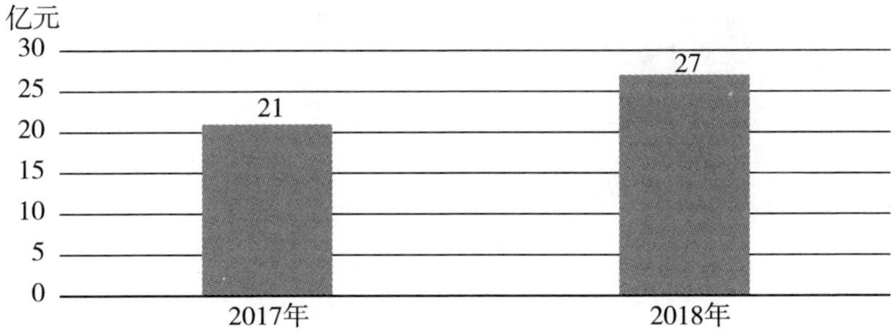

图1－3　全国仲裁委员会平均受案标的额

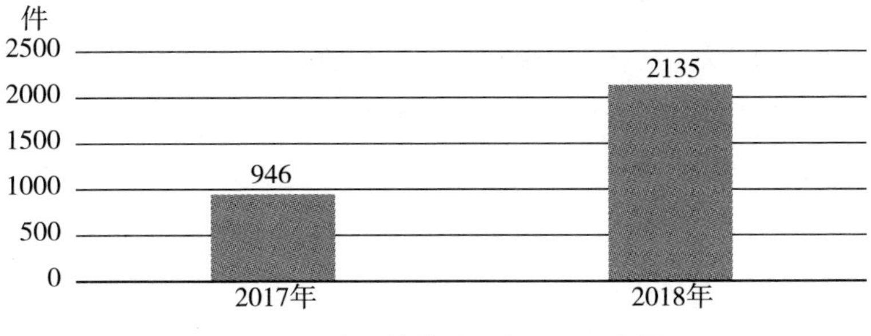

图1－4　全国仲裁委员会平均受案量

其他设区的市设立的仲裁委员会(共221家)受理案件252,710件,约占全国案件总数的46.4%;标的额为人民币2702亿元,约占全国案件标的总额的38.9%(见图1－5、图1－6)。

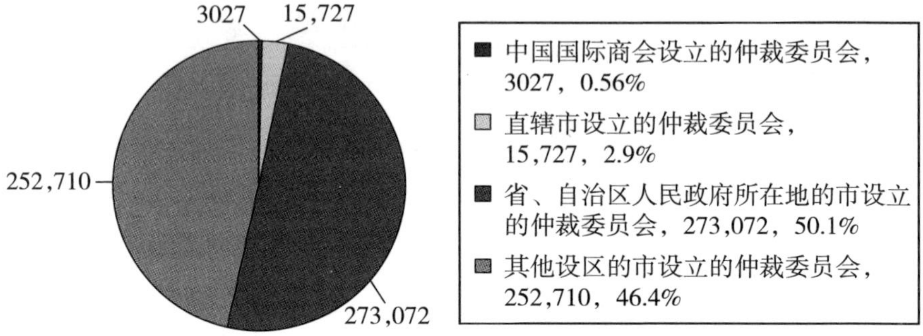

图1－5　受理案件占比(单位:件)

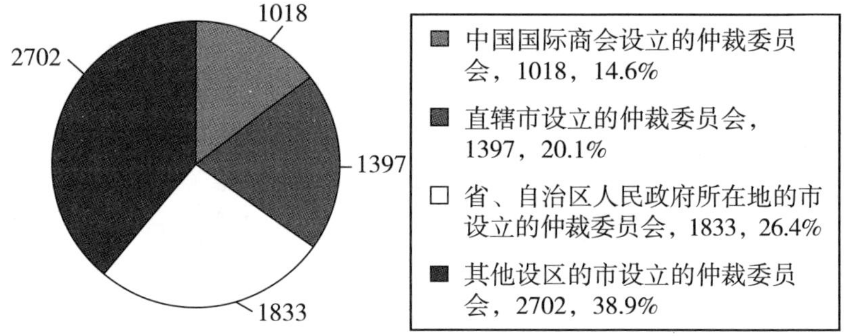

图1－6　标的额占比(单位:亿元)

2. 受理主要案件类型情况

2018年全国仲裁委员会处理各类案件的数量和占比依次为:金融类案件120,358件,占全国案件总数的22.1%;房地产类案件38,861件,占7.14%;交通事故赔偿类案件19,651件,占3.61%;买卖类案件15,180件,占2.79%;建设工程类案件10,946件,占2.01%;物业类案件10,014件,占1.84%;保险类案件9084件,占1.67%;租赁类案件8966件,占1.65%;股权转让类案件2518件,占0.46%;电子商务类案件1286件,占0.24%;土地交易类案件834件,占0.15%;农业生产经营类案件553件,占0.1%;医疗纠纷赔偿类案件266件,占0.05%。

2018年全国仲裁委员会处理各类案件标的额和占比依次为:金融类案件标的额为人民币2334亿元,占全国案件标的总额的33.58%;建设工程类人民币956亿元,占13.76%;股权转让类人民币913亿元,占13.13%;房地产类人民币449亿元，占6.46%；土地交易类人民币415亿元，占5.97%；买卖类人民币385亿元，占5.54%；租赁类人民币195亿元，占2.8%；保险类人民币20亿元，占0.29%；交通事故赔偿类人民币19亿元，占0.27%；物业类人民币16亿元，占0.23%；农业生产经营类人民币6亿元，占0.09%；电子商务类人民币4亿元，占0.06%；医疗纠纷赔偿类人民币1亿元，占0.01%。

3. 平均处理案件情况

2018年全国255个仲裁委员会平均处理案件2135件，比2017年增加1189件，增长率为126%；平均标的额为人民币27亿元，比2017年增加6亿元，增长率为29%。

4. 调解和解及司法监督情况

2018年以调解和解方式结案的案件数为140,281件，占受案总数的26%，较2017年的69,450件及占受案总数29%的调解和解率，案件数增加了70,831件，调解和解率下降了3%（见图1－7）。

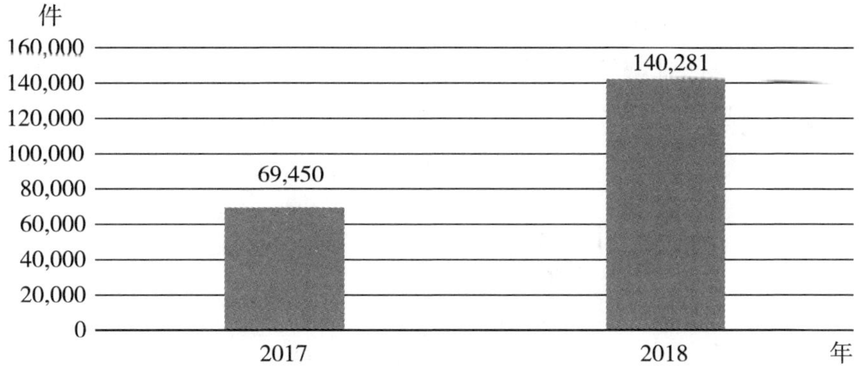

图1－7　调解和解结案案件数

2018年全国仲裁委员会被人民法院裁定撤销仲裁裁决共计64件，占案件总数的0.01%，与2017年的186件及占案件总数0.07%的撤销率相比下降0.06%；被裁定不予执行仲裁裁决137件，占案件总数的0.03%，与2017年的100件及占案件总数0.04%的不予执行率相比下降0.01个百分点。

5. 涉外、涉我国港澳台地区案件受理情况

2018 年共 56 家仲裁委员会受理涉外、涉我国港澳台地区案件 3673 件,与 2017 年基本持平。其中,涉港案件 1501 件,涉澳案件 321 件,涉台案件 281 件。其他涉外案件 1570 件。

(二)中国国际商事仲裁实践之比较

鉴于中国国际商事仲裁无论从立法上还是实践中均为机构仲裁模式,本章以世界上主要仲裁机构官方网站或其他官方渠道公布的 2018 年年度报告和案件数据的统计和内容为基础,通过横向比较,分析中国国际商事仲裁实践中的特点,从而揭示和反映中国国际商事仲裁实践的最新趋势和发展方向。

1. 受案量

2018 年贸仲委受理仲裁案件总计 2962 件,同比增长 28.89%,受理仲裁案件数量有了明显的增长。其中,涉及 60 个国家和地区的涉外、涉我国港澳台地区案件共 522 件(双方均为境外当事人案件 36 件),同比增长 9.66%(见图 1-8)。适用英文、中英文、德文作为仲裁语言的案件 79 件。并有案件适用包括国际商会仲裁院仲裁规则和《联合国国际贸易法委员会仲裁规则》在内的其他机构仲裁规则,以及约定适用包括《联合国国际货物销售合同公约》、哈萨克斯坦法、瑞士法、日本法在内的国际公约或外国法律。

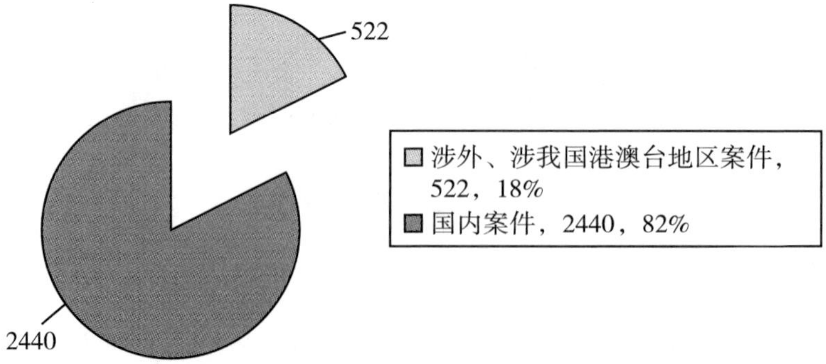

图 1-8　贸仲委 2018 年案件数量对比(单位:件)

国际商会仲裁院(International Chamber of Commerce International Court of

Arbitration,ICC)在2018年共受理仲裁案件842件,案件登记数量为历年来第二高,仅相比2016年的966件仲裁案件的纪录略有下滑。

伦敦国际仲裁院(London Court of International Arbitration,LCIA)在2018年共受理317件仲裁案件,比2017年略有上升。所有案件中,271件为LCIA依照其机构仲裁规则管理的仲裁案件,这一数据创下了LCIA的最高纪录。在LCIA受理的所有案件中,41件为在适用《联合国国际贸易法委员会仲裁规则》(UNCITRAL Arbitration Rules,以下简称《UNCITRAL规则》)的案件中担任指定机构(appointing authority)或提供其他行政服务,抑或是在适用《UNCITRAL规则》的案件或其他临时仲裁中提供资金托管等服务。

斯德哥尔摩商会仲裁院(The Arbitration Institute of the Stockholm Chamber of Commerce,SCC)2018年共受理案件152件。其中76件是国际仲裁案件,占受案量的一半;87件案件适用SCC的仲裁规则,52件案件适用了SCC的快速仲裁规则,4件案件指定了紧急仲裁员。

新加坡国际仲裁中心(Singapore International Arbitration Centre,SIAC)2018年共接受新申请仲裁案件402件,涉及金额共计70.6亿美元(约为96.5亿新加坡元),其中375件案件由SIAC进行机构管理,占总案件数量的93%,27件案件为临时仲裁,占比7%。机构管理案件平均争议金额为2614万美元(约为3574万新加坡元)。

香港国际仲裁中心(Hong Kong International Arbitration Centre,HKIAC)2018年受理案件521件,比2017年减少了2.06%。其中,265件为仲裁案件,21件为调解案件,235件为域名争议案件。在仲裁案件中,146件为HKIAC依照其机构仲裁规则或《UNCITRAL规则》管理的仲裁案件,比2017年减少了6.41%(见图1-9)。

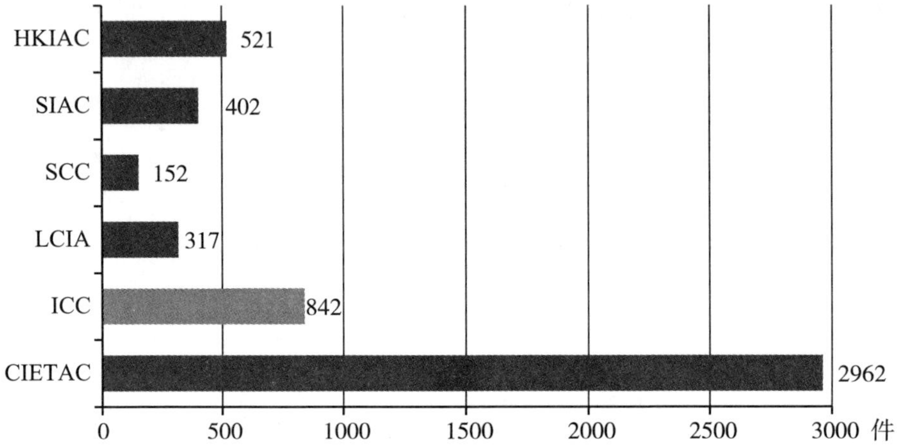

图1－9 2018年各大仲裁机构受案数量对比

2. 案件当事人

对于国际商事仲裁，案件当事人的国际化程度也可以反映仲裁机构在国际仲裁中受认可的程度。各国际主要仲裁机构目前公布的有关2018年案件当事人来自的国家或地区的情况如下：

贸仲委的案件当事人涉及60个国家和地区，主要来自美国、加拿大、巴西、墨西哥、德国、英国、法国、意大利、西班牙、奥地利、荷兰、南非、俄罗斯、澳大利亚、印度、日本、韩国、新加坡以及我国香港特别行政区等，涉及"一带一路"沿线23个国家或地区共73宗案件。

2018年ICC受理的842件案件，涉及来自135个国家或地区的2282位当事人。其中受案量前5位的国家或地区为美国、法国、巴西、西班牙和德国，阿拉伯联合酋长国和土耳其首次进入前10位，中国（包括香港特别行政区）排在第11位。亚洲中部和西部地区案件当事人数量呈现大幅增长趋势，成为世界第四大案件受理地区。非洲北部地区案件当事人数量有一定增长，欧洲地区保持稳定。

2018年在LCIA受理的案件中，来自英国的案件当事人数量最多（占20.6%），紧随其后的是来自西欧的当事人（占15.8%），来自北美和加勒比海地区的当事人数量相对下降。

2018 年 SCC 受理案件的当事人来自 43 个国家或地区，来自瑞典的当事人占比最多，共 105 位。除瑞典外，来自俄罗斯、德国、乌克兰的当事人最多。

2018 年 SIAC 受理的案件以国际案件为主，377 件为国际案件，占比 84%。2018 年 SIAC 受理的案件所涉及的当事人来自 65 个司法辖区。其中来自美国的当事人数量首次占据了最大比重（109 位），来自印度和马来西亚的当事人数量紧随其后（分别为 103 位和 82 位）。受案前 10 位的其他国家或地区还有中国内地、印度尼西亚、开曼群岛、阿拉伯联合酋长国、韩国、中国香港特别行政区、日本。

2018 年 HKIAC 受理的仲裁案件仍以国际案件为主，71.7% 的仲裁案件涉及至少一个非香港特别行政区当事人，80.7% 的机构仲裁案件为国际案件，39.4% 的仲裁案件与中国香港特别行政区没有联系，8.4% 与亚洲没有联系。2018 年 HKIAC 受理的案件所涉及的当事人来自 40 个国家或地区。其中，受案量前 10 位的国家或地区为：中国香港特别行政区、中国内地、英属维尔京群岛、美国、开曼群岛、新加坡、韩国、澳门、越南和马来西亚。

3. 争议类型

贸仲委 2018 年受理的案件类型多达 20 种，新类型案件增加，比 2017 年受理的案件类型多了自然资源、矿产资源纠纷，文化、娱乐产业纠纷，互联网纠纷、电子商务纠纷等案件类型。贸仲委 2018 年受理的案件类型主要包括一般货物买卖纠纷、非金融争议类借款合同纠纷、股权投资和股权转让纠纷、服务合同纠纷、机电设备纠纷、建筑工程纠纷等。一般货物买卖纠纷案件数量位居首位，共 452 件；非金融争议类借款合同纠纷案件数量大幅增长（比 2017 年增加 375 件，为 442 件）；股权投资、股权转让纠纷案件也大幅增加（比 2017 年增加 129 件，为 348 件）；服务合同纠纷案件，机电设备纠纷案件，建筑、装修工程、承包工程、房地产开发建设纠纷案件保持较高数量（分别为 347 件、309 件、228 件）（见图 1－10）。

2018 年 ICC 受理的 842 件案件中，数量排名前列的案件类型为建设工程、能源、电信和专有技术、金融和保险。

根据2018年LCIA年报公布的数据,LCIA2018年受理的案件主要分布在如下领域:银行和金融(29%)、能源和矿产(19%)、交通及商品(14%)、建筑工程(10%)、专业服务(7%)等,其中银行和金融、矿产和能源、交通及商品纠纷成为构成该机构的主要案件类型。

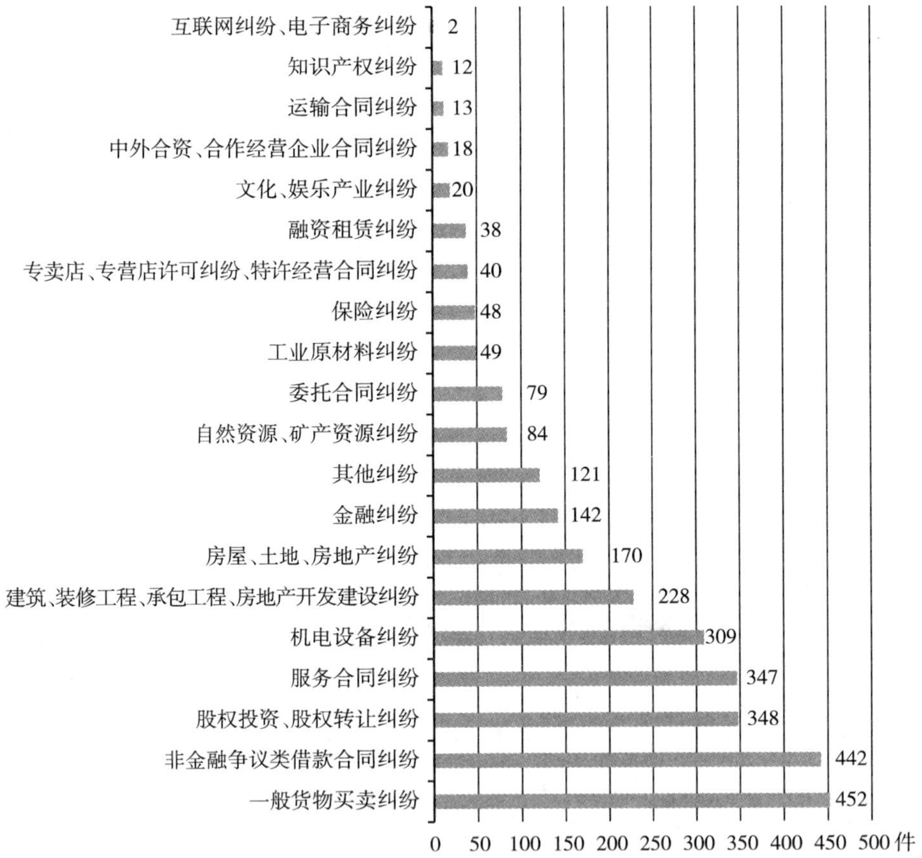

图1-10　2018年贸仲委受案类型及案件数

根据SCC公布的数据,其2018年受理的152个案件中,主要的纠纷类型涉及如下几个方面:服务协议纠纷(45件)、运输协议纠纷(26件)、并购纠纷(20件)、股东协议纠纷(14件)。

2018 年 SIAC 受理的案件类型主要为：贸易纠纷（27%）、商务纠纷（包括代理、分销、特许经营、许可等，占比 19%）、海事/运输纠纷（18%）、公司案件纠纷（15%）、建筑/工程纠纷（11%）等。

根据 HKIAC 公布的数据，其 2018 年受理的案件设计的领域主要集中在国际贸易（29.6%）、公司（18.6%）、海事（15.1%）、建筑工程（13.7%）、银行与金融（11.9%）、专业服务（8.0%）、知识产权（1.8%）、投资者与东道国（0.9%）、保险（0.4%）等领域。

4. 仲裁地

因为中国是一个整体的法域概念，在贸仲委 2018 年受理的案件中，中国内地仍然是绝大多数案件的仲裁地。当事人约定作为争议解决的地点，如上海、深圳、广州、重庆等。通常这种约定被视为当事人对于开庭地的约定。

2018 年 ICC 仲裁院受理案件的仲裁地分布比较广泛，分布于 60 个国家的 108 个不同的城市。其中排名前 6 位的仲裁地为：法国（137 件）、瑞士（78 件）、美国（75 件）、英国（72 件）、新加坡（27 件）和巴西（27 件）。

2018 年 LCIA 受理案件的仲裁地，绝大多数（88%）被选择或被认定在英国，数量为 238 件。仲裁地数量排名第二位的瑞士有 5 件，第三位的阿拉伯联合酋长国有 4 件。

2018 年 SCC 受理的案件中，69% 的案件选择斯德哥尔摩作为仲裁地，选择哥德堡作为仲裁地的案件数量位列第二，选择马尔默市（瑞典南端城市）作为仲裁地的案件数量名列第三。总体而言，选择瑞典以外的地点作为仲裁地的案件相对较少。

2018 年 HKIAC 受理的案件，绝大多数的案件（94.7%）的仲裁地被选择或认定在中国香港特别行政区，仅有小部分仲裁地被选择或认定在中国澳门特别行政区、新加坡或“中国香港特别行政区和印度”。

5. 仲裁员

2018 年贸仲委受理的案件中，外籍仲裁员共 59 人次参与审理案件 58 件。

ICC 仲裁院的数据显示，2018 年仲裁员的多样性进一步提升，来自亚洲和非洲地区的仲裁员数量有所上升。同时,女性仲裁员数量继续呈现大幅增长趋势,并且女性仲裁员中有32%担任首席仲裁员,30%担任独任仲裁员,相比2017年分别提高了1%和5%。此外,仲裁员队伍更加年轻化,年龄为50岁以下的仲裁员占35%。

2018年LCIA共指定仲裁员449次,获得指定的仲裁员共有239位。这些仲裁员来自34个国家。虽然大多数仲裁员将英国列为他们的第一国籍,但也有相当数量的仲裁员来自美国、加拿大、亚洲和欧洲大陆。当事人和仲裁员在20%和27%的情况下会选择非英国的仲裁员,而LCIA在57%的情况下选择了非英国的仲裁员。此外,在参与案件审理的仲裁员中,有23%是女性,这一比例比2017年减少了1%。

2018年SCC共指定了225名仲裁员,其中男性占73%,女性占27%,女性占比相较2017年的18%有所提升。所有仲裁员中,来自欧洲的仲裁员在SCC最受欢迎,共有210名来自欧洲的仲裁员被任命,其次是亚洲和北美(均为5名)。

SIAC在2018年为156个独任仲裁庭和19个三人仲裁庭共指定了175位仲裁员。这些仲裁员分别来自澳大利亚、加拿大、中国、法国、德国、印度、印度尼西亚、伊朗、爱尔兰、意大利、拉脱维亚、马来西亚、荷兰、新西兰、葡萄牙、新加坡、韩国、瑞士、英国、美国。从2018年的统计数据来看,来自新加坡(124名)、英国(85名)和澳大利亚(31名)的仲裁员较多。

2018年HKIAC共指定125名仲裁员,其中女性仲裁员占17.6%(22名),还有30.4%的仲裁员(21名)是HKIAC在之前的3年内都没有指定过的。仲裁员多来自英国、中国香港特别行政区、加拿大和新加坡。

6. 仲裁争议金额

2018年贸仲委受理仲裁案件涉案标的额首次突破千亿元大关,达人民币1015.90亿元,同比增长41.32%。标的额上亿元案件达171件,同比增长46.15%。

2018年ICC受理的案件争议总金额为360亿美元,平均争议金额为4500

万美元。截至 2018 年年底，待决争议总金额达到 2030 亿美元，平均争议金额为 1.31 亿美元，争议金额中位数为 1000 万美元。

2018 年 LCIA 受理的 11% 的案件争议金额超过 1 亿美元，7% 的案件争议金额在 5000 万美元到 1 亿美元。

2018 年 SCC 受理的案件总金额为 133 亿欧元，与 2017 年（15 亿欧元）相比，总金额显著增加。其中适用快速仲裁规则的案件争议金额为 1980 万欧元，适用普通规则的案件争议金额为 133 亿欧元。

2018 年 SIAC 受理的案件争议标的总额达到 70.6 亿美元（约为 96.5 亿新加坡元）。案件最高争议金额为 23.8 亿美元（约为 32.5 亿新加坡元）。

2018 年 HKIAC 受理案件争议总金额为 522 亿港元（约为 67 亿美元），比 2017 年增长了 34%。

7. 小结

通过对上述主要国际商事仲裁机构的年度报告和案件数据的统计分析，可以得出以下基本结论。

第一，各主要国际商事仲裁机构受理案件数量的变化有所不同，出现了新的趋势。ICC、SCC、SIAC、HKIAC 等仲裁机构受案量略有下降，而 LCIA 和贸仲委的受案量较 2017 年上升。其中，贸仲委保持着蓬勃发展的趋势，受案量大幅增长，总受案量在国际仲裁机构中位居前列。

第二，就争议类型而言，中国国际商事仲裁机构受理案件纠纷的类型进一步增加。尽管各个机构对于受案类型的分类标准不尽相同，但从受案类型大致的领域分布可以发现：中国国际商事仲裁机构受理的案件不仅包括传统的一般货物买卖纠纷、机电设备纠纷、中外合资和中外合作经营合同纠纷等类型的案件，也涉及了较新型的服务合同纠纷、金融纠纷、股权投资和股权转让纠纷、互联网纠纷、电子商务纠纷、文化和娱乐产业纠纷等类型的案件，受理案件争议类型的覆盖面之广、跨度范围之大，与其他国际仲裁机构相比也毫不逊色，甚至有所赶超。

第三，从争议金额的角度来看，各个国际仲裁机构均在 2018 年实现了受案总标的额的明显增长。其中,SCC受案总标的额增长显著。贸仲委受理仲裁案件涉案标的额首次突破千亿元大关,达人民币1015.90亿元,同比增长41.32%,在国际仲裁机构中位居前列。

第四,就国际化程度而言,以贸仲委为代表的中国国际商事仲裁机构,在2018年国际影响力不断扩大。随着“一带一路”建设的全面推进,中国最高人民法院国际商事法庭的发展,中国国际商事仲裁界与各国仲裁界的进一步交流合作,中国国际商事仲裁国际化程度将获得进一步提升。随着中国国际商事仲裁机构外籍仲裁员数量的增加和仲裁员名册制度限制的逐渐开放,贸仲委在国际仲裁员参与仲裁方面将给当事人提供更多的选择,更大程度地丰富了中国国际商事仲裁的实践。

二、中国国际商事仲裁政策法制实践

2018年12月31日中共中央办公厅、国务院办公厅印发了《关于完善仲裁制度提高仲裁公信力的若干意见》,并发出通知,要求各地区各部门结合实际认真贯彻落实,该意见为中国国际商事仲裁的有序发展和立法修改提供了坚实基础。2018年最高人民法院继续积极支持仲裁事业发展,规范仲裁协议效力的认定、仲裁保全、裁决撤销和不予执行的审查程序,努力营造支持仲裁的司法环境,保障和促进仲裁国际国内公信力的提升。

(一)《关于完善仲裁制度提高仲裁公信力的若干意见》

党的十八届四中全会提出“完善仲裁制度,提高仲裁公信力”的改革任务,党的十九大提出要加强预防和化解社会矛盾机制建设,开启了中国特色社会主义仲裁事业发展的新征程。为深入学习贯彻习近平新时代中国特色社会主义思想,全面贯彻落实党的十九大精神,完善仲裁制度、提高仲裁公信力,中共中央办公厅、国务院办公厅印发了《关于完善仲裁制度提高仲裁公信力的若干意见》(以下简称《若干意见》)。

《若干意见》指出,仲裁是我国法律规定的纠纷解决制度,也是国际通行的纠纷解决方式。充分发挥仲裁在尊重当事人意思自治和便捷、高效解决纠纷等方面的作用，对完善仲裁、调解、行政裁决、行政复议、诉讼等有机衔接、相互协调的多元化解纠纷机制，公正及时解决矛盾，妥善化解纠纷，维护社会稳定，促进改革开放，保障经济社会持续健康发展具有重要意义。我国《仲裁法》颁布20多年来，全国仲裁工作始终坚持正确的政治方向和科学的专业服务方向，紧紧围绕党和国家的中心工作，自觉服务经济社会发展大局，化解了大量纠纷，在经济、社会发展过程中发挥了重要作用。同时也要看到，随着社会主义市场经济的深入发展和对外开放的进一步扩大，仲裁工作面临仲裁委员会内部治理结构不完善、仲裁发展秩序不规范、仲裁国际竞争力不强、监督制约机制不健全、支持保障不到位等新情况、新问题，进而影响了仲裁公信力，制约了仲裁事业的健康快速发展。

《若干意见》明确提出，要从规范仲裁委员会设立和换届有关工作、保障仲裁委员会依法独立工作、落实当事人意思自治原则、纠正扰乱仲裁发展秩序的行为等方面严格贯彻落实仲裁法律制度。要明确仲裁委员会的公益性、非营利性质，加强委员会建设，改革完善内部治理结构和管理机制，改进仲裁员选聘和管理制度，推进仲裁秘书职业化和专业化建设。要加快推进仲裁制度改革创新，支持仲裁融入基层社会治理，积极发展互联网仲裁，推进行业协作和仲裁区域化发展。要服务国家全面开放和发展战略，提升仲裁委员会的国际竞争力，加强对外交流合作，深化与我国港澳台地区仲裁机构合作。要加强党的领导，加大政府对仲裁工作的支持与监督力度，健全行业自律，完善司法支持监督机制，发挥社会监督作用。

《若干意见》要求，各地区各部门要结合各自实际，研究提出具体落实措施，认真谋划、周密安排、分工负责、加快推进，努力开创新时代中国特色社会主义仲裁事业新局面。各地区各部门对贯彻落实《若干意见》中发现的问题要及时研究提出解决方案，对制约和阻碍本意见实施的有关制度抓紧组织清理，不符合《若干意见》的要及时修改、废止。对违反我国《仲裁法》等有关规定的行为，按照“谁组建，谁负责，谁监督”的原则，由组建仲裁委员会的市政府进行全面清理整顿。贯彻落实情况和工作中遇到的重要事项要及时报司法部。

(二)构建"一带一路"国际商事争端解决机制

为深入贯彻落实中共中央办公厅、国务院办公厅《关于建立"一带一路"国际商事争端解决机制和机构的意见》,依法及时公正审理国际商事案件,平等保护中外当事人合法权益,营造稳定、公平、透明、便捷的法治化营商环境,最高人民法院于2018年6月27日发布《关于设立国际商事法庭若干问题的规定》(以下简称《国际商事法庭规定》),于广东省深圳市、陕西省西安市成立第一、第二国际商事法庭并开始正式办公,最高人民法院民事审判第四庭负责协调并指导两个国际商事法庭工作。2018年6月和12月,最高人民法院周强院长先后任命两批共15名国际商事法庭法官。2018年10月最高人民法院分别设立第一、第二国际商事法庭案件管理办公室,负责国际商事法庭案件的登记、立案及统筹管理等相关事务性工作。2018年11月21日最高人民法院办公厅印发了《最高人民法院国际商事法庭程序规则(试行)》。2018年12月第一国际商事法庭受理5宗涉外案件,分别为不当得利纠纷、产品责任纠纷和3件申请确认仲裁协议效力案件,第二国际商事法庭受理了4宗关联案件,分别为公司盈余分配纠纷、股东资格确认纠纷,损害公司利益责任纠纷案,案件分别涉及日本、意大利、英属维尔京群岛、泰国等多个国家。

为加强国际交流与合作,保障与促进国际商事法庭审判工作的顺利开展,支持调解、仲裁、诉讼等多元方式解决国际商事纠纷,最高人民法院于2018年8月24日印发《关于成立国际商事专家委员会的决定》,明确国际商事专家委员会由最高人民法院聘请的中外专家组成,专家委员接受国际商事法庭的委托为当事人解决国际商事纠纷提供调解等服务,为人民法院审理国际商事纠纷案件所涉专门性法律问题提供咨询意见,为最高人民法院制定相关司法解释及司法政策提供意见和建议。2018年7月11日最高人民法院设立国际商事专家委员会办公室。2018年8月26日最高人民法院正式成立国际商事专家委员会,并举办了最高人民法院国际商事专家委员会首届研讨会,来自15个国家的32名专家被聘任为首批专家委员。2018年11月21日最高人民法院办公厅印发《国际商事专家委员会工作规则(试行)》。

为建立诉讼与调解、仲裁有机衔接的国际商事纠纷解决平台，形成便利、快捷、低成本的"一站式"国际商事纠纷多元化解决机制，最高人民法院在《国际商事法庭规定》中明确规定，最高人民法院国际商事法庭支持当事人通过调解、仲裁、诉讼有机衔接的纠纷解决平台，选择其认为适宜的方式解决国际商事纠纷。2018 年 11 月 13 日最高人民法院办公厅印发《关于确定首批纳入"一站式"国际商事纠纷多元化解决机制的国际商事仲裁及调解机构的通知》，根据相关机构申报，综合考虑各机构前期受理国际商事纠纷案件的数量、国际影响力、信息化建设等因素，确定中国国际经济贸易仲裁委员会、上海国际经济贸易仲裁委员会、深圳国际仲裁院、北京仲裁委员会、中国海事仲裁委员会以及中国国际贸易促进委员会调解中心、上海经贸商事调解中心，作为首批纳入"一站式"国际商事纠纷多元化解决机制的仲裁和调解机构。至此，以设立国际商事法庭、牵头组建国际商事专家委员会、建设"一站式"国际商事纠纷解决平台为主要内容的"一带一路"国际商事争端解决机制已初步建成。

（三）"一站式"国际商事纠纷解决机制下的国际仲裁司法审查新模式

国际商事法庭在尊重当事人意思自治的基础上拓宽当事人自主选择争端解决的途径，构成对现行国际争端解决机制的有益补充。根据《国际商事法庭规定》第 2 条的规定，国际商事法庭受理 5 种特定类型的国际商事案件：一是当事人依据我国《民事诉讼法》第 34 条书面协议选择最高人民法院管辖且标的额在人民币 3 亿元以上的第一审国际商事案件；二是应当由高级人民法院受理的第一审国际商事案件，但是高级人民法院认为需要由最高人民法院审理且经过最高人民法院准许的；三是在全国有重大影响的第一审国际商事案件；四是依照《国际商事法庭规定》第 14 条确立的"一站式"纠纷解决平台内当事人申请国际商事法庭进行仲裁保全、申请撤销裁决或者申请执行仲裁裁决的案件；五是最高人民法院认为应当由国际商事法庭审理的其他国际商事案件。其中，第四类案件即是由"一站式"国际商事纠纷解决机制处理的国际商事仲裁司法审查案件。

《最高人民法院国际商事法庭程序规则（试行）》第 7 章"支持仲裁解决纠

纷”进一步明确了“一站式”纠纷解决平台的运作方式。该程序规则第34条规定:“当事人依照《规定》第十四条第一款的规定,就标的额人民币三亿元以上或其他有重大影响的国际商事案件申请保全的,应当由国际商事仲裁机构将当事人的申请依照民事诉讼法、仲裁法等法律规定提交国际商事法庭。国际商事法庭应当立案审查,并依法作出裁定。”该程序规则第35条规定:“当事人依照《规定》第十四条第二款的规定,对国际商事仲裁机构就标的额人民币三亿元以上或其他有重大影响的国际商事案件作出的仲裁裁决向国际商事法庭申请撤销或者执行的,应当提交申请书,同时提交仲裁裁决书或者调解书原件。国际商事法庭应当立案审查,并依法作出裁定。”即对于纳入“一站式”纠纷解决平台的国际商事仲裁保全案件、申请撤销以及执行国际商事仲裁裁决案件提级管辖,原由中级人民法院受理,改为直接由最高人民法院国际商事法庭受理并作出裁定。具体而言,首批纳入“一站式”国际商事纠纷多元化解决机制的5家国际商事仲裁机构所受理的标的额在人民币3亿元以上或具有其他重大影响的国际商事案件,当事人可以在申请仲裁前或者仲裁程序开始后,向最高人民法院国际商事法庭申请证据、财产或者行为保全;在仲裁裁决作出后,当事人可以向国际商事法庭申请撤销或者执行仲裁裁决。“一站式”纠纷解决平台同时还支持国际商事调解并鼓励专家委员参与调解,国际商事仲裁机构在仲裁过程中也可以根据当事人意思自治进行调解并委托专家委员调解。

此种将替代性争议解决方法(Alternative Dispute Resolution,ADR)、国际商事法庭和国际商事仲裁结合起来的模式是创新、现代和高效的,将凸显国际化、法治化和便利化的优势。可以预见,最高人民法院国际商事法庭就仲裁司法审查事项出具裁定的新模式,将打破30余年来由中级人民法院出具仲裁司法审查裁定的局面,这对于统一裁判规则、促进仲裁司法审查的规范性和专业性、营造支持和监督仲裁的良好环境,具有重大意义。同时,“一站式”纠纷解决平台是一项新生事物,其效果有待在实践中检验,规则有待在实践中细化,例如,“有其他重大影响”的国际商事案件的界定标准、不同仲裁机构受理关联案件时的管辖、仲裁协议效力确认案件和撤销裁决案件的衔接等问题亦有待在实践中磨合、消化和解决。

（四）继续支持自由贸易试验区商事仲裁事业发展

2018年8月1日根据中共中央国务院《关于支持海南全面深化改革开放的指导意见》和最高人民法院《关于为自由贸易试验区建设提供司法保障的意见》，最高人民法院制定发布了《关于为海南全面深化改革开放提供司法服务和保障的意见》，推动海南自由贸易试验区和中国特色自由贸易港建设。该意见第三部分明确提出，要支持建立多元化国际商事纠纷解决机构，发挥多元化纠纷解决机制作用。具体包括支持建立国际争端调解机构，发挥调解在国际商事纠纷解决中的作用；加强"一站式"纠纷解决机制建设，积极开展律师参与调解，充分发挥律师在国际商事调解中的作用；支持建立国际商事仲裁机构，充分尊重当事人选择纠纷解决方式的意愿；自由贸易试验区或自由贸易港民商事案件的主体之间约定将争议提交域外仲裁解决的，不宜以无涉外因素为由认定无效；建立国际商事纠纷案件集中审判机制，集中优势资源，依法审理涉及自由贸易试验区和自由贸易港建设的国际商事纠纷案件，提高案件审判能力和水平等。

（五）进一步规范仲裁裁决执行案件的相关程序

2018年1月5日最高人民法院审判委员会审议通过《关于人民法院办理仲裁裁决执行案件若干问题的规定》（以下简称《仲裁裁决执行规定》），并于2018年3月1日施行。《仲裁裁决执行规定》共24条，适用于依据我国《仲裁法》作出的仲裁裁决、仲裁调解书的执行案件，但不包括外国及我国港澳台地区作出的仲裁裁决和调解书。

《仲裁裁决执行规定》主要规定了以下四个方面的内容：一是区分两类案件适度调整仲裁裁决执行案件的级别管辖。不予执行仲裁裁决的司法审查案件仍按照《仲裁法司法解释》的规定，由中级人民法院管辖。仲裁裁决执行实施案件，数量庞大，亦不涉及仲裁司法审查事项，故允许执行标的额符合基层人民法院一审民商事案件级别管辖受理范围，且被执行人住所地或者被执行财产所在地在被指定基层人民法院辖区的，可以指定基层人民法院管辖。二是对于仲裁裁决执行内容不明确不具体的，例如，权利义务主体不明确、金钱给付具体数额不明确或者计算方法不明确导致无法计算出具体数额、交付的特定物不明确或者无法确定、行为履行的标准、对象、范围不明确等导致无法执行，人民法院可以裁定驳回申请。三是创设案外人申请不予执行制度。规定案外人有证据证明仲裁案件当事人恶意申请仲裁或者虚假仲裁，损害其合法权益，案外人主张的合法权益所涉及的执行标的尚未执行终结的，可以自知道或者应当知道人民法院对该标的采取执行措施之日起30日内提出不予执行裁决申请，打击和防范虚假仲裁。四是多措并举遏制对不予执行程序的滥用，包括限定申请不予执行的期限、明确不予执行申请应一次性提出、进一步简化撤销裁决和不予执行程序，统一不予执行案件的审查标准等，避免被执行人滥用司法程序拖延程序。

《仲裁裁决执行规定》分别就超裁和无权仲裁、仲裁违反法定程序、裁决所根据的证据是伪造的、隐瞒足以影响公正裁决的证据几种情形作了细化规定，并规定了仲裁程序中的放弃异议失权制度，不仅有利于统一裁决不予执行的标准，而且对申请撤销仲裁裁决案件的处理有十分重要的参考意义。

2018年5月28日最高人民法院审判委员会审议通过《关于仲裁机构"先予仲裁"裁决或者调解书立案、执行等法律适用问题的批复》，并于6月12日施行。批复针对仲裁机构在网络借贷合同纠纷发生前就预先作出的仲裁裁决或者调解书，认为其不符合我国《仲裁法》第2条规定的仲裁机构可以仲裁的是未决纠纷，故规定对"先予仲裁"裁决或调解书不予受理；已经受理的，裁定驳回执行申请。此外，还针对网络借贷合同纠纷仲裁过程中"仲裁庭的组成或者仲裁的程序违反法定程序"的情形作了具体界定，避免仲裁机构以预设性裁决的方式剥夺债务人抗辩及救济权利，维护债务人的合法权益。

三、中国国际商事仲裁理论研究动态

（一）国内研究新近动态

2018年以来，国内理论界对国际商事仲裁方面的研究主要集中在以下问题。

1."一带一路"争端解决机制的发展

2018 年 1 月 23 日中共中央总书记、国家主席、中央军委主席习近平主持召开了中央全面深化改革领导小组会议,审议通过了《关于建立"一带一路"国际商事争端解决机制和机构的意见》(以下简称《意见》)。《意见》要求,要深入贯彻党的十九大和十九届二中、三中全会精神,以习近平新时代中国特色社会主义思想为指导,积极促进"一带一路"国际合作,依法妥善化解"一带一路"建设过程中产生的商事争端,平等保护中外当事人合法权益,努力营造公平公正的营商环境,为推进"一带一路"建设、实行高水平贸易和投资自由化便利化政策、推动建设开放型世界经济提供更加有力的司法服务和保障。"一带一路"倡议的实施面临参与主体多元、法律文化传统多样以及社会经济水平发展差异大等特点,这些导致了投资、贸易等纠纷的复杂性,也使"一带一路"争端解决机制的建设成为"一带一路"倡议顺利实施的重要保障。针对"一带一路"争端解决机制构建过程中面临的一系列问题,学者积极探讨"一带一路"争端解决机制的模式选择方案以及实现调解、仲裁与诉讼相互协调的多元纠纷解决机制的可行性。

胡晓霞指出,单一的争端解决方式无法灵活有效地处理各国之间的经济贸易争端,只采用一种争端解决机制往往显得过于僵化。"一带一路"建设中的争端解决机制应当多元且兼容,多元的争端解决机制模式应当经得起效率性、效益性、透明度和实用性的检验。"一带一路"合作中应当构建多层次、立体化、互相配合、良性互动的跨境纠纷解决格局。[①]

王琦认为,"一带一路"争端解决机制的定位应当是具体的体制、制度与抽象的公信力、影响力的结合体,不仅应当构建统一的"一带一路"争端解决机制平台,还应当构建与区际、国际争端解决机制相配合的复合型机制。[②]

---

① 参见胡晓霞:《"一带一路"建设中争端解决机制研究——兼及涉外法律人才的培养》,载《法学论坛》2018 年第 4 期。

② 参见王琦:《"一带一路"争端解决机制的阐释与构建》,载《法学杂志》2018 年第 8 期。

中国国际商事仲裁在“一带一路”争端解决机制中的发展,不仅关涉具体模式选择的问题,更重要的是顶层设计问题。在“一带一路”争端解决机制中,国际商事仲裁的科学发展和有效运行,需从顶层设计和行动布局上作出全面谋划。[①] 新时代的国际商事仲裁需要国家通过发展战略、政策、宏观规划和立法等加以理念倡导和制度保障。

2. 中国国际商事仲裁的电子化

随着网络技术、数字技术和移动通信技术的迅猛发展,社会生活和经济交往均呈现出电子化、网络化特征,各种媒介和电子、网络技术在全球治理中发挥日益重要的作用。一种专门迎合网络时代的更加高效能、低成本、便捷的在线纠纷解决机制(Online Dispute Resolution,ODR)悄然兴起,网络仲裁正是其中一种发展迅猛的形式。我国网络仲裁已脱离萌芽阶段,进入快速发展阶段。从全国仲裁机构受案量来看,2016年网络仲裁案件已突破20万件,以广州仲裁委(以下简称广仲)为例,2017年广仲通过网络仲裁受理网络案件共70,079件,标的额为人民币35.61亿余元,其中互联网金融案件占比85%。网络仲裁以互联网技术为依托,为互联网金融纠纷提供了便捷、高效的纠纷解决方式。互联网金融中大部分证据,包括网上支付、电子合同等都是通过网络形成的,网络仲裁中电子证据可以及时有效地推送仲裁机构线上平台;同时,时间戳技术保证了电子证据的真实性、有效性,使其能够以“原件形式”接受审查。

国际商事仲裁的电子化是不可避免的趋势,学者积极讨论其发展过程中所面临的困境,比如,在线仲裁协议的效力问题、在线仲裁身份认证问题、在线仲裁电子证据效力问题等,并在中国的立法语境下作出积极、合理的解释。现有的网络仲裁已经明确规定了线上仲裁协议,制定了线上申请、审理、裁决及线上送达等程序规则,并完善了电子证据的保全和认证服务,为网络仲裁的发展消除障碍。随着网络仲裁的兴起,互联网金融仲裁也引起了部分学者的注意。我国互联网金融受事后监管,金融监管存在刚性有余而灵活性不足的缺陷,沈伟

---

① 参见石春雷:《国际商事仲裁在“一带一路”争端解决机制中的定位与发展》,载《法学杂志》2018年第8期。

提出利用仲裁方式沉淀互联网金融监管规则，可以为互联网金融监管规则的“自我完善和逐步成长创造必要的制度环境和实践基础”，进而推动和优化更大范围的互联网金融监管和规则体系的建设。①

3. 国际商事仲裁与司法监督

仲裁虽具有浓厚的当事人主义色彩，是当事人契约性安排的体现，但由于仲裁制度的准司法性特质，决定了其不可能脱离司法而存在。要实现仲裁的公正与效率就离不开对商事仲裁的监督和支持。在“裁审择一处理”与“一裁终局”的制度设计下，仲裁排斥法院审理与司法监督之间始终存在难以调和的矛盾，同时仲裁保密性原则与仲裁监督所面临的公开性要求存在不可调和的冲突。② 对国际商事仲裁的司法监督，主要包括对两个话题的讨论：第一，对仲裁协议的司法审查；第二，对仲裁裁决的司法审查。

随着我国国际商事仲裁事业的快速发展，最高人民法院明确表态积极支持仲裁制度改革，采取多项措施以营造仲裁友好型司法监督环境。在涉及仲裁协议、仲裁条款效力认定的案件中，由于当事人意思自治的扩张催生了新型仲裁协议的出现，其中上诉仲裁协议、浮动仲裁协议在某种程度上颠覆了仲裁的终局性和仲裁合意的确定性。我国法院长期以来对仲裁协议的有效性采取较严格的审查标准，但最高人民法院近年来就仲裁协议有效性审查所作出的复函已经表明，我国司法对于仲裁协议有效要件的判定由严格解释转为宽松解释。③

对仲裁裁决司法审查“单轨制”和“双轨制”选择的争论一直存在，学界直至今日尚无定论。学者们积极讨论商事仲裁监督模式的选择路径，归纳如下。

第一，以追求对案件实体及程序问题进行全面监督为特征的全面监督论。持全面监督论的学者认为，在公正和效率的双重价值目标下，公平的位阶高于效率，应当以公平作为裁决的统摄目的，违背公平的终局裁决也应当被推翻。

---

① 参见沈伟、余涛：《互联网金融监管规则的内生逻辑及外部进路：以互联网金融仲裁为切入点》，载《当代法学》2017 年第 1 期。

② 参见丁朋超：《我国国际商事仲裁司法监督体制的反思与重构》，载《华北水利水电大学学报》(社会科学版)2018 年第 1 期。

③ 参见莫莉：《国际商事仲裁协议发展动向及我国司法审查立场》，载《理论界》2018 年第 2 期。

第二,仅追求对程序性事项进行审查的程序监督论。持程序监督论的学者认为,不应当对商事仲裁进行全局性监督,而应着眼于程序性事项,如何处理仲裁裁决和司法审查之间的关系,即如何寻求维护公平与追求效率之间的平衡点。

最高人民法院对仲裁协议中的宽松解释立场,体现了其支持仲裁的立场,此种态度的转变是否意味着对仲裁裁决的司法审查有可能向“单轨制”转变,抑或是对进入仲裁的门槛降低与缩紧对裁决的司法审查相对应?这一话题仍值得持续关注。

4. 仲裁法修改与仲裁程序改革

为弥补我国《仲裁法》的滞后性及适应仲裁制度新发展的需要,最高人民法院于2017年12月26日颁布了《关于审理仲裁司法审查案件若干问题的规定》,该规定就法律适用的若干具体问题予以解释,但仍无法克服我国《仲裁法》部分规则缺失所产生的困境。2018年8月24日习近平总书记在中央全面依法治国委员会第一次会议上强调:“要加快建设覆盖城乡、便捷、高效、均等普惠的现代公共法律服务体系,统筹研究律师、公证、法律援助、司法鉴定、仲裁等工作改革方案,让人民群众切实感受到法律服务更加便捷。”

在中央的大力推动下,《仲裁法》的修改稳步进行。就《仲裁法》修改的讨论,主要集中在我国临时仲裁与境外临时仲裁权利不对等、外国仲裁机构在我国实施仲裁、仲裁员选任及司法监督等问题。① 我国作为《纽约公约》的缔约国,国内现行的《仲裁法》与《纽约公约》之间关于临时仲裁的规定存在矛盾与冲突,这种制度上的脱节会造成临时仲裁权利的不对等,这也是很多学者支持以法律形式明确临时仲裁制度的原因;②有的学者指出可通过将仲裁地作为裁决的籍属以应对“双轨制”司法审查下对国内仲裁裁决、国外仲裁裁决认定上

① 参见刘瑛、林舒婷:《借鉴〈联合国国际贸易法委员会国际商事仲裁示范法〉完善中国〈仲裁法〉》,载《太原师范学院学报》(社会科学版)2018年第3期;祁壮:《构建国际商事仲裁中心——以〈仲裁法〉的修改为视角》,载《理论视野》2018年第7期。

② 参见张心泉、张圣翠:《论我国临时仲裁制度的构建》,载《华东政法大学学报》2010年第4期。

的困难。[1] 仲裁员选任及司法监督方面的问题已引起司法部的关注。司法部公共法律服务管理局仲裁工作处处长石海 2018 年 11 月 17 日在"中国仲裁法学研究会年会暨第十一届仲裁与司法论坛"上的主旨演讲内容已体现了《仲裁法》修改中对仲裁员选任程序和司法监督支持作用的重视,但他在演讲中未提及临时仲裁制度及仲裁裁决籍属认定的问题,此两项问题是否会成为中国国际商事仲裁提升国际认知度的障碍,仍需进行深入的论证和分析。

5. 第三方资助仲裁中受资方信息披露义务

第三方资助仲裁与现行国际商事仲裁程序存在诸多非兼容之处,如何优化受资方披露规则之设计成为过去一年部分学者关注的重点。介入仲裁的第三方资助之秘密性使资助方与仲裁员的关系在整个仲裁过程中处于隐秘状态,这导致仲裁员独立性和公正性存在诸多不确定因素。[2] 第三方资助还会影响当事人的诉求及其在仲裁程序中的行为,进而实质性地影响仲裁程序,导致仲裁程序的公正性受到质疑。刘瑛提出,应当通过立法对第三方资助仲裁予以规制:若资助协议签订在先而国际仲裁程序启动在后,受资方应在仲裁程序开始启动之时将第三方资助仲裁披露给仲裁机构;若第三方资助仲裁发生在仲裁启动之后,受资方应在其签订资助协议后立即将第三方资助仲裁之事实披露给仲裁机构、仲裁庭和对方当事人。[3] 第三方资助仲裁除增加了仲裁程序公正之不确定性之外,还可能产生滥用诉权的后果。虽然允许第三方资助仲裁已成为主流趋势,但在开放这一市场的同时更需要关注如何通过立法减少和控制其对仲裁程序可能带来的不利影响。[4]

6. 国际投资仲裁的"去商事化"

国际投资仲裁独立于国际商事仲裁,具有争议主体地位、法律适用依据、仲

---

① 参见赵秀文:《论国际商会国际仲裁院裁决的国籍》,载《政法论丛》2005 年第 5 期。

② 参见林其敏:《国际商事仲裁的透明度问题研究》,载《河北法学》2015 年第 6 期。

③ 参见周艳云、周忠学:《第三方资助国际商事仲裁中受资方披露义务的规制——基于"一带一路"视阈》,载《广西社会科学》2018 年第 2 期。

④ 参见谈晨逸:《第三方资助仲裁对仲裁员独立性的挑战与防范》,载《国际商务研究》2019 年第 1 期。

裁程序透明度要求以及裁决执行前审查等多个方面的特殊性。但是国际投资仲裁程序本身发端于国际商事仲裁，虽具有特殊性，但在仲裁庭组建、仲裁程序规则设计等方面主要依托于商事仲裁。考虑到国际投资仲裁的特殊性，理论界对仲裁庭在条约解释和适用上的“商事化”倾向提出了质疑。

不同于商事仲裁庭中对合同条款的解释，投资仲裁庭在裁决中不可避免地对投资条约中的条款进行解释，如若不将合同条款与投资条约条款加以区别对待，将投资仲裁视同于商事仲裁，可能会造成对缔约国缔约意图的扭曲和对条约立法原意的曲解。因此有学者提出，应承认并区分构建商事仲裁与投资仲裁程序，厘清并统一投资内涵与边界；[①]另有学者指出，国际投资仲裁的“商事化”与倾斜保护投资者利益相关，而中国兼具资本输出国和资本输入国双重身份，在国际投资仲裁中应采取利益平衡立场，故应坚持国际投资仲裁的去“商事化”倾向。[②]

（二）国外研究新近动态

2018年以来，国外理论界对国际商事仲裁方面的研究主要集中在以下问题。

1. 国际商事仲裁改革中的“加速”仲裁程序

不可否认的是，国际商事仲裁是国际商事纠纷的重要解决方式，但近年来国际商事仲裁程序的经济及时间成本不断增加，仲裁相对于诉讼的优势逐渐缩小，基于此，部分学者提出商事仲裁不再是争议解决中更优的选择。拖延的仲裁程序大幅降低了传统商事仲裁的效率，申请人与被申请人之间证据及抗辩的交换可能持续数年，这极大地增加了仲裁的时间和经济成本。[③] 国际商事仲裁程序变得时间冗长、成本高昂甚至程序复杂，与诉讼程序之间的界限呈现模糊

① 参见贺辉：《基于实践分析国际投资仲裁去商事化的必要性》，载《郑州大学学报》（哲学社会科学版）2018年第5期。

② 参见肖芳：《国际投资仲裁裁决司法审查的“商事化”及反思——以美国联邦最高法院“BG公司诉阿根廷”案裁决为例》，载《法学评论》2018年第3期。

③ See Irene Welser and Chiristan Klausegger, “Fast Track Arbitration: Just Fast or Something Different”, *Australia Yearbook on International Arbitration* 2009.

态势,部分学者批判其为国际商事仲裁的“司法化”倾向。[①] 提高仲裁程序效率、削减成本是国际商事仲裁去“司法化”的主要改革方案,但是如何在效率与公平之间作出取舍是改革的重点。

伊莱恩·费舍尔(Eliane Fischer)和迈克尔·沃尔伯特(Michael Walbert)提出仲裁仍具有很多优势,“加速”仲裁程序等程序设置使仲裁能够更好地适应不断发展的商事纠纷的需要。[②] 鲁道夫·钱宁(Rudolf Tschani)等学者则反对提高商事仲裁的效率,他们认为“加速”仲裁会以损害正当程序、牺牲申请人与被申请人陈述权为代价。[③]

邓杰总结了各国已推出的“加速”仲裁程序规则,主要包括以下特点:一般采取独任仲裁以避免采取合议庭形式容易导致的延误;适当扩大仲裁员的权限,使其能够根据实际情况对个案采取适当的程序;设定程序时限要求当事人及仲裁员共同遵守,以推进仲裁程序的高效运行;合理限制当事人陈述案情的权利,减少不必要的延误和花费;限制或排除当事人上诉的权利,当事人就实体问题向法院申请复审的权利多被限制或排除。[④]

整体而言,“加速”仲裁程序是在强调效率价值的基础上产生的特别程序,是自20世纪90年代即已兴起的仲裁去诉讼化运动的一种体现。我国尚未接受“加速”仲裁程序,但在实践中存在类似的简易程序、快速程序及小额程序。对“加速”仲裁程序规则的研究有助于协调效率与公平价值的位阶冲突,避免过于注重效率而产生不正义的结果。

2. 紧急仲裁员程序规则

除“加速”仲裁程序外,紧急仲裁员制度是另外一种提升传统商事仲裁效

---

① See Leon Trakman and Hugh Montgomery, “The ‘Judicialization’ of International Commercial Arbitration: Pitfall or virtue?”, 30 *Leiden Journal of International Law* (2017).

② See Eliane Fischer and Michael Walbert, “Efficient and Expeditious Dispute Resolution in M&A Transactions”, *Australia Yearbook* 2018.

③ See Rudolf Tschäni, Harold Frey and Dominique Müller, Streitigkeiten aus M&A-Trans-aktionen 12, 90 (2013).

④ 参见邓杰:《商事仲裁改革国际潮流下的加速仲裁程序》,载《上海师范大学学报》(哲学社会科学版)2018年第6期。

率的制度设置。当争议双方发生紧急状况导致无法等待仲裁庭组成时,由紧急仲裁员根据事实情况对当事人提出的财产、证据保全申请发布临时禁止命令并采取临时保全措施。① 采取紧急措施或保全措施的权利原专属于法院,在尚未建立紧急仲裁员制度的国家仍是如此(如中国),而在紧急仲裁员制度下仲裁员享有此种权利,因此在讨论一国是否引入紧急仲裁员制度时必须先论证其权利基础和权利界限。② 尤其是当紧急仲裁员的权利与法院的权利发生重叠时,当事人该当如何选择?卡沃科尔罗斯(Cavalieros)和吉姆(Kim)提出,法院发布临时措施命令应以紧急仲裁员或仲裁庭无法提供类似救济为限,即法院发挥的是补充和最后救济的作用。争议双方遇到紧急情况时,应先通过紧急仲裁员制度寻求救济,在无法获得相应保护时再向法院主张。

不仅紧急仲裁员的权利界限受到国外学者关注,紧急裁决的效力及执行问题更是受到广泛讨论。比如,紧急仲裁员针对案件情况发布的临时措施命令事实上属于裁决性质,系仲裁员的超裁行为,此时的临时措施效力应如何判定,紧急仲裁裁决是否能够执行?有的学者认为,应当将临时措施视为仲裁裁决的一种形式,根据《纽约公约》予以执行。③ 但作为临时措施的仲裁裁决是否具有终局效力仍存在较大争议。

国外学者比较分析了各仲裁机构规则中有关紧急仲裁员的规定,阐述了紧急仲裁员在商事仲裁中作用以及权利,对紧急仲裁员程序的进一步发展和完善提供理论支持。巴萨姆·穆斯塔法·图必莎(Bassam Mustafa Tubishat)和卡顿·法瓦兹·堪达(Khaldon Fawzi Qandah)指出,紧急仲裁员相关规则主要集中于两个层面:第一,紧急仲裁员的权利范围,在组成最终仲裁庭之前紧急仲裁

---

① See Irene Welser, Fast Track Proceedings, "Expedited Procedure and Emergency Arbitrator-Pros and Cons", in *Liber Amicorum to Professor Jerzy Rajski* 216, 221 *Beata Gessel-Kalinowska vel Kalisz ed.*, 2015.

② See Cavalieros, Philippe and Kim, Janet (Hyun Jeong), "Emergency Arbitrators Versus the Courts: From Concurrent Jurisdiction to Practical Considerations", *Journal of International Arbitration* 35, No. 3, 2018.

③ 参见房沫:《仲裁庭组成前的临时救济措施——以新加坡国际仲裁中心仲裁规则为视角》,载《社会科学家》2013年第6期。

员有权决定采取临时措施或紧急措施以保护仲裁程序当事方的利益、避免最终裁决无法执行等情况发生。为了更好地实现上述目的，紧急仲裁员必须享有决定采取对仲裁当事方具有拘束力的紧急措施的权利。第二，紧急仲裁员的地位，根据对 SCC、ICC 及 SIAC 仲裁规则的比较研究，紧急仲裁员经审查作出临时裁决的期限分别为不得超过 5 天且裁决效力延续至最终裁决作出（SCC），不得超过 15 天（ICC）和不得超过 1 天（SIAC）。而关于临时措施的效力所持续的时间各仲裁机构规定的区别较大且仍较模糊。①

3. 仲裁员选任问题

国际商事仲裁中仲裁员扮演重要的角色，他们既是仲裁程序的“刹车片”又是仲裁程序的“加速器”。一方面，仲裁员需要主导程序的进行，避免争议双方滥用仲裁规则赋予其的权利；另一方面，仲裁员需确保仲裁程序的顺利运行，避免因程序拖沓而导致的不经济和低效率。

基恩（Jean）指出，目前仲裁员在仲裁程序中的作用令人失望，他们要么因受限于其权利的制约而扮演被动的裁判者角色或者未能在权力范围内审慎行为以确保仲裁程序的有效性；要么滥用其在仲裁程序中的权力导致仲裁的拖延或成本激增。② 合格的仲裁员应当充分尊重争议双方的自由，根据正当程序原则恰当地行使自由裁量权，以确保仲裁程序的顺利运行。③

除仲裁员本身资质与素质受到质疑外，“仲裁常客”与仲裁员之间潜在的良好密切关系也成为影响仲裁公正性的因素。从理论上来说，在仲裁员的选定过程中，争议双方享有同等的自由选择的权利。而在实践中，仲裁员处于一个相对封闭的市场，受仲裁秘密性因素的影响，一般当事人只能通过仲裁员先前参加过的仲裁案件数量来判断其能力和水平，而“仲裁常客”则可能基于先前

---

① See Bassam Mustafa Tubishat and Khaldon Fawzi Qandah, “The Role of Emergency Arbitrator in Commercial Arbitration: Comparative Study”, 11 *J. Pol. &L.* 94, 2018.

② See Jean E. Kalicki, “Controlling Time and Costs in Arbitration, Progress Report (Part 1of 2)”, Kluwer Arbitration Blog, 21 November 2011, Accessed March 22, 2019. http://arbitrationblog.kluwerarbitration.com/2011/11/21/controlling-time-and-costs-in-arbitration-a-progress-report-part-l-of-2/.

③ See Cosmos Nike Nwedu, “Spotlight on International Arbitration: A Survey of Emerging Trends and Challenges to Its Practice”, 6 *Y. B. on Int’l Arb.* 23, 2019.

经验在仲裁员的选定上占有优势。正如亨特(M. Hunter)所说,"我真正挑选的是对我的当事人最有倾向性的仲裁员,而不是具有最少偏见的仲裁员"。①

4. 国际商事仲裁中的透明度问题

第三方资助仲裁、"仲裁常客"、仲裁员公正性等问题引发了有关国际商事仲裁是否应当增加透明度的问题。戴维森(Davidson)认为,虽然部分学者呼吁应当公开仲裁裁决,但只有极少数的仲裁机构有公开裁决的意向,仲裁保密性和私密性仍然是商事仲裁的主要特质。②

科赫(Kehoe)则认为,对仲裁程序进行更多的信息披露,可以促使当事人及仲裁员更加审慎地行为,增加透明度有助于仲裁委员会对仲裁裁决的审查,同时在涉及公共利益的案件中,社会监督可以避免裁决结果实质性地损害公共利益。③

马伦(Malan)指出,透明度要求已经在很多方面对商事仲裁产生影响,增加透明度的趋势也并不新鲜,目前对增加透明度的考虑更多从利益平衡的角度出发,即在仲裁的公正性和可信赖性与仲裁程序的灵活性和秘密性之间作出权衡。④

叶林娜(Elina)认为,由于仲裁员池规模的局限性和仲裁程序进展信息获取的有限性,仲裁保密性在一定程度上已成为国际商事仲裁程序进一步发展的障碍。国际商事仲裁若要进一步发展成为更有效、可信赖的争端解决机制,透明度的增加则是一个必然的改革方向。⑤

联合国国际贸易法委员会的投资仲裁透明度规则以及《毛里求斯公约》虽

① J. Fernandez-Armesto, "Salient Issues of International Arbitration", *American University of International Law Review*, vol. 27, 2012, p. 723. 转引自王吉文:《国际商事仲裁中的"仲裁常客"问题》,载《西部法学评论》2018年第3期。

② See "International Arbitration Experts Discuss Shifts In Transparency, Significant Developments This Year And What 2018 May Bring", *MEALEY'S International Arbitration Report*, vol. 32, #11 November 2017.

③ Ibid.

④ Ibid.

⑤ See Elina Zlatanska, "The International Journal of Arbitration", *Mediation and Dispute Management* vol. 81, No. 1 NoInternational.

然只适用于投资者—东道国基于条约的投资仲裁，但其中的信息披露规则正受到越来越多的学者关注和讨论，这对未来国际商事仲裁程序可能产生渗透性影响。如马修（Matthew）指出，透明度规则应当适用于国际商事仲裁而非仅限于投资者—东道国投资仲裁。透明度规则的扩展适用有助于增加商事仲裁体系的合法性，促进商事仲裁裁决的连贯性、一致性和可预测性。①

5. 国际商事仲裁改革背后的"公共治理"问题

近年来，有关国际商事仲裁的质疑越来越多，引发国外学者对国际商事仲裁改革的积极讨论。一些学者质疑商事仲裁缺乏透明度，②一些学者对商事仲裁中缺乏先例制度提出批评，③还有的学者针对第三方资助仲裁背后存在的利益冲突问题表示担忧。④ 有学者指出，对这些问题的讨论基于仲裁程序是否改革取决于仲裁规则的提供者——仲裁机构本身，这是一个私法自治的问题而非公共治理的问题。而巴埃什（Baaij）则指出，虽然商事仲裁属于私法自治的范畴，但是国内法院对于仲裁机构具有决定性的影响。⑤

沃尔特（Walter）和托马斯·迪茨（Thomas Dietz）也表达了类似的观点，他们认为国际商事仲裁的快速发展正是建立在国内法院对仲裁协议的承认和对仲裁裁决最终执行的司法保障之上。⑥ 仲裁机构所提供的示范仲裁条款也是基于其认为法院会履行仲裁协议并支持相关争端在仲裁机构予以解决。

---

① See Matthew Carmody, "Overturning the Presumption of Confidentiality: Should the UNCITRAL Rules on Transparency Be Applied to International Commercial Arbitration", 19 *Int'l Trade & Bus. L. Rev.* 96, 2016.

② See Victoria Pernt, "How Much (More) Transparency Does Commercial Arbitration Really Need", Kluwer Arb. Blog (Mar. 4, 2017).

③ See William W. Park, "The Predictability Paradox Arbitrators and Applicable Law", *ICC Publication* No. 753E, 2014.

④ See Valentina Frignati, "Ethical Implications of Third-party Funding in International Arbitration", 32 *ARB. INT.* 505, 510, 2016.

⑤ See C. J. W. Baaij, "Hiding in Plain Sight: The Power of Public Governance in International Arbitration", 60 *Harv. Int'l L. J.* 135 (2019).

⑥ See Walter Mattli and Thomas Dietz, "Mapping and Assessing the Rise of International Commercial Arbitration in the Globalization Era: An Introduction", *International Arbitration and Global Governance: Contending Theories and Evidence* 1-21, 9, 2014.

爱丽丝(Alice)和弗洛里安(Florian)认为,国际商事仲裁改革的本质问题是仲裁庭与国内法院之间管理权和司法权的分配问题。[①] 国际商事仲裁在许多国家的发展成熟使仲裁庭取得对仲裁程序的自治权成为公认的事实,但是这并不意味着这一权力分配问题在改革中已无须探讨。如果国家认为仲裁需要为相关商事规则承担更多的规则生成义务,则仲裁改革就会向相应方向发展。

简(Jan)根据对欧盟法的研究指出,欧盟法中的强制法并非为阻碍国际仲裁的有效性而存在的,恰当地适用强制法对仲裁协议和法院选择的条款,是平衡"私法利益"和"公法利益"的重要工具。[②]

6. 腐败的可仲裁性问题

尽管腐败被普遍认定为破坏贸易的行为,但就腐败是否构成国际罪行目前尚未达成一致。在美国《反海外腐败法》的执法力度以及经济合作与发展组织(Organisation for Economic Co-operation and Development,OECD)反腐败公约的推动下,一些国家已开启本国的反腐败立法进程,但是对腐败的执法仍然是一个缺乏国际共识的问题。腐败目前主要被认为是东道国的公共政策问题,随着反腐败问题的热度升级,外国学者开始对腐败问题的可仲裁性展开研究,研究重点在于仲裁庭是否享有对国际商事仲裁中有关腐败的指控的裁决权、应当适用何种准据法。

迪克沙(Deeksha)和吉坦尼阿丽(Geetaniali)认为,尽管腐败具有明显的可谴责性,但不影响仲裁员对国际商事仲裁中当事方有关腐败的指控享有裁决权,当事方可通过仲裁获得经济补偿。虽然腐败存在"取证难"的问题,但是如果将腐败问题排除在国际商事仲裁的范围外,可能不利于保护当事方利益。[③]

以马内利(Emmauel)指出,反腐败力度的加强使涉及腐败指控的商事纠纷

---

① See Alice Stone Sweet and Florian Grisel, "The Evolution of International Arbitration", *Judicialization, Governance, Legitimacy* 45, 2017.

② See Jan Kleinheisterkamp, "Overriding Mandatory Laws in International Arbitration", *ICLQ* vol. 67, Oct. 2018.

③ See Deeksha Malik and Geetanjali Kamat, "Corruption in International Commercial Arbitration: Arbitrality", *Admissibility & Adjudication*, 5 Arb. Brief 1, 2018.

增加，仲裁员在裁决国际商事仲裁中关于腐败的指控时并非依据国内法而是基于一些共同的原则或者跨国反腐败规则。虽然直接获取腐败的相关证据仍存在困难，但是仲裁员已逐渐形成通过足够的指标或者“警示标志”来认定腐败存在的标准。①

仲裁员就腐败指控进行裁决并非新近出现的问题，在“ICC No. 1110 案”中，拉格尔格伦（Lagergre）法官即被要求就政府官员的受贿和欺诈行为进行裁决。无论是商事还是投资条约中也越来越多地就腐败问题进行规定，从国外学者的研究现状来看，腐败属于国际商事仲裁和投资仲裁的可仲裁范围已有先例。

① See Emmanuel Gaillard, “The Emergence of Transnational Responses to Corruption in International Arbitration”, *Arbitration International*, vol. 35, Issue 1, Mar. 2019.

第二章 中国涉“一带一路”国家或地区仲裁实践观察

2013年9月和10月国家主席习近平先后提出与沿线国家共同建设“丝绸之路经济带”及“21世纪海上丝绸之路”的倡议。“丝绸之路经济带”和“21世纪海上丝绸之路”简称“一带一路”。① 截至2019年7月底,已有136个国家和30个国际组织与中国签署了194份共建“一带一路”合作文件。② 2013～2018年我国企业对“一带一路”共建国家或地区直接投资超过900亿美元,年均增长5.2%。在共建国家或地区新签对外承包工程合同额超过6000亿美元,年均增长11.9%。③ 自“一带一路”倡议提出以来,我国不断加强与“一带一路”共建国家或地区的经贸往来,不断探索涉“一带一路”争端解决机制的构建。2018年6月中共中央办公厅、国务院办公厅印发了《关于建立“一带一路”国际商事争端解决机制和机构的意见》,更凸显了研究涉“一带一路”国家或地区商事主体之间的争议解决问题的必要性。

贸仲委作为知名国际商事仲裁机构,在管理涉“一带一路”国家或地区商事主体的争议上,拥有丰富的实践经验。2013年1月到2019年6月,贸仲委共受理557件涉“一带一路”国家或地区仲裁案件,争议金额共计人民币243.57

---

① 载中国一带一路网:https://www.yidaiyilu.gov.cn/info/iList.jsp? tm_id=540。

② 《已同中国签订共建“一带一路”合作文件的国家一览》,载中国一带一路网:https://www.yidaiyilu.gov.cn/gbjg/gbgk/77073.htm。

③ 《我国对“一带一路”沿线国家直接投资超900亿美元》,载新华网:http://www.xinhuanet.com/2019-04/18/c_1124386214.htm。

亿元。本章从贸仲委审结的涉“一带一路”国家或地区仲裁案件中,选取了263件典型案例,在隐去当事人、仲裁员、案号等信息后,进行了特别观察和研究。这些案例中,绝大多数案件是以裁决的方式结案,少数案例以和解方式结案。本章对所选取案例的案件类型、仲裁语言、案件适用法律、当事人的国别或地区、案件其他涉外因素、裁决结果等诸多因素进行了全面的分析和研究,总结出涉“一带一路”国家或地区商事争议案件的特点和特色。同时,本章通过大数据分析以及对典型案例的剖析,总结了当事人处理涉外商事争议案件的经验与启示,并在此基础上提出风险防范的建议。

一、涉“一带一路”国家或地区仲裁裁决概况

(一)案件类型

本章共选取并分析归纳了263件涉“一带一路”国家或地区案件,其中,涉及的案件类型多达23种,包括股权转让纠纷、质押合同纠纷、买卖合同纠纷、保险合同纠纷、服务合同纠纷、委托合同纠纷、租赁合同纠纷、建设工程合同纠纷、运输合同纠纷、承揽合同纠纷、特许经营合同纠纷、中外合资经营企业合同纠纷、借款合同纠纷、债权转让合同纠纷、保证合同纠纷、侵犯商业秘密纠纷、确认合同效力纠纷、公司清算纠纷、著作权合同纠纷、公司增资纠纷、专利许可纠纷、股东出资纠纷等(见图2-1)。

关于贸仲委受理的涉“一带一路”国家或地区案件类型的统计结果如图2-1所示。

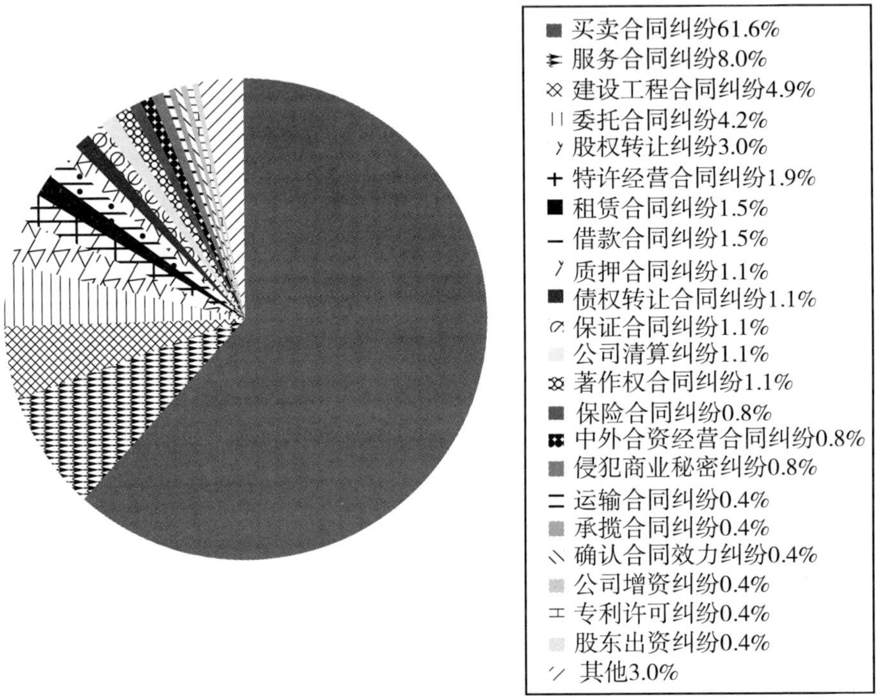

图2-1　贸仲委涉“一带一路”国家或地区案件类型

从图2-1不难看出，贸仲委受理的涉“一带一路”国家或地区案件的主要争议类型是国际货物买卖合同纠纷。在263起案件中，国际货物买卖合同纠纷案件共有162起，多涉及设备、自然资源等的买卖。因案件较多涉及国际货物买卖纠纷，《联合国国际货物销售合同公约》《国际贸易术语解释通则》等也较多适用于以上买卖合同纠纷案，在以下关于法律适用的部分将展开进一步分析。

服务合同纠纷在涉“一带一路”国家或地区案件类型中居于第二位，涉及服务结算协议纠纷、旅游接待协议纠纷、系统开发安装合同纠纷等，共有21起案件。此类案件中，有多起案件的双方当事人均为中国商事主体，案件的涉外因素在于所涉项目或服务地点在中国境外。

建设工程合同纠纷在涉“一带一路”国家或地区案件类型中居于第三位，

涉及勘测设计合同纠纷、工程承包纠纷、房建项目合作协议纠纷、钻井工程承包合同纠纷、承包工程合同纠纷等，类似于服务合同纠纷案件，此类案件也存在绝大多数案件双方当事人均为国内主体，涉外因素在于所涉项目工程位于其他国家的情形。

以上两种纠纷类型反映出我国企业在“走出去”战略的推动下，不断开拓海外市场，承接国外项目工程，向国外企业输出技术、服务、人才的趋势。

（二）仲裁语言、仲裁地

根据当事人的约定，或者根据《中国国际经济贸易仲裁委员会仲裁规则》（2015 年版）的规定，[①]绝大多数案件使用中文作为仲裁语言。在仲裁语言为中文但双方当事人的官方语言均非中文，或在当事人一方不懂中文的情况下，为了顺利推进仲裁程序，贸仲委仲裁院向当事人发送仲裁函件时，同时发送了英文翻译文本。

从仲裁地的选择来说，绝大多数当事人并没有对仲裁地进行明确选择，因此，由仲裁庭根据仲裁规则决定仲裁地为中国。

（三）当事人的国别或地区

在挑选出的 263 个案例中，除中国外，贸仲委受理案件涉及的当事人来自新加坡、韩国、俄罗斯、哈萨克斯坦、波兰、坦桑尼亚、伊拉克、伊朗、突尼斯、乌克兰、埃及、菲律宾、马来西亚、蒙古国、孟加拉国、南非、尼日利亚、苏丹、土耳其、新西兰、阿曼、斯里兰卡、匈牙利、印度尼西亚、保加利亚、冈比亚、格鲁吉亚、加纳、卡塔尔、老挝、罗马尼亚、越南、智利、阿尔及利亚、埃塞俄比亚、安哥拉、奥地利、希腊 38 个国家和地区。

---

① 《中国国际经济贸易仲裁委员会仲裁规则》第 81 条规定：“仲裁语言

（一）当事人对仲裁语言有约定的，从其约定。当事人对仲裁语言没有约定的，以中文为仲裁语言。仲裁委员会也可以视案件的具体情形确定其他语言为仲裁语言。

（二）仲裁庭开庭时，当事人或其代理人、证人需要语言翻译的，可由仲裁委员会仲裁院提供译员，也可由当事人自行提供译员。

（三）当事人提交的各种文书和证明材料，仲裁庭或仲裁委员会仲裁院认为必要时，可以要求当事人提供相应的中文译本或其他语言译本。”

在263件案件中，来自亚洲地区的当事人占总数的一半以上，来自欧洲地区的当事人的数量紧随其后，来自非洲地区的当事人数量亦占有一定比例。有22起案件的双方当事人均来自中国内地境外法域，涉及伊朗、韩国、中国香港特别行政区、新加坡、罗马尼亚、新西兰、哈萨克斯坦等国家或地区，这显示出贸仲委作为国际商事仲裁机构在国际商事争议解决领域的影响力已经逐步扩大，多个境外商事主体主动选择贸仲委且以中国内地作为仲裁地来解决他们之间的商事争议。

(四)案件的其他涉外因素

在案件所涉当事方均为中国主体的情况下，贸仲委受理的涉"一带一路"国家或地区案件还呈现其他多样的涉外因素。

例如，在纳入统计的年度内，在贸仲委受理的多起案件中，争议标的涉及阿尔及利亚、安哥拉、巴基斯坦、几内亚、菲律宾、巴基斯坦、加纳、越南、智利、多哥、塞拉利昂、沙特阿拉伯、印度尼西亚等国家。这些案件中，或是争议所涉的项目位于以上国家，或是争议所涉的货物、设备等来自或即将出口至以上国家。

还有一些案件诉争货物涉及阿曼苏丹国、新加坡等国家；或是案件合同履行地在安哥拉、菲律宾、伊拉克、伊朗、哈萨克斯坦和沙特阿拉伯等国家；或是案件所涉设备安装和服务行为发生在蒙古国；或是案件所涉投资对象为设立在莫桑比克的公司等。

以上多样的涉外因素，反映出中国企业对国际货物买卖、国际投资、国际工程建设、跨境服务业等的参与度已极大提升。

(五)适用法律

在选取的案例中，绝大多数案件适用中国法。此外，如前所述，因案件多涉及国际货物买卖纠纷，因而《联合国国际货物销售合同公约》《国际贸易术语解释通则》等国际公约和国际贸易惯例也较多适用于案件争议中。

除国际公约和国际贸易惯例外，贸仲委受理的一些案件也选择适用外国法，如适用突尼斯法、新加坡法、哈萨克斯坦法等。

值得注意的是，在一起案件中，仲裁庭认定案件适用《由中华人民共和国向苏维埃社会主义共和国联盟和由苏维埃社会主义共和国联盟向中华人民共和国交货共同条件议定书》(以下简称《中苏交货共同条件》)。《中苏交货共同条件》于1990年3月13日在北京签订。苏联解体后,俄罗斯宣布继承苏联的所有国际条约。

贸仲委受理的涉“一带一路”国家或地区案件中适用外国法、国际条约、国际案例的案件数据统计分析如图2-2所示。

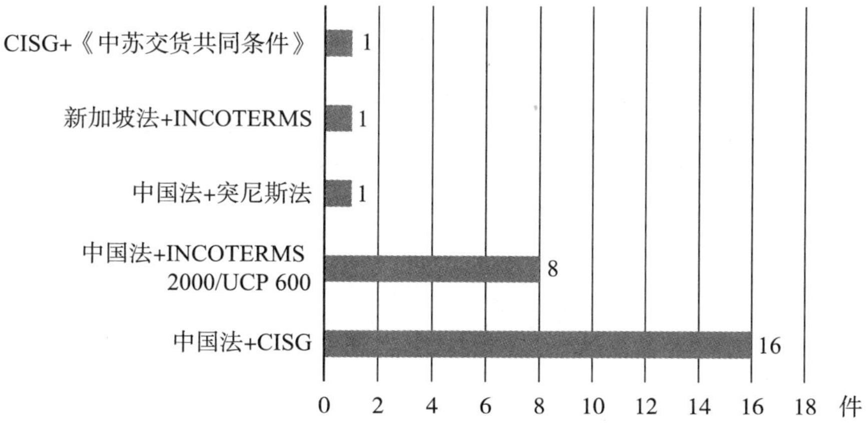

图2-2 贸仲委受理的涉“一带一路”国家或地区案件的法律适用选择情况

二、涉“一带一路”国家或地区典型仲裁案例

(一)国际货物买卖合同纠纷典型案例:韩国企业向中国出口镍矿石

1. 案件事实

该案申请人是一家韩国公司,第一被申请人是一家中国香港公司,第二被申请人是一家中国内地公司。申请人通过中间人向两被申请人发送了买卖合同文本,拟向中国买家出口镍矿石,合同文本中列明申请人为卖方、第一被申请人为买方,合同文本未经过申请人签字或盖章。之后,第二被申请人在合同文本上非签署栏之处加盖第二被申请人的公司印章,并通过中间人发送到申请人。申请人其后将第二被申请人加盖印章的合同加盖申请人自己的公司印章,再通过中间人发送到第二被申请人。后申请人提起仲裁主张称,合同项下买方

未按合同约定开具信用证,申请人被迫将货物转售第三方造成价差损失,要求两名被申请人共同承担违约责任。

2. 双方主张

申请人认为:(1)两名被申请人对未按时开具信用证的违约行为应承担连带责任;(2)两名被申请人应当支付申请人因转售货物受到的价差损失;(3)两名被申请人应当赔偿申请人的价差损失的利息;(4)两名被申请人应当承担申请人因该案支出的律师费和仲裁费。

第一被申请人认为:(1)第一被申请人没有对案涉合同盖章,案涉合同及其中的仲裁条款均不能拘束第一被申请人;(2)第一被申请人也不是第二被申请人的代理人;(3)鉴于合同及仲裁条款均不能拘束第一被申请人,第一被申请人不应承担任何违约责任。

第二被申请人认为:(1)第二被申请人没有作为买方达成案涉交易的意图,其在合同文本盖章的性质为确认合同文本内容,以便与申请人背后的第三方公司按照该合同文本订立合同;(2)合同之下所列买方不是第二被申请人,第二被申请人的盖章位置也不是合同签署栏。此外,合同文字显示只有双方均收到对方盖章合同的复印件后合同方生效,而第二被申请人并未收到申请人加盖印章的合同复印件。因此,第二被申请人和申请人之间不存在成立的买卖合同,不成立仲裁协议,第二被申请人不应承担违约责任。

各方当事人均同意以中国法律为本案争议的准据法。

3. 争议焦点

(1)本案中是否存在有效的仲裁协议?

(2)案涉合同是否成立;如果成立,受合同拘束的买方是谁?

4. 仲裁庭意见

关于第一个争议焦点,仲裁庭认为,鉴于第二被申请人在合同文本上已经加盖公章,申请人亦已在合同文本加盖公章,根据仲裁协议独立性的原则,申请人与第二被申请人之间存在有效的仲裁协议。关于申请人与第一被申请人之间是否存在仲裁协议,须分析全案方可判断。

关于第二个争议焦点，仲裁庭认为，判断合同是否成立，应依据双方是否发出有效的要约和承诺。案涉合同文本规定，只有买卖双方均收到对方盖章的合同的复印件，合同方成立生效。申请人通过其中间人发送的合同文本没有经过申请人盖章，该合同文本当时对申请人没有拘束力，因此不是有效的要约。而既然申请人第一次发送的合同文本不是有效要约，第二被申请人发送其加盖印章的合同文本也不是有效承诺。至于第二被申请人发送其加盖印章的合同文本的性质是否为有效要约，由于合同之下所列买方是第一被申请人，第二被申请人盖章的位置并非合同签署栏，申请人也未提供证据证明第二被申请人是第一被申请人的代理人而有权代表第一被申请人签约。因此，无法判断第二被申请人发送其加盖印章的合同文本之下的买方究竟是谁，该发送加盖印章的合同文本的性质不满足中国《合同法》之下对于“要约的内容必须明确”的要求，因此不是有效要约。进而申请人发送申请人盖章的合同文本，也不是对第二被申请人发送盖章合同文本的有效承诺。因此，案涉合同并没有在第二被申请人和申请人之间有效成立。

关于案涉合同是否在第一被申请人和申请人之间成立，由于第一被申请人没有签署合同，申请人也没有提交证据证明第二被申请人有权以加盖第二被申请人印章的方式代表第一被申请人签署合同。因此仲裁庭认为，第一被申请人和申请人之间没有成立有效合同，也没有成立有效的仲裁协议，第一被申请人不承担违约责任。

5. 裁决结果

仲裁庭驳回申请人的全部仲裁请求，裁决本案仲裁费全部由申请人承担。

6. 案例评析

该案系一起因国际货物买卖而产生的争议案件，除上述仲裁庭意见对该案实体问题进行的分析内容以外，该案涉及的两个签订跨境商事合同常见的问题值得重点关注。

第一，关于公司印章使用的问题需要特别考虑。在我国，公司之间签订商事合同通常都需要加盖公司印章，因公司印章使用而引发的合同效力问题比比皆是。然而,很多国家的公司并没有公司印章,通常只要有公司有权签字人的签字即可认定合同有效。因此,跨境商事合同签订中的公章使用问题更复杂,当事人在订立合同过程中如果没有对公司印章使用以及签字人的权限等问题作特别关注,那么在争议发生时就可能面临合同被认定为无效的法律风险。

第二,关于合同原件的问题需要特别考虑。在订立跨境商事合同的过程中,由于可能涉及多方当事人,并且各方当事人可能位于不同国家,因此要求各方当事人均在同一份文件上签字盖章,并且将经各方签字盖章的合同原件通过邮寄的方式返还给各方当事人,这在实践操作中程序烦琐,并且耗费时间,不利于商业活动的开展。然而,如果仅有传真件或扫描件,那么一旦争议发生,在诉讼或者仲裁程序中就可能会引发合同效力以及内容真实性方面的争议。因此,如果当事人在合同订立时选择交换合同传真件或扫描件,那么应当在合同中明确合同签订的方式,并确认合同传真件或扫描件与合同正本具有同等法律效力。

(二)委托合同纠纷典型案例:中国内地企业委托中国香港公司收购哈萨克斯坦公司

1. 案件事实

申请人为一家注册地为中国香港特别行政区的公司,被申请人为中国内地D集团的下属公司。申请人与被申请人签署了《代理协议》。双方约定由被申请人委托申请人作为排他代理人协助获得B公司的股份并获得相关政府的批准,完成转让。股权转让完成后,除给予前期费用外,委托人还应按约定的比例向代理人支付代理酬金和给予预期的权益。B公司为哈萨克斯坦公司,B公司所属的油田具有良好而稳定的原油资源储备。申请人的关联公司与B公司有长期原油贸易合作。

申请人在前期促成被申请人与B公司股东进行了多次协商谈判,但后来中国的F集团也加入了谈判,并参与投标。后F集团竞标成功,完成了对B公司股权的收购,但D集团尚未取得对B公司股权的确定权益。

2. 双方主张

申请人认为，由于中国F集团的加入，为避免内部竞争，在国家发展和改革委员会主持下，D集团公司和F集团公司协商同意确定在D集团公司已完成的前期工作的基础上，两家集团公司联合收购B公司股权。后F集团公司代表两家集团公司成功竞标，完成对B公司股权的收购。因此，申请人已履行了《代理协议》约定的海外收购代理义务，被申请人通过联合收购已完成了对B公司海外收购的全部事宜，被申请人理应向申请人支付代理费用。

被申请人认为，《代理协议》约定支付代理酬金的条件是被申请人获得B公司的股权，但被申请人至今未获得B公司股权，支付酬金的条件未能成就，申请人的仲裁请求没有事实和法律依据。

3. 争议焦点

(1)《代理协议》中关于代理酬金的支付条件是否已经成就?

(2)《代理协议》中约定的代理事项是否完成?

(3)被申请人是否应该对申请人关联公司和代理权预期收益的损失承担赔偿责任?

4. 仲裁庭意见

仲裁庭依据该案《代理协议》的约定，确定中国内地法律为本案争议的准据法。经审查，仲裁庭认可本案双方争议涉及的《代理协议》的性质为中国《合同法》中的委托合同。仲裁庭从双方在庭审过程中的辩论和其后提交的书面陈词，认定酬金的支付是有条件的，完成代理事项即完成交易就是酬金支付的条件。

对于该案《代理协议》中确定的目的是否达到的判断依据应该仅限于当事人是否取得其签署《代理协议》希望取得的结果。虽然有迹象表明在F集团完成对B公司股权收购后，D集团有索求权益的行为，但是没有明确的证据显示上述两家集团公司存在联合的情况。仲裁庭不能仅据此得出该案存在联合竞标或联合收购的结论。被申请人没有根据《代理协议》的约定取得B公司的股权，协议约定的目标应认定为没有达到。因而申请人依据协议的规定要求被申请人履行协议义务缺乏法律和合同基础。

在没有证据表明被申请人故意怠于履行合同义务、放弃竞标或隐瞒联合竞标收购真相而丧失收购B公司股权的情况下，仲裁庭认为被申请人没有违反《代理协议》第7条的规定，给申请人造成预期利润损失。

5. 裁决结果

仲裁庭驳回了申请人的全部仲裁请求，仲裁费全部由申请人承担。

6. 案例评析

在中国公司海外收购项目中，由于中国公司对当地目标公司以及经济政策、司法环境等情况不了解，中国公司经常需要第三方主体，通常是咨询公司、中介机构或中间人等的协助，以完成收购项目。然而，一旦收购项目完成，第三方主体向委托人请求支付报酬时，经常会就第三方主体是否完成了委托事项而发生争议。一方面，受托人主张其已经完成委托事项，要求委托人支付报酬；另一方面，委托人可能会主张受托人没有完成委托事项，或者委托的预期目的没有达到，抑或是收购项目的完成并非因为受托人提供服务的原因等，进而拒绝向受托人支付报酬。

针对上述情况，当事人在订立委托合同时，应当特别注意对于委托事项具体内容的约定，以及关于报酬支付条件的约定。此外，在合同履行过程中，当事人双方应当留意收集关于合同实际上如何履行的证据，一旦委托人与受托人就合同履行或报酬支付等问题发生争议，完整的资料保存有助于仲裁庭查明事实，进而认定法律关系，并就实体问题作出判断，最终作出裁决。

（三）建设工程合同纠纷典型案例：中国企业在蒙古国承包钻井工程项目

1. 案件事实

该案申请人为一家中国企业，被申请人为一家蒙古国企业。申请人与被申请人签署了《钻井工程承包合同》，约定由申请人承包钻井工程，被申请人支付相关费用。之后双方签署了《补充协议（一）》，对违约金作出了明确的约定。后来双方又签署了《备忘录》确认解除双方之间的《钻井工程承包合同》，并就剩余工程款、中国境内设备复原费等作出了约定。但在履行的过程中，双方产生了争议。

2. 双方主张

申请人主张,根据合同约定,被申请人有义务向申请人支付工程款。该案双方通过签署《备忘录》等文件,已确认了被申请人应付申请人的剩余工程款金额。同样,被申请人有义务向申请人支付设备复原费、设备从蒙古国施工现场返回中国的运输费、蒙方报通关费和逾期付款违约金,并应支付因没有给申请人足额工程量的违约金等款项。

被申请人认为:第一,申请人未履行相关合同义务,其完成的工作未经验收,未依约先向被申请人开具发票,故付款条件未成就;第二,由于申请人原因导致合同无法履行且申请人未完成约定的工作量,被申请人因此不必支付申请人设备复原费;第三,由于付款条件未成就,且申请人不履行相关义务,导致被申请人未向申请人支付相关款项,故被申请人不存在任何逾期付款行为,并且合同约定的违约金明显过高,应予调整;第四,被申请人依约有权调整申请人的年度工作量,被申请人对此不存在任何违约行为。

双方当事人均同意适用中国法律解决本案争议。

3. 争议焦点

被申请人向申请人支付工程款的付款条件是否已经成就?

4. 仲裁庭意见

仲裁庭认为:第一,在签订结算明细表之前,双方或已经完成了工程验收、资料交付等工作,或双方经协商同意,被申请人自愿放弃了合同中有关验收、资料交付的要求。出具英文形式发票是支付款项的必要手续之一,但不是付款的必需条件,因此被申请人的付款条件已成就。第二,申请人在某些年度未完成工作量,主要原因是由于被申请人没有提供足够的工作量,且所涉复原费已经过后续合同的确认,并且未对支付义务设定其他条件,因此被申请人应当支付。第三,申请人要求被申请人支付逾期付款违约金的请求合理,但考虑到合同约定的逾期付款违约金明显过高,应予以调整。第四,鉴于被申请人有权合理调整申请人的年度工作量,仲裁庭无法认定被申请人 2012 年的行为构成违约,

2013年被申请人没有给申请人安排任何工作，则不能说是合理的。然而，考虑到申请人在《备忘录》中表示不再追究被申请人的责任，根据诚实信用原则，申请人现在无权向被申请人主张2013年工作量不足的违约金。

5. 裁决结果

仲裁庭裁决被申请人向申请人支付剩余工程款等款项及律师费，并承担30%的仲裁费。

（四）境外投资争议纠纷典型案例：中国企业在莫桑比克设立项目公司

1. 案件事实

该案所涉当事人均为中国法人，争议的项目公司C公司是申请人在莫桑比克设立的，拟在莫桑比克利用当地石灰石矿产资源建设水泥生产线。申请人、第一被申请人、第二被申请人等签订了《投资协议》等文件，变更C公司的股权结构。根据该协议，第一被申请人和第二被申请人在毛里求斯设立离岸公司（S公司），申请人、第一被申请人和第二被申请人有义务使C公司的注册资本增加到3200万美元。申请人和两被申请人后签署了《备忘录》，C公司召开了第二次董事会，签字确认了C公司注册资本仍为640万美元，两名被申请人在《投资协议》中约定的2560万美元增资款转变为由两名被申请人通过S公司向C公司的借款，申请人将C公司80%股权转让给S公司。据此，S公司和C公司签订了《借款协议》。

至今，S公司投到C公司的资金仅到位了一部分。后C公司向国家开发银行借款，申请人明确拒绝为C公司融资提供担保后，各方发生争议。尔后C公司一直停滞至今。申请人和两名被申请人在该案项目的各方出资、融资、继续建设、赔偿损失等问题上发生争议。

2. 双方主张

申请人主张，两名被申请人应通过S公司向C公司出资2560万美元，而两名被申请人利用其实际控股人身份，至今未将1280万美元出资到位，并对C公司的融资建设、经营不作为，导致项目停滞，两名被申请人已构成了违约，理应赔偿给申请人造成的利润损失。

被申请人主张，被申请人的出资义务已变更为通过S公司向C公司支付借款的义务，而就变更后的义务被申请人不存在任何违约情形。相反，申请人违背《投资协议》以及书面承诺中确定的融资担保义务，直接导致了项目融资失败、项目停滞。申请人违反协助C公司解决供电、确保项目建设及生产用电的义务，直接导致C公司根本无法建设、项目停滞。

3. 争议焦点

（1）两名被申请人向C公司是否履行了借款义务？

（2）该案项目贷款融资未成功的责任应当由谁承担？

（3）供电问题的责任应当由谁承担？

4. 仲裁庭意见

仲裁庭认为，《投资协议》约定的两名被申请人对C公司的出资义务已经变更为通过S公司以股东借款的形式投入，从变更后的约定来看，两名被申请人应通过S公司向C公司投入借款资金1280万美元的出资义务至今尚未完全到位。

各协议文件均未明确约定为融资贷款提供担保是申请人或两名被申请人的义务，亦未明确约定申请人或两名被申请人有义务保证融资贷款成功。因此，申请人和两名被申请人关于因公司融资失败而指责对方违约的理由不能成立。

供电问题发生变化最终没有得到解决的结果，应当属于投资风险，不能归责于申请人违约。仲裁庭还认为，虽然两名被申请人未完全履行向C公司的借款义务，但这并非构成C公司项目停止的全部原因。

5. 裁决结果

仲裁庭裁决两名被申请人向申请人赔偿可得利益损失及律师费，驳回申请人的其他仲裁请求，驳回第一被申请人、第二被申请人的全部仲裁反请求。

6. 案例评析

本案是典型的“一带一路”投资争议纠纷，涉及中国公司到境外其他国家利用当地资源设立并运营项目公司。在投资设厂的过程中，根据合作模式不同,可能产生的争议也有所区别。

第一,中国公司与中国公司合作在境外国家设立项目公司。在这种情况下,涉及的问题主要是中国公司可能对当地的法律、文化、习俗不够熟悉,与当地政府联系不够紧密,不容易得到当地的支持,甚至可能出现违反当地法律、政策等的情况。尤其应该关注的是当地的环境、劳工、税收等方面的法律法规,以免产生不必要的法律风险。

第二,中国公司与境外当地公司合资设立项目公司。这种模式一般主要是因为当地的公司掌握相关的技术或者享有某些政策的优惠,而中国公司可以提供相应的资金或技术。这种模式可以充分发挥中国公司和当地公司各自的优势,但在合作经营的过程中,很容易引发争议。比较常见的争议是:当地公司利用其优势条件,逐渐掌握对合资公司的控制权,使中国公司无法真正参与经营管理,尤其是在双方对公司的发展和经营模式产生争议的情况下,中国公司容易对合资公司的经营失去控制,或者导致公司决策层无法作出有效决策,公司经营管理陷入僵局。这要求中国公司在前期签订合资协议时应尽量对公司的决策机制以及高级管理人员的任命等问题作出有效的安排,以避免在争议中陷入不利的境地。

(五)技术合同纠纷典型案例:中国企业为在伊拉克使用的系统提供技术服务

1. 案件事实

该案双方当事人签署《系统开发合同》《需求追加合同》,约定由申请人向被申请人设计、安装物流条码系统。物流条码系统将在伊拉克使用。支付时间为被申请人确认需求说明书后支付30%;申请人完成项目实施、调试、安装和培训后支付50%;系统上线运行30日并经双方签署《系统初验报告》后支付10%;项目试运行结束,双方签署《系统初验报告》并运行5个月后支付剩余10%。

2. 双方主张

申请人主张,系统上线运行后,被申请人一直不对系统进行验收。除向申请人支付首笔款项外，被申请人不按照《系统开发合同》和《需求追加合同》的约定向申请人支付剩余合同价款，无限制地拖延项目进程。申请人就此与被申请人进行多次协商，均未能解决。申请人已依约完成项目实施、调试、安装和培训义务，被申请人应依约支付第二笔款，即合同标的额的50%。被申请人怠于履行软件验收义务导致双方未能签署相关验收文件，约定的结算条件已实质性满足，被申请人应当支付剩余全部货款。

被申请人主张，申请人开发的软件系统一直未得到被申请人客户的认可。在项目实施过程中，申请人未按照项目进度及时向被申请人提供《用户环境准备确认单》《模块实施完成确认单》等文档资料，提醒被申请人签字确认。申请人在未提前通知被申请人的情况下擅自单方停止了VPN服务，导致软件系统突然无法在伊拉克使用。被申请人不得不找人重新开发软件以满足客户需求，严重影响了被申请人的利益，给被申请人造成巨大的损失。因此，被申请人认为申请人没有全面履行合同义务，其开发的软件系统不符合需求。

3. 争议焦点

(1)第二期付款条件是否成就？

(2)第三期、第四期付款条件是否成就？

4. 仲裁庭意见

仲裁庭认为，申请人为被申请人开发的系统主体工作已经完成，相关实施、调试、安装、培训工作已经开展，尽管被申请人主张该项目尚存一些问题，但这些问题基本均属于在系统测试运行后才发现的问题，不影响第二期款项的支付。因此，仲裁庭认定，被申请人向申请人支付50%款项(第二期付款)的条件已经成就。

鉴于申请人在合同履行中并未向被申请人提出初验申请，双方亦未实际签署《系统初验报告》，仲裁庭认定被申请人向申请人支付初验后的10%合同款项(第三期付款)的条件尚不具备。

鉴于双方对系统初验的付款条件并不具备，申请人在合同履行中也未向被申请人提出终验申请，双方亦未实际签署《项目终验报告》。因此，仲裁庭认定,被申请人向申请人支付最后10%合同款项(第四期付款)的条件亦不具备。

5. 裁决结果

仲裁庭裁决被申请人向申请人支付合同总价款的50%及律师费,仲裁费用主要由被申请人承担。

6. 案例评析

该案系一起技术合同纠纷,虽然争议双方均为中国企业,但争议项下的技术使用地为伊拉克。近年来,随着中国企业技术开发能力的提升,类似该案"研发地在中国、使用地在境外"的技术服务合同项目大量增加,因合同解释、履行、结算发生的争议事项也有所增加。

在技术服务合同中,常常涉及项目的实施、调试、安装和培训等多项服务,这些服务往往涉及不同的阶段,也对应着相应的付款条件。由项目验收和付款条件引起的争议在技术合同中比较常见。

第一,合同一般约定将通过验收作为付款的条件,在跨境交易中,一般采取出具验收报告的方式来确认验收的完成。但即便未实际进行验收,根据现有证据材料足以认定相应设备、工程等已进行了调试或安装,或虽未调试或安装,但已实际投入使用,付款条件也可能被认定为已经成就。

第二,合同约定的付款条件涉及双方最关注的问题,如每一期付款条件的设定不当,在实践中极易引起争议。付款条件的设置应涵盖当事人所关注的重要问题。在该案中,被申请人关注的是软件系统是否存在问题、能否正常使用,但这并不是第二期款项支付的条件。只要申请人完成项目实施、调试、安装和培训义务,被申请人即应依约支付第二期款项。因此,国际商贸的主体在合同磋商、拟定和履行中应特别关注付款条件的设置,以避免可能发生的争议和法律风险。

三、对中国当事人涉"一带一路"争议处理的启示和建议

"一带一路"建设的推进无疑将会带动大量基础设施等项目的建设,同时还会伴有人员、物资、技术、资金的大规模跨境流动,这必将为中国商事主

体提供丰富的合作发展机会，但风险与机遇相伴，积极参与“一带一路”建设不可避免地要面临引发争议的风险。在出现争议时，作为商事主体可能面临不熟悉东道国法律体系、仲裁裁决面临较大不确定性、败诉可能对当事人声誉产生不利影响、仲裁裁决执行遭遇困难等多方面的风险。

结合以上对贸仲委受理涉“一带一路”国家或地区争议的分析，本章节试图为中国当事人处理涉“一带一路”争议提供一些建议与启示。

（一）应重视争议解决机制的预先设计

2013～2018 年中国与“一带一路”国家或地区进出口总额超过 6 万亿美元，年均增长 4%；中国企业对共建国家或地区直接投资超过 900 亿美元，年均增长 5.2%。在共建国家或地区完成对外承包工程营业额超过 4000 亿美元，共建国家或地区对华直接投资也超过了 400 亿美元。① 5 年来，中国和共建国家或地区一道，在港口、铁路、公路、电力、航空、通信等领域开设了大量合作，有效提升了这些国家或地区基础设施建设水平，成果超出预期。② 中国商事主体对外参与东道国基础设施建设，往往采用政府和社会资本合作（Public-Private Partnership，PPP）③的模式。伴随如此数量巨大、规模庞大的基础设施建设，PPP 项目可能产生的争议必然牵涉多方主体，所涉法律关系复杂。

争议解决机制作为保护投资人利益的最后一道防线，需要投资人在项目早期准备阶段就对将来可能发生的投资人、项目公司与东道国政府、国有公司等主体所产生争议的解决机制作出合理、有前瞻性的安排。在争议发生时，投资人往往会处于相对弱势的地位，因此，预先设计争议解决机制，能够在未来与东道国或其他政府部门、国有公司发生争议的情况下，使其能够主动将与项目合

---

① 《共建“一带一路”倡议：进展、贡献与展望》，载新华网：http://www.xinhuanet.com/silkroad/2019-04/22/c_1124400071.htm，最后访问日期：2019 年 6 月 20 日。

② 《数说“一带一路”成绩单》，载一带一路网：https://www.yidaiyilu.gov.cn/jcsj/dsjkydyl/79860.htm，最后访问日期：2019 年 6 月 20 日。

③ PPP 是 Public-Private Partnership 的缩写，全称为政府和社会资本合作是指政府和社会资本合作，是公共基础设施中的一种项目运作模式。在这种模式下，私营企业、民营资本和政府合作参与基础设施的建设。

同相关的争议提交中立、公正、高效的国际商事争端解决机构。在商业投资之初，设计好争议解决的方式，会切实提高跨境商事活动的确定性。

在实际设计争议解决机制时，仲裁作为高效、专业、中立的国际商事争议解决方式成为诸多商事主体的选择。对不希望面对不熟悉的法院系统解决跨境争议的当事方来说，国际仲裁可以允许当事方自由选择争议适用法律、仲裁地、开庭地、仲裁庭成员、仲裁语言等多项要素。同时对比法院判决的执行难度，仲裁裁决因获得1958年《承认及执行外国仲裁裁决公约》（以下简称《纽约公约》）的保障更易得到执行。

（二）应重视仲裁条款的拟定

1. 谨慎设置仲裁前置条件

仲裁协议经常会设定仲裁前置条件，要求双方依次进行不同级别的谈判、调解或其他类似机制后方可提起仲裁。尽管在仲裁协议中设置前置条件的初衷是在真正进入争议解决程序之前，给双方充分的沟通和解时间，以达到友好解决争议的目的，但这样的设置往往不仅无法帮助双方友好解决争议，反而为及时提起仲裁程序设置了障碍。更有甚者，败诉方以仲裁没有满足前置协商程序申请撤销仲裁裁决。

中国当事人在参与“一带一路”建设的过程中，应当谨慎起草多层次的争议解决条款，以免受到繁重的仲裁前置条件的约束。

2. 重视约定仲裁地

国际商事仲裁中，仲裁地是一个法律概念，关涉仲裁程序的进行以及仲裁裁决的执行等重要方面。仲裁地是指仲裁的法律地或者司法管辖地。选择对仲裁友好的仲裁地对争议的解决非常重要。在实践中，仲裁地的中立程度、法律体制和国内仲裁法是否完善、公平，执行仲裁裁决记录是否良好等都会影响当事人的选择。

一般而言，仲裁地决定了仲裁裁决的“国籍”。在争议中，争议均由仲裁地法院进行监管。仲裁地法院有权决定作出临时措施、决定是否撤销仲裁裁决等。近年来，中国对仲裁的态度愈加友好，司法支持仲裁的立场日益明显，与仲裁相关的法律体系日益健全，中国已经受到越来越多涉外商事主体的青睐，成为国际商事仲裁地的热门选择之一。

3. 对仲裁机构的选择

贸仲委在历年发布的《中国国际商事仲裁年度报告》（以下简称《报告》）中，专门介绍了世界上主要仲裁机构的年度报告和案件数据统计，包括贸仲委、ICC、LCIA、SCC、SIAC、HKIAC 等。《报告》从受案量、案件当事人国别、争议类型、仲裁地、仲裁员、仲裁争议金额等角度分析总结了世界主要国际仲裁机构的受案特点，为中国当事人选择仲裁机构提供了参考。

在选择仲裁机构时，机构管理案件的效率、机构仲裁规则的设计、仲裁费用、年度结案率、仲裁裁决承认与执行的状况等都需要被纳入考察范围。综合研究表明，以贸仲委为代表的中国国际商事仲裁机构在世界范围内具有强大的竞争力和吸引力，以及深厚的发展潜力。

（三）应关注仲裁裁决的执行

在国际商事争议解决中，仲裁与诉讼是两种最常见的途径。因《纽约公约》的广泛影响力，承认与执行外国仲裁裁决相比法院判决更容易、便捷，在实践中国际商事主体选择仲裁作为跨境商事争议解决方式的居多。中国于 1987 年加入了《纽约公约》。截至 2019 年 9 月底，《纽约公约》的成员已增至 161 个。

根据联合国国际贸易法委员会官方网站上的信息，《纽约公约》161 个缔约方中，半数以上的缔约方作出了互惠保留，其中 74 个缔约方声明其适用公约仅限于承认和执行在另一个缔约方领土上作出的裁决，10 个缔约方声明对非缔约方领土上作出的裁决，其适用《纽约公约》仅限于提供互惠待遇的国家或地区。未作出任何互惠保留的缔约方有 77 个，非缔约方领土上作出的仲裁裁决，可以根据《纽约公约》在这些国家或地区申请承认和执行。即便如此，在选择仲裁地时，仍应尽量选择在《纽约公约》缔约方，以尽可能避免裁决得不到执行的风险。

另外，对于非《纽约公约》缔约方的合作方，中国商事主体应当重点关注该东道国或地区是否与我国签订了双边司法协助条约,或者考虑合作方是否在其他《纽约公约》缔约方拥有财产可供执行。

在与我国签署共建"一带一路"合作文件的126个国家或地区中,未加入《纽约公约》的仅有48个,其余78个国家均是《纽约公约》的成员国(见表2-1、表2-2)。

表2-1　与中国签署共建"一带一路"合作文件的《纽约公约》成员

非洲	苏丹、南非、喀麦隆、几内亚、赞比亚、莫桑比克、安哥拉、尼日利亚、津巴布韦、阿尔及利亚、坦桑尼亚、布隆迪、乌干达、摩洛哥、马达加斯加、埃及、塞内加尔、加蓬、吉布提、塞舌尔、加纳、毛里塔尼亚、肯尼亚、卢旺达、利比里亚、突尼斯
亚洲	韩国、蒙古国、新加坡、马来西亚、缅甸、柬埔寨、越南、老挝、文莱、巴基斯坦、斯里兰卡、孟加拉国、尼泊尔、阿联酋、科威特、土耳其、卡塔尔、阿曼、黎巴嫩、沙特阿拉伯、巴林、伊朗、阿富汗、阿塞拜疆、格鲁吉亚、亚美尼亚、哈萨克斯坦、吉尔吉斯斯坦、塔吉克斯坦、乌兹别克斯坦、泰国、印度尼西亚、菲律宾、马尔代夫
欧洲	俄罗斯、波兰、塞尔维亚、捷克、保加利亚、斯洛伐克、阿尔巴尼亚、克罗地亚、波黑、黑山、爱沙尼亚、立陶宛、斯洛文尼亚、匈牙利、马其顿、罗马尼亚、拉脱维亚、乌克兰、白俄罗斯、摩尔多瓦、塞浦路斯、奥地利、马耳他、葡萄牙、意大利、希腊
大洋洲	新西兰、巴布亚新几内亚、斐济、库克群岛
南美洲	乌拉圭、委内瑞拉、智利、圭亚那、厄瓜多尔、秘鲁、玻利维亚
北美洲	巴拿马、特立尼达和多巴哥、安提瓜和巴布达、巴巴多斯、古巴、牙买加、哥斯达黎加、多米尼加、萨尔瓦多

表2-2　与中国签署共建"一带一路"合作文件的非《纽约公约》成员

非洲	塞拉利昂、科特迪瓦、南苏丹、纳米比亚、埃塞俄比亚、乍得、冈比亚、多哥、索马里、刚果布、佛得角、利比亚、赤道几内亚
亚洲	也门、东帝汶、伊拉克
大洋洲	萨摩亚、纽埃、密克罗尼西亚联邦、汤加、瓦努阿图
南美洲	苏里南
北美洲	格林纳达、多米尼克
欧洲	卢森堡

以上数据说明，上述78个签署共建“一带一路”合作文件的国家或地区作为仲裁地的商事仲裁裁决可以在中国得到承认与执行，中国的仲裁裁决也可以在这78个共建“一带一路”合作国家或地区被承认与执行（受限于该国或地区在加入《纽约公约》时作出的具体保留）。

根据2015年6月16日最高人民法院发布的《关于人民法院为“一带一路”建设提供司法服务和保障的若干意见》，提出：“要正确理解和适用《承认及执行外国仲裁裁决公约》，依法及时承认和执行与‘一带一路’建设相关的外国商事海事仲裁裁决，推动与尚未参加《纽约公约》的沿线国家或地区之间相互承认和执行仲裁裁决……要探索司法支持贸易、投资等国际争端解决机制充分发挥作用的方法与途径……支持‘一带一路’建设相关纠纷的仲裁解决。”据此，中国与参与“一带一路”沿线国家或地区之间相互承认与执行仲裁裁决更有保障。

四、建立涉“一带一路”纠纷解决机制的展望

（一）仲裁作为争议解决机制的优势

仲裁作为商事主体选择在公正独立的仲裁庭前进行的争议解决方式，其源自当事人所签署的协议，同时也受国家法律的监管并由其执行。除上文中提及的仲裁裁决因《纽约公约》更方便得到承认与执行外，仲裁作为争议解决机制，还存在以下明显的优势。

仲裁提供了中立的争议解决机制，国际合同的一方当事人通常希望避免在另一方当事人所在地的法院解决争议，而倾向选择国际化的仲裁庭、在相互接受的仲裁地、适用国际通用的规则来实现争议的解决。

仲裁对比通常公开审理的诉讼，无疑可以提供更高的保密度。虽然不同法域的仲裁法所赋予的保密程度有所不同，但当事人有权在仲裁协议中进一步明确仲裁的保密程度，这对于重视保密的商事争议来说，无疑十分关键。

仲裁员的相关专业知识或经验有助于实现案件审理的公正与公平。仲裁所赋予当事人选择仲裁员的权利，使当事人得以自行选择具有所涉争议背景知

识与经验的仲裁员。

相比法庭程序规则,仲裁规则一般较简单且灵活度高。对于跨境争议的当事人来说,仲裁规则相对更易理解。在个案适用过程中,当事人可以通过进一步协商确定案件程序以配合当事人之间的关系及争议的性质,从而使双方可以将工作重点更多地放在争议实体问题上。

仲裁的一裁终局性、裁决对于费用承担的责任划分实际节省了当事人处理争议的成本。当事人为解决争议可能付出了仲裁费、律师费、差旅费等多项费用,仲裁中"cost follows the event"①的原则,使仲裁庭一般会在裁决中对于仲裁费、律师费等费用的承担作出划分,明确当事方具体承担的费用比例。另外,当事人可以自由商定为其争议定制特别的程序来降低成本。同时,仲裁通常约定当事人不对裁决的任何实质争议享有任何上诉权,因而可以省去继续进行法律程序的时间和成本。

(二)中国促进建立"一站式"国际商事纠纷多元化解决机制的努力

2018年6月中共中央办公厅、国务院办公厅印发了《关于建立"一带一路"国际商事争端解决机制和机构的意见》[以下简称《意见》(一)]。根据《意见》(一),最高人民法院设立国际商事法庭,牵头组建国际商事专家委员会,支持"一带一路"国际商事纠纷通过调解、仲裁等方式解决,推动建立诉讼与调解、仲裁有效衔接的多元化纠纷解决机制,形成便利、快捷、低成本的"一站式"争端解决中心,为"一带一路"建设参与国当事人提供优质高效的法律服务。

在此之后,2018年11月13日最高人民法院办公厅发布了确定首批纳入"一站式"国际商事纠纷多元化解决机制的国际商事仲裁及调解机构。综合考虑各机构前期受理国际商事纠纷案件的数量、国际影响力、信息化建设等因素,贸仲委被确定作为首批纳入"一站式"国际商事纠纷多元化解决机制的仲裁机构。

随着2018年11月21日最高人民法院办公厅发布《最高人民法院国际商

① "cost follows the event"的原则是指仲裁程序中败诉方需要向胜诉方支付其因案件支出的仲裁费及律师费等。

事法庭程序规则(试行)》(以下简称《国际商事法庭程序规则(试行)》),支持仲裁解决纠纷正式被写入该规则。《国际商事法庭程序规则(试行)》第 34 条、第 35 条特别规定,标的额人民币 3 亿元以上或其他有重大影响的国际商事案件的财产保全以及由国际商事仲裁机构作出的裁决的撤销或执行,均可以由国际商事仲裁机构或当事人将申请提交至国际商事法庭,由其依法作出裁定。

国际商事法庭的设立,以及贸仲委等仲裁和调解机构被纳入首批“一站式”国际商事纠纷多元化解决机制的仲裁机构,都反映出我国在推动涉“一带一路”国家纠纷解决中,不断推进多元化争议解决方式的趋势,同时也说明贸仲委作为我国历史最悠久的国际商事纠纷仲裁机构,在受理、管理涉“一带一路”国家争议方面的明显优势。

此外,2018 年 12 月 31 日中共中央办公厅、国务院办公厅发布了《关于完善仲裁制度提高仲裁公信力的若干意见》[以下简称《意见》(二)]。《意见》(二)提出,要提高仲裁服务国家全面开放和发展战略的能力,认真贯彻落实中央有关建立“一带一路”国际商事争端解决机制和机构的部署要求,积极开展“一带一路”沿线国家或地区投资贸易争议解决法律制度和机制的研究,建立“一带一路”国际商事争端解决仲裁机制和组织。

(三)贸仲委《国际投资争端仲裁规则(试行)》的发布

投资者与东道国之间的投资纠纷解决是“一带一路”倡议下一个需要关注的重要主题。我国与“一带一路”沿线国家或地区之间多为能源和基础设施建设项目的合作,这些项目通常需要投入巨大的人力物力,且时间跨度长、领域跨度宽,在实践中往往需要东道国政府的支持。在出现争议时,情况也往往较复杂。

2017 年贸仲委发布了《国际投资争端仲裁规则(试行)》,弥补了我国在国际投资仲裁领域的空白,符合我国“一带一路”建设的实际需要。多数“一带一路”沿线国家或地区的投资法制并不十分完善,法律风险较高,制定投资仲裁规则能够为我国企业提供解决与东道国投资争端的制度化保障,平等保护投资双方当事人的合法权益,服务国家“一带一路”倡议的建设。

贸仲委《国际投资争端仲裁规则(试行)》设定了专门解决国际投资争端的《仲裁员名册》,同时允许当事人可以共同约定在该名册之外选定仲裁员,但需得到仲裁委主任的确认。根据该规则,除非当事人另有约定或仲裁庭另有决定,开庭审理应公开进行。另外,贸仲委《国际投资争端仲裁规则(试行)》还规定了第三方资助的相关内容,当事人以外的自然人或实体可以协议承担参与争议的一方当事人在仲裁程序中的全部或部分费用。获得第三方资助的当事人负有披露义务,仲裁庭也有权命令获得第三方资助的当事人披露相关情况。

贸仲委在国际投资活动快速发展、我国对国际投资活动的参与度越来越高的背景下,适时出台《国际投资争端仲裁规则(试行)》,进一步提升了我国国际仲裁机构在国际商事解决领域的竞争度,为涉"一带一路"国家或地区争议的解决提供了更加完备的服务。

至今,"一带一路"建设已经进入第6个年头,随着"一带一路"建设的不断推进,中国进一步开放市场,积极与国际接轨的姿态也显著延伸至争议解决方面。"一带一路"建设涉及的项目规模庞大,涉及的交易种类多样,在面对如此大规模、多层次的国际商事活动之时,多元化纠纷解决的重要方式之一——仲裁成为多数国际商事主体的首选。在此背景下,我国也积极开拓、支持多元化纠纷解决机制建设,以此为"一带一路"建设保驾护航。

第三章　中国金融仲裁实践观察

——以资产管理业务为视角

过去数年间,中国金融市场可谓发展和问题并存。一方面,市场规模日趋庞大,业务品种不断增多,市场基础设施更加健全,法律及监管制度体系不断完善,人民币国际化及资本市场的对外开放出现一些突破,金融活动已越来越深地渗透社会经济生活的方方面面,金融经济已经成为中国整体经济越来越重要的核心组成部分。另一方面,金融市场发展过程中也暴露出了诸多问题,如部分业务体量膨胀过快、创新活动过度、产品结构过分复杂、市场交易链条过长、监管套利行为盛行、债务杠杆过高、资金成本高企、合规风控不足、市场诚信欠缺、金融相关基础法律制度体系尚有欠缺、监管政策多变且时而执行失度。这些因素叠加经济下行和经济结构调整等宏观因素,直接或间接地导致了这几年中国金融市场纠纷案件的爆发式增加,大案、复杂案件频现。

以贸仲委为例,[①]2013～2018 年贸仲委受理的金融类案件数量从 2013 年的 236 件增至 2018 年的 879 件,金融类案件数量占全年总案件数量的比例从 18.79% 增至 29.68%,金融类案件标的额占全年案件标的总额的比例从 2013 年的 19.43%,上升到 2018 年的 58.82% 的峰值。尽管期间有所波动,但总体指标呈快速增长态势。金融案件的高占比情况在中国整体仲裁市场的数据统

① 根据争议性质和贸仲委案件分类标准,本章将贸仲委受理的以下四类具有金融特性或涉及金融行业的案件合并统计为金融类案件:金融类案件、融资租赁类案件、民间借贷类案件、股权投资和股权转让类案件。

计中也有类似反映,2018年中国国内各仲裁机构共受理案件4871件,其中金融类案件1752件,占比高达35.97%,金融类案件标的额达到人民币530.8亿元,占到案件总标的额的71.11%。

与其他商事纠纷案件相比,金融纠纷案件的处理可能更复杂,新类型案件的个案处理可能对市场的影响更大。主要原因在于:现代金融产品本质上都是一种法律拟制,都是有关收益和风险的交易合约安排,都是相应的法律关系主体之间的交易权利义务的组合设计,在实践中具有高度的可复制性和普遍采用性;金融交易涉及的法律类别更多,除合同法外,还时常与公司法、证券法、破产法、担保法等诸多基本商事法律直接相关,因此其中牵涉的法律问题可能是复杂而多重的;同时,金融市场是受监管的市场,业务开展以及纠纷处理也受制于纷繁复杂的监管制度体系,监管问题经常是处理金融案件的重要考量因素。

金融市场的良好发展以及创新活动离不开金融法律制度体系的有效支撑,同样,金融纠纷的处理也需要依托相对完善的法律制度体系。目前,处理金融纠纷面临的最主要问题是,对于涉及新型、复杂金融交易的纠纷案件如何在遵循市场交易逻辑的基础上准确定性交易,以及交易主体之间的法律关系。鉴于整体金融市场的庞大复合特性,其包括诸多细分市场领域,交易类型、纠纷类型以及涉及的法律问题繁多,因此,难以以有限的篇幅对其进行较全面的概述和分析。为了更好地说明近几年中国金融市场纠纷发生及处理的特点以及共性问题,本章选择以近几年业务发展最迅猛、市场交易规模巨大、涉及法律问题相对复杂多样以及违约纠纷频发的资产管理业务为视角,就金融纠纷案件处理的最新发展、问题和挑战进行论述和分析。

一、金融纠纷法律观察——以资产管理业务为例

(一)资产管理业务的发展与问题

资产管理业务,是指银行、信托、证券、基金、期货、保险资产管理机构、金融资产投资公司等金融机构接受投资者委托,对受托的投资者财产进行投资和管理的金融服务。此外,市场上还存在一些没有相应的金融牌照或许可的机构以

资产管理业务为名开展的资产管理类似业务。

从我国资产管理业务的发展历程来看，其发展轨迹与中国金融市场长期实行的银行、信托、证券和保险机构分业经营、分业监管模式有关，更与传统金融服务（以银行贷款为主的市场融资业务）难以满足中国经济发展过程中的融资需求有关。应该说，资产管理业务在一定程度上突破了分业经营、分业监管的制度限制，并在相当程度上满足了金额上不断增加和形式上不断变化的融资需求。

2001 年 10 月 1 日我国《信托法》的颁布施行，使信托机构回归信托本业，开启了基于信托法律架构的资产管理业务。① 按照相关的信托法律监管制度，信托公司在开展信托业务时，与其他类型的金融机构相比，具有一个非常独特而明显的优势，即几乎没有业务范围的限制：既可以从事各类债权产品投资，也可以从事股权投资；既可以投资金融机构的股权，也可以投资企业的股权；还可以投资具体的资产和项目，或设计各类结构化安排。因此，信托机构和信托工具自然就成为开展资产管理业务的最适格机构和最佳业务工具。

其他各类金融机构纷纷借助购买信托产品的方式与信托公司展开业务合作，实现业务扩展。最早的合作就是银行与信托的合作（部分原因是两者同属中国银行保险监督管理委员会②管辖），银行通过银信合作模式，借助信托平台拓展中间业务，做大表外资产，银行的资产管理业务规模得以迅速扩大，信托机构的业务量也随之迅速膨胀。

随后，中国证券监督管理委员会（以下简称证监会）、中国银行保险监管委员会（以下简称银保监会）逐步放松对其分别下辖的证券类机构（证券公司、基金管理公司及其子公司、期货公司、期货子公司）和保险类机构（特别是保险资

① 《信托法》第 2 条规定："本法所称信托，是指委托人基于对受托人的信任，将其财产权委托给受托人，由受托人按委托人的意愿以自己的名义，为受益人的利益或者特定目的，进行管理或者处分的行为。"

② 2018 年 3 月，第十三届全国人民代表大会第一次会议表决通过了关于国务院机构改革方案的决定，将中国银行业监督管理委员会和中国保险监督管理委员会的职责整合，组建中国银行保险监督管理委员会。为行文方便，本章中提及中国银行业监督管理委员会、中国保险监督管理委员会，均分别简称银监会、保监会。

产管理公司)的业务管制,允许并积极鼓励其下辖机构开展资产管理业务。因此,几乎各类金融机构都开展了资产管理业务,并形成了在资产管理业务领域的混业经营和业务同质化竞争格局。同时,市场上出现了相当数量的第三方理财机构,这些机构从代销各类资产管理产品开始,逐步形成自己的资产管理产品开发和销售业务,但这些机构不是金融机构,没有适用于其的严格监管制度。

自2012年开始,随着政府鼓励金融创新,资产管理业务实际成为整个金融市场最热门和发展最迅速的业务,截至2018年年末,资产管理市场总规模已经达到约人民币124.03万亿元。[①] 其中,绝大部分从交易功能或性质上来讲都是债权即固定收益类产品,权益类产品的比例偏小,且许多产品尽管采用权益类的形式,但实质仍然是债权类产品。应该说,资产管理产品在相当程度上满足了经济快速扩展过程中对融资的需求,而这种需求在相当程度上难以通过传统的银行贷款融资方式得到满足。正因为资产管理产品实际主要扮演了债务性融资工具的角色,实质上发挥与银行贷款业务类似的功能,因此也被称为影子银行业务。

但在过去的几年里,资产管理业务在迅速发展的过程中,也出现了诸多问题,主要有以下几个方面。

1.刚性兑付

从严格意义上来讲,资产管理人在资产管理业务中担任的仅是投资管理职责,不是资金使用人或融入资金方,金融机构与资管产品投资者之间并非债权债务关系,如果资产管理产品最终失败,投资者应当自行承担投资风险,资产管理人并不负有保证兑付预期收益的义务。但在市场实践中,资产管理人,特别是作为金融机构的资产管理人,为了维护自己的市场信誉,为了确保后续产品的持续顺利发行,以及为了避免受到监管机构的处罚(监管机构在面对个人投资者投诉乃至采取不理性行为的压力时,有时也强行要求作为管理人的金融机

① 由中国证券报、中国财富研究院、星石投资联合编著的《2018年中国资产管理行业报告:回归本源与对外开放,大资产管理时代再启航》指出,由于对新的监管框架市场预期充分,资产管理市场规模保持稳定。目前资产管理总规模约人民币124.03万亿元(银行理财规模截至2018年5月,其他截至2018年6月),较2017年年底略微有回落。

构对产品进行兑付)，往往在产品自身出现投资兑付风险或困难时，使用自有资金或挪用其他资管产品的资金对到期产品进行兑付，这就是所谓的刚性兑付(implied guarantee)。渐渐地，当产品与产品不再严格区分或相互独立时，资产管理业务就变成了资金池经营模式，并容易演变为“庞氏骗局”。事实上，这样的事例已经频现，部分产品或机构(特别是那些非金融机构的第三方理财机构)的此类业务涉及的金额多达数十亿元人民币，甚至数百亿元人民币，造成了巨大的社会风险事件。

2. 监管套利盛行、资金成本高企

由于分业监管的体制，监管机构之间缺乏必要的协调，甚至存在一定程度上的监管竞争，从而导致不同类金融机构在开展资产管理业务时，适用的业务监管要求并不统一，而存在诸多的差异，进一步导致市场上监管套利、开展通道业务的行为盛行，大量的金融资源在金融市场和金融机构之间打转，一方面增加了最终的资金成本；另一方面也自然增加了产品违约或失败的风险。

3. 产品结构复杂、底层资产质量不良

出于避开监管限制、实现监管套利、满足多个业务参与主体之间的利益分享需要以及产品增信安排等多种原因，资管产品时常呈现结构复杂、交易链条过长的特征；同时，此类产品所最终依赖的底层资产往往并不优质。这些因素最终致使相应的资管产品在实践中的违约或失败风险偏高。

4. 管理机构不尽职

由于监管制度的欠缺以及专业诚信度的不足，市场上的资产管理机构特别是那些几乎不受监管的非金融机构的资产管理机构，在开展资产管理业务(以下简称资管业务)的过程中，存在诸多的不专业、不审慎、不规范、不尽职以及利益冲突、利益输送等不良管理行为。

随着资管业务体量的迅猛增长，资管业务中存在的上述这些问题也逐渐显露出来，相关市场风险不断累积，以致存在引发金融市场系统性风险的可能。意识到这些潜在的巨大市场风险，中央政府从2016年就开始重视风险控制，并把金融风险控制列为三大政策目标(另两项分别是精准扶贫和环境治理)。为此,经过半年多的酝酿和起草准备,《关于规范金融机构资产管理业务的指导意见》(以下简称资管新规)终于在2018年上半年正式颁布实施。

资管新规通过准确定义资管业务、明确资管机构的主动管理职责、禁止刚性兑付和资金池业务、限制通道业务、简化交易结构、压缩业务链条和层级、注重底层资产等多方面具体而统一适用的监管要求,来规范资产管理业务,提升业务质量,控制市场业务风险。在新的监管格局下,资产管理行业规模增速明显放缓,并起到了迅速降低市场融资杠杆的效果。

回顾资产管理业务的发展历程不难发现,监管路径仅在过去数年时间内就走了一个由放松管制、鼓励创新、业务爆发、杠杆提升、违约增多、风险累积到加强监管、限制业务、降低杠杆和严控风险的循环过程。资产管理监管政策的前后快速变化直接导致了一些交易的延续困难和失败,一时得到认可甚至鼓励的交易,可能随后就被新的监管规定所禁止。此外,资管新规也存在部分内容失当、不符合市场交易的运行逻辑,甚至可能限制和侵犯了属于交易主体意思自治的私权权利等不足,其快速而强制的实施,使市场流动性受到影响、市场交易迅速萎缩,导致产品难以接续、违约频发,以致旨在控制金融市场风险的监管规定,其不当的内容规定及其实施却在相当程度上直接造成或加剧了市场风险。正是由于意识到了这一风险,中央政府在2018年下半年就迅速调整了政策,弱化了2018年上半年实施的一些强势刚性的监管做法,同时出台了一系列相对宽松的市场流动性措施。

(二)资产管理业务纠纷处理中的挑战

金融产品法律拟制的特性和金融市场强制监管的特性共同决定了对金融纠纷案件的处理相较对其他类型的纠纷案件处理更加依赖完善的金融法律制度体系,而目前无论是法律制度还是监管政策,对于快速发展变化的金融市场均显得应对不足,这种情况增添了金融纠纷裁判处理的不确定性风险,为金融案件的恰当、公平裁判带来了诸多挑战。

第一,法律制度方面的挑战表现为基础法律构建不足。诚然,中国已经形成了一套较完整的金融市场法律体系,但是市场上对某些基本问题仍缺乏明确的法律定性,如各类金融机构管理的资产管理产品的性质问题。《信托法》一般被认为是资产管理业务适当的法律基础,但是鉴于中国市场长期以来实行分业监管的基本模式,非信托金融机构无法开展信托业务,导致了只有信托产品和证券投资基金可以被定性为信托法律关系,而由银行、证券公司等非信托金融机构管理的极为类似的资产管理产品无法被准确定性为信托法律关系。为了避免突破分业监管原则,非信托金融机构管理的资产管理产品的法律性质问题也被忽略。因此,非信托金融机构的资产管理业务只能以合同法为依据进行安排和监管,但在实践中经常出现的问题是,非信托金融机构作为资产管理产品管理人时的权责界限不清,其无法被定性为具有信托法上的受托人责任,而只能依据松散的、并且通常是模糊不清的合同条款承担责任。一旦该等机构发生管理不当行为,有可能轻易从合同责任中逃脱。而如果可以对其适用我国《信托法》,那么在裁判中就可以直接适用该法中信义责任的概念进行裁量处理。

除管理人责任问题外,明确资产管理产品的信托法律关系定性对于保护底层资产也意义重大。基于信托法律关系,管理人财产与信托财产是相互隔离的,这有助于纠正市场中的许多管理失当问题,比如,资金池、刚性兑付等。事实上,在资管新规的起草过程中,市场不乏要求澄清资产管理产品的法律性质为信托法律关系的呼声,但未能实现,其中部分原因是资管新规的效力等级较低、不能与我国《信托法》相违背。因此,要真正解决资产管理产品的法律定性问题,或许只有通过修改我国《信托法》、扩展信托的含义,明确信托业务(包括但不限于资产管理业务)可以由任何金融机构(包括但不限于信托机构)开展。

此外,市场金融的诸多创新实践做法也需要法律的明确规定。比如,金融交易实践中常见的各类增信安排的法律效力问题,如差额补足义务、回购义务、所有权转让式担保等。这些增信安排与中国《物权法》制度下的保证、质押、抵押等担保制度具有类似的经济效果,却不能认定两者具有相同的法律效果。由于缺乏明确的法律定性,这些增信安排在法律上的有效性和可行性经常在纠纷处理过程中受到质疑。总体而言,立法有必要及时跟进金融市场的发展,及时对新问题、新操作给予回应。健全的金融法律体系是金融市场顺利发展和纠纷解决的必要保障,而法律缺位已经对金融纠纷的处理构成了巨大挑战。

第二,监管政策方面的挑战表现为多变的监管政策对裁判统一性的负面影响。目前出台的监管政策中不乏涉及具体合同条款安排的内容,在一定程度上来讲是对当事人意思自治的限制,比如,资管新规中就不乏限制交易双方之间的风险分担、投资比例等具体合同条款的安排。然而问题在于,一旦当事人未能遵守该等监管要求,并且达成了不符合监管要求的协议,该等合同安排是否有效?尽管我国《合同法》第52条及相关司法解释已经明确,只有全国人大及常委会制定的法律及国务院制定的行政法规才是判断合同无效的标准,但在司法实践中,法院可能会以违反公共利益为由而认定合同无效。该等裁判逻辑将对金融创新的有效性带来巨大的不确定性,也会对金融创新造成负面影响。

此外,在实践中,不同知识背景和对市场及交易有不同认识、理解的法官,对同类金融交易纠纷的处理,可能会作出不同的认定和裁判,如此也不利于对市场的发展产生积极导向作用。这给复杂多样的资产管理业务的纠纷处理带来的挑战值得关注。

二、对资产管理业务纠纷案件如何实现良好的仲裁裁判

(一)实现良好裁判的几个维度

1.正确定性交易

对纠纷进行定性是所有裁判的首要问题,定性是“是与否”的问题,是决定一份裁判是否正义的基础。定性涉及两个基本方面:交易之定性和交易法律关系之定性。对于传统交易如贸易、运输、借贷等,交易的定性通常并不是一个很复杂的问题,甚至不需要特别关注,裁判机构只需调查清楚涉案合同的实际履行及其相关损失情况即可径直作出裁判,也即只要查明交易事实,相关争议方之间的法律关系性质便可一目了然,裁判者就可以很容易地直接适用相关法律进行裁判。

而对于复杂的金融交易,由于产品种类繁多、交易结构复杂、涉及多重法律

关系,名实不符的现象频现,因此,对交易进行定性则更为棘手。在实践中,出于种种原因,一个实质为股权投资的交易可能在合同上体现为债权交易(或相反),或一个性质简单的交易被设计安排成为一个复杂的交易组合或安排。对于这类交易纠纷之定性,既要看到整体交易背景、安排和最终交易目的,又要关注纠纷双方或多方之间的具体交易安排及其在整个交易架构中的位置,避免"盲人摸象",特别要避免拘泥于局部的合同文字约定。清晰的文字有时并不等于真实的意思表示,实质(交易目的、交易诉求)应重于形式(合同名称、条款文字安排)。

同时,裁判须尊重创新安排,对于新类型交易,要避免以交易经济功能分析来定性,或者用"旧的""宽泛的"交易概念套用新型交易。与之相反,定性创新产品需要紧密结合市场实践,调查新型交易是否已形成了市场惯例,由此避免由于个案裁判方向对整个市场、交易秩序产生的不良影响。

总结而言,对金融业务纠纷,尤其是资产管理业务纠纷的定性首先应是对交易本身的商业定性,然后才是对纠纷关系的法律定性,要既有整体定性,又有局部定性。而且,所有这些定性在交易逻辑上和法律逻辑上必须协调一致,唯有如此,才能实现裁判实践中所要求的正确定性,才能确保裁判的正确方向,才能真正实现公正裁判和定分止争。

特别值得提出的是,在实践中,当此类复合型交易业务产生损失或纠纷时,当事人有时会设计其案件策略,故意分拆案件,利用不同裁判机构之间缺乏协同性的特点以追求自己的最大利益或不当利益;或同时提起多个案件;或先后提起不同的案件。在这种情况下,由于缺乏一个机制来有效避免不同案件的裁判之间存在逻辑上的不一致、冲突或相反的裁处,特别是当前案裁判(已产生既判效力)给后案裁判造成技术性障碍时,或后案的产生是由于前案的不当裁判或未能真正解决实际争议时,如何在后案处理中做到整体关注、正本清源和最终的公平正义和定分止争,则更加需要依赖对整体交易逻辑和交易目的(相关当事人的真实意思表示)的分析,必要时需要非常技术化地把前案已经涉及甚至裁处的相关事项纳入后案一并处理。

2. 准确定量分析

金融交易的目的是实现金钱收益，因此现金交割是其基本履行形态，实际履行（specific performance）通常不是当事人的违约救济选择。因此，金融纠纷的处理结果即裁判通常表现为准确的需要支付的金钱数字，资产管理产品的交易文件更是通常对各方利益作出公式化的计算约定，定量分析就成为金融投资案件的必要裁判方法之一。

在通常情况下，在案件定性和责任划分后，有关利益分配、损失承担以及违约责任的金额计算就会进入仲裁庭的视野，却往往没有成为审理和裁判的重点。然而金融交易的本质确系价值交易，是基础资产未来现金流和风险的买卖，估值计算处于其核心位置。因此，仲裁庭有必要厘清当事人之间的经济往来，通过当事人事先约定或者事后达成的计算公式计算，精准地支持当事人的仲裁请求，实现当事人的经济诉求，尽可能减少裁决给付金额"酌情""酌定"的情况。在实践中，仲裁庭有时还需要结合交易性质，审视交易计算公式约定的合理性（如是否存在计算公式适用的合理边界或计算的极限值限制），审视当事人整体请求以及金额计算的合理性（如是否存在矛盾或重叠请求、重复计算的情形），并对可能导致背离交易安排实质目的的计算公式或计算结果或不合理请求进行纠正，而不是一味地依赖约定的计算公式，从而使最终裁判合乎交易逻辑和市场惯例。此类请求及计算问题在私募股权投资业绩补偿及股权回购纠纷中时常出现。

3. 充分考虑合规因素

金融业是受到严格监管的行业，合规是金融机构开展业务、从事交易的基本要求。金融机构在开展业务过程中，若存在不合规情形，不但要受到监管机构的相应处罚，同时对因其不合规而给交易相对方造成的损失应承担赔偿责任。因此可以说，合规因素是金融纠纷案件处理的基本考量因素之一。

由于监管规定的复杂性，从产品设计、销售到风险披露和妥善管理等，合规文件条款繁多，因而合规判断往往是一个复杂且技术性强的问题，既有基本合规原则的把握，又有诸多合规细节的审视。

在实际案件处理中，特别要关注的是，金融机构不合规行为与相对方所请求赔偿的交易损失之间是否存在直接的因果关系及金额计算上的对应关系。资产管理业务的基本原则是投资者责任自负，要避免投资者将正常的投资商业损失归责于管理人的不合规行为。

4. 损失与管理人妥善管理操作行为之间的因果关系

在金融纠纷处理过程中，确定交易损失与管理人的不当管理行为之间是否存在因果关系非常重要，就资产管理业务而言，由于市场的快速发展以及监管的滞后和监管制度体系的不完善，要证明管理人存在不合规行为，往往找不到明确的规则依据。此时，当损失的产生不能简单归于市场或其他第三方因素时，简单地适用“投资者责任自担”的原则有时会有失公平。

鉴于资产管理业务的特性，投资者和管理人之间不是买卖关系，而是投资者将金钱、资产依据信托合同或委托合同约定交给资产管理人进行管理、处分的业务关系。因此，应该在考量合法、合规因素之外，特别关注管理人是否尽到其应尽的妥善管理和操作的专业责任。这个专业责任并非是指或仅指合同中明确约定的管理人义务，而是指管理人作为专业理财机构在整个业务操作过程中是否尽到一个专业机构应尽的诚信、勤勉和信义(fiduciary duty)义务，如是否真正做到了将适合产品向适格投资者正常销售的义务，是否真正有效地披露了风险而不是形式上让投资者签署风险揭示确认书，是否在投资过程中面对市场的异常变化及时给予投资者必要的专业建议，是否采取了符合基本专业要求的操作和风险控制措施，是否合理避免了利益冲突等。诚然，若监管规则健全，此等业务操作过程中的专业要求通常会反映在监管规则之中。但无论如何，特别是当监管规则不够健全和细化的情况下，对管理人依据其受托管理人的身份而加诸其妥善管理操作的一般性责任或合理商业责任，是对公平处理资产管理业务纠纷来说非常具有实际意义的考量因素。

5. 裁判的价值取向——尊重创新、遵循市场惯例、保护诚信

金融市场是充满创新的市场，特别是借助新技术工具，业务创新更是层出不穷。而且，金融创新除市场基础设施建设、基本法律制度变革、监管模式改革

外，在具体业务层面，却经常表现为是对既有市场监管制度的规避和绕行，似乎是行走在监管的灰色地带。

在审理金融业务纠纷时，除从以上几个维度审视交易纠纷外，最终裁决还与裁判者的裁判价值取向密切相关，是严守现有监管规则还是认可市场创新，是重视严格套用既有规则还是更重视保护诚信。总体而言，市场总是在不断创新中发展的，裁判者应采取的合适态度是认可具有积极的社会和经济效用的创新活动，充分尊重商人之间基于公平诚信原则而进行的属于私人权益范畴的交易安排和利益处理，认可业已形成的市场惯例，维护交易秩序和交易活动的稳定性，确保正当交易结果的可预见性，保护交易诚信，而不宜过分拘泥于某些不合时宜的既有法律规定和监管规则，轻易去否定一个交易的合法性，也不宜完全站在监管者的角度去审视交易，轻易去裁定一个交易为违规交易。这样的例子在实践中是很多的，比如，互联网金融业务中的众筹业务，若严格从现有监管制度角度出发，其很类似须受到监管部门审批的公募行为，甚至形式上与非法集资行为也没有明显的区别。然而对于这类业务，只要是基于诚信、有助于提高社会资源的配置和利用效率、有利于促进经济发展和创造价值，就可以给予其宽容对待和认可。

（二）典型案例

1. 案例一：名股实债的法律关系界定

【基本案情】

新华信托股份有限公司（以下简称新华信托）与湖州港城置业有限公司（以下简称港城置业）、纪某某、丁某某签订了《湖州凯旋国际社区股权投资集合资金信托计划合作协议》（以下简称《合作协议》），协议约定：由新华信托募集人民币2亿~2.5亿元资金，其中14,400万元分别用于受让纪某某和丁某某的股份，其余全部增入港城置业的资本公积金，股份转让后，新华信托将持有港城置业的80%股份。

在签署《合作协议》之前，港城置业曾召开股东会决议，决定了向新华信托贷款人民币2亿~2.5亿元。《合作协议》签署之后，新华信托与纪某某、丁某某按照《合作协议》的约定，分别签订股权转让合同，纪某某、丁某某分别将其持有的港城置业 56%、24% 的股权有偿转让给新华信托；股权转让合同还约定了纪某某、丁某某作为转让方，要保证转让的股权具有合法性、积极办理股权相关的转让手续等双方应尽的权利和享有的义务等内容。新华信托为了保证《合作协议》的履行，与纪某某、丁某某签订了股权质押合同，并办理了质押登记手续，纪某某出质股权占港城置业股本总数的 14%，丁某某出质股权占港城置业股本总数的 6%。

股权转让合同签署后，新华信托向港城置业汇款，其中股权转让款为人民币 14,400 万元，资本公积金为人民币 8078 万元；新华信托亦指派相关人士担任港城置业董事。港城置业根据上述股权转让协议、股东会决议、港城置业新的章程、董事会决议等资料向湖州市工商行政管理局进行了工商信息变更。新华信托依法持有了港城置业的 80% 股权。

鉴于港城置业进入破产程序且破产管理人不予确认新华信托申报的债权，新华信托请求法院确认其对港城置业享有破产债权。法院认为，新华信托系港城置业的股东，对港城置业不享有债权，对新华信托的诉讼请求不予支持。

【法院观点】

法院认为，首先在名实股东的问题上要区分内部关系和外部关系，对内部关系产生的股权权益争议纠纷，可以当事人之间的约定为依据，或是隐名股东，或是名股实债；而对外部关系则不适用内部约定，按照我国《公司法》第 32 条第 3 款“公司应当将股东的姓名或者名称及其出资额向公司登记机关登记，登记事项发生变更的，应当办理变更登记，未经登记或者变更登记的，不得对抗第三人”之规定，第三人不受当事人之间的内部约定约束，而是以当事人之间对外的公示为信赖依据。该案是“港城置业破产清算案”中衍生的诉讼，处理结果涉及“港城置业破产清算案”的所有债权人的利益，应适用公司的外观主义原则。即港城置业所有债权人实际（相对于该案双方当事人来说）均系第三人，对港城置业公司的股东名册记载、管理机关登记所公示的内容，即新华信托为持有港城置业 80% 股份的股东身份，港城置业之外的第三人有合理信赖的理由。而港城置业的股东会决议仅代表港城置业在签订《合作协议》《股权转让协议》前有向新华信托借款的单方面意向，最终双方未曾达成借款协议，而是新华信托受让了纪某某、丁某某持有的港城置业股权，与纪某某、丁某某之间发生了股权转让的事实。如果新华信托本意是向港城置业出借款项，港城置业从股东会决议来看亦是有向新华信托借款意向的，双方完全可以达成借款合同，并为确保借款的安全性，新华信托可以要求依法办理股权质押、土地使用权抵押、股东提供担保等法律规定的担保手续。新华信托作为一个有资质的信托投资机构，应对此所产生的法律后果有清晰的认识，故新华信托提出的“名股实债”“让与担保”等主张，与本案事实并不相符，其要求在破产程序中获得债权人资格并行使相关优先权利并无现行法上的依据，故法院对其主张依法不予采纳。

【纠纷观察】

名股实债的交易结构在信托公司设立的信托计划中被广泛采用，主要动机是为了规避监管机构对于向房地产开发企业发放信托贷款的合规性要求。比如，信托公司发放贷款的房地产开发项目必须满足“四证”齐全、开发商或其控股股东具备二级资质、项目资本金比例达到国家最低要求等条件。如交易对手方无法满足监管规定的发放信托贷款要求时，则会考虑以股权的方式进入，以期降低合规风险。

典型的名股实债项目中，如果还款源于目标企业，通常小部分资金以股权投资款的形式进入目标企业，其他资金则通过信托贷款的方式提供给目标企业。而在该案中，新华信托与港城置业之间没有签署贷款协议，也没有形成任何其他债权债务法律关系。因此，在确认港城置业的破产债权时，仅能将新华信托认定为港城置业的股东而不能将其视为港城置业的债权人。

2. 案例二：调整当事人已经书面确定的股权回购款和现金补偿款金额

【基本案情】

2012年8月20日某投资基金（申请人）与目标公司（第一被申请人）签订《增资扩股协议》，约定申请人以人民币8000万元认购第一被申请人新增注册资本 62.5 万美元(根据当时美元与人民币汇率,申请人是按照约 20 倍市盈率投资目标公司)。同日,申请人与目标公司原股东(第二、第三被申请人)签订《股东协议》,约定若目标公司 2012 年、2013 年净利润达不到约定金额,则目标公司原股东应以现金方式补偿申请人;若目标公司未在 2017 年 6 月 30 日前在中国境内完成首次公开发行(Initial Public Offering,IPO),则申请人有权要求目标公司及其原股东回购申请人持有的目标公司全部股权。

因目标公司 2012 年和 2013 年的净利润均未达到约定金额,也未在 2017 年 6 月 30 日前实现 IPO。2017 年 9 月申请人、目标公司以及目标公司原股东共同签署《确认函》,约定目标公司及其原股东应在约定期限内向申请人支付股权回购款和业绩补偿款。

后因目标公司和目标公司原股东未按照《承诺函》的约定履行支付义务,申请人提起仲裁申请,要求被申请人支付股权回购款和业绩补偿款。该案的争议焦点在于,股权回购款以及业绩补偿款已经由双方签订的《承诺函》予以书面确认,但其中的金额计算与交易原理存在一定冲突,仲裁庭应否全部支持或作相应调整?

【裁判观点】

仲裁庭认为,从法律性质上来看,股权回购和业绩补偿是两种交易逻辑存在内在冲突的交易安排,特别是在同时提出此等请求时,则显得尤为明显。投资协议中的股权回购条款是一种附条件的终止或退出投资的条款,故股权回购属于终止投资交易关系的安排;而业绩补偿是投资人与目标公司及(或)目标公司实际控制人之间对当初的投资股权之价格根据投资后目标公司的经营状况(特别是利润指标实现情况)而进行调整的安排,并不影响投融资双方之间投资法律关系的存续。从经济角度来看,业绩补偿单独出现时是成立的,但是如果同时涉及或事后出现股权回购情形,则在计算回购价款时应把业绩补偿的因素考虑在内——因为股权回购价款的计算基础是投资价款,如果原先的投资价款后因业绩补偿而调整,则股权回购价款的计算基础必然发生变化,即原先投资本金部分必须扣除业绩补偿款。因此,从以上这两个角度来看,业绩补偿款和股权回购价款投资人不可兼得。在该案中,虽然《承诺函》确认了投资人有权同时获得股权转让款和业绩补偿款,但是仲裁庭根据交易原理,仍只是选择支持了申请人关于股权回购款的仲裁请求(选择了股权回购,业绩补偿自然就没有交易基础了)。

【纠纷观察】

仲裁庭透彻分析了两种常见"对赌"情形之间的关系。在定性层面,投资人要求目标公司及(或)大股东、实际控制人回购股权,隐含之意是要终止投资关系;而要求目标公司大股东、实际控制人给予现金补偿,隐含之意是要继续投资关系,故这两种请求权在法律逻辑上是自相矛盾的,投资人不应同时请求;即使同时请求,裁判者也不应同时支持,而应仅支持股权回购之请求(终止投资关系之内涵超过继续投资关系之内涵)。在定量层面,股权回购款的计算基数是投资人的实际投资金额,如果在投资关系存续期间获得现金补偿,则投资金额自然就(因收取补偿款)降低了,股权回购款的计算基数也理应相应调减,即投资人可能获得的股权回购款须扣除已获得的现金补偿。当然,如果投资人在投资目标公司期间未获得任何现金补偿,而在事后又同时主张现金补偿款和股权回购款的,那么裁判者仅需支持后者且计算基数无须调整。

在该案中,仲裁庭正是基于上述交易原理或逻辑,并未机械地全部认可《承诺函》的约定内容,即同时支持申请人的两项请求。或许在有些人看来,这种做法似乎否认了双方的意思自治,但笔者认为,裁判者对于双方当事人的约定当然应该尊重,但对于某些明显不合乎交易逻辑和计算逻辑的约定或交易安排,裁判者是可以予以适当调整的,只是需要加以充分说明而已。这与那种仅以所谓"公平""正义"为由而随意调整当事人之间约定的裁处是不同的。

3. 案例三:关于实际交易安排与标准合同文本约定之间的差异

【基本案情】

自然人B(申请人)与A期货子公司(被申请人)于2014年8月签订《金融衍生品交易主协议》(以下简称《主协议》)及《补充协议》,其主要条款内容直接针对的是场外金融衍生品交易。此后,双方又陆续签订了主要针对股票权益互换交易的《场外交易保证金及交易费标准》《场外权益互换保证金及交易费标准》等一系列协议，约定申请人向被申请人支付一定数额的初始履约金（保证金）并有义务将该金额保持在一定水平；如低于该水平，申请人应追加保证金；如其在某一时点为负数，申请人应赔偿被申请人的损失；申请人应向被申请人支付一定比例的额度使用费（实为资金占用费），而申请人则有权获得浮动收益（实为股票投资收益）。在协议履行过程中，申请人的保证金在2015年9月时为负数，被申请人对申请人的账户进行平仓。2015年11月在申请人关联方将开在被申请人处账户内的保证金合并至申请人账户后（账户合并后申请人保证金数额满足进行交易的合同约定），申请人与被申请人重新开始交易。2016年1月底，申请人的保证金余额再次变为负数，被申请人对申请人的账户进行了强制平仓，并终止了双方之间的系列协议，双方争议随之产生。

申请人认为，双方签订的系列协议实为场外股票融资协议，违反我国《证券法》以及有关监管规定，应认定为无效。而根据某些裁判指引以及地方法院的司法实践，也认定在股票触及平仓线而配资方（提供融资的一方）未能及时平仓的情况下，对于超过平仓线的损失应由配资方即被申请人承担。被申请人则认为，双方签订的系列协议系约定双方进行以股票为标的的权益类互换业务，不存在违反法律、行政法规效力性强制性规定的情形，合法有效；被申请人在申请人账户内保证金不足时强制平仓，符合约定；被申请人不仅无须向申请人赔偿任何损失，申请人还应向被申请人赔偿保证金敞口损失。该案的争议焦点是双方的交易类型以及所签订系列协议的效力。

【仲裁庭意见】

仲裁庭认为，尽管双方签署了旨在规制金融及商品衍生品业务的《主协议》和《补充协议》（属于市场上的标准格式化主协议）以及后续一系列具体交易协议（相当于交易确认书），但是双方之间实际进行的是场外股票配资交易——申请人向被申请人支付一定数额的资金（保证金），被申请人则利用包括该资金在内的资金进行股票投资，申请人需要向被申请人支付的额度使用费，即被申请人有权获得的固定收益，实为申请人作为融资方，向配资方即被申请人支付的资金占用成本，而申请人有权获得的浮动收益，实为其作为股票投资人有权获得的投资收益。基于此，仲裁庭认为，双方签订的合同（形式）与实际从事的交易（实质）不符。但从形式上来看，双方签订的关于金融衍生品的系列协议不存在违反法律、行政法规强制性规定的情形；从实质上来看，双方之间从事的有关股票投资的融资交易也不违反法律规定。因此，虽然被申请人作为期货子公司从事配资业务可能存在一定程度上的合规性问题（从严格来说，超出其经营范围），但是双方的交易不会仅因此不合规而无效。

基于对交易性质的判断，仲裁庭认为，造成申请人股票投资损失的主要原因是当时证券市场监管措施的急剧变化而引发的交易系统风险。而对于损失的承担，双方在相关协议中则作出了明确约定，即由获得融资的一方，也就是申请人承担。鉴于此，仲裁庭对于申请人要求被申请人承担其投资损失的2000余万元人民币的仲裁请求未予支持。同时，对于保证金敞口损失，仲裁庭依据合同约定和证据状况，裁决申请人向被申请人赔偿一定的金额。

【纠纷观察】

权益互换（掉期）是金融衍生品交易的一种，是指交易双方约定在将来某一期间内互换他们认为具有相等经济价值的现金流，市场上常见的权益互换交易（合约）包括利率互换和货币互换。但在该案中，双方所谓的互换，其实质是申请人支付一定数额的融资成本以取得更多资金投入股市进行投资，是典型的场外配资交易，而与金融衍生品交易无关。因此，该案关键问题之一是处理申请人和被申请人所使用的合同（权益互换）与所实际从事的交易（场外配资）之间不匹配的问题。被申请人作为期货子公司为了使自己提供的配资业务看上去合规，而故意采用适用其营业许可范围内的金融衍生品的《主协议》和《补充协议》文件。笔者认为，裁判者不应因为当事人利用衍生品交易协议文件来安排其他性质之真实交易，就认定合同无效或交易无效，而是应从实际交易出发，分析双方的真实交易意思表示，以作出符合事实情况和交易逻辑的理性判断。

该案第二个焦点是合规性问题。对某一主体从事某一金融行为是否合规的认定，首先是监管部门的职责。纵使裁判机构认为该行为不合规，也应将不合规与不合法的后果区别开来——不合规不等于违反法律、行政法规的效力性强制性规定,不能当然导致双方的交易以及有关约定无效。由于过去几年普遍实施鼓励创新的监管政策,市场中出现了各种各样的金融创新产品。但是之后由于监管口径不断收紧,各方对于创新产品的合规性和有效性均产生了不同认识(该案申请人就是在与被申请人进行了多次交易,特别是出现亏损后认为双方的协议以及交易无效)。该案仲裁庭立足于双方当事人在缔约时以及后续交易中的真实意思表示以及所从事的交易并没有违反强制性规定,最终认定双方的场外股票配资交易有效。仲裁庭认为,这样做不仅符合合同法律关于有效或无效合同认定的基本原则,更有利于保护诚信一方的合法权益,维护市场交易稳定性和市场秩序。

4.案例四:通道业务管理人责任的认定

【基本案情】

A 机构作为委托人、B 机构作为受托人与 C 机构作为托管人签订了资产管理合同。合同签署后,根据委托人指令,受托人将委托人的委托资金存入 D 银行,并要求 D 银行转开定期存款。同日,委托人员工领取了单位定期存款开户证实书的原件。后证实前述单位定期存款开户证实书系伪造,委托人的委托资产未转为定期存款,而是被 D 银行工作人员伪造受托人公章、财务章、法人章等印鉴,通过虚假的委托贷款协议,以受托人名义购买转账支票,将前述委托资产全数转入第三方的账户。同时,B 机构作为受托人进行活期转定期操作时,并未遵守《人民银行单位存款管理办法》的要求提交开户申请书、营业执照正本等,而仅提交了其自拟格式的指令函,要求 D 银行将委托资产由活期存款转为定期存款。

A 机构主张 B 机构未能尽到受托人的管理义务,违反了资产管理合同的约定,导致 A 机构资产出现损失,B 机构应当按照资产管理合同的约定向委托人承担相应的责任。

仲裁庭经分析认为,尽管 B 机构在履行受托人职责时存在不尽职的情形,但委托资产被转出 D 银行与 B 机构的不尽职不存在因果关系,B 机构不应当就委托资产被转出 D 银行并进入第三人账户导致委托人实际至今无法按约定取得投资收益承担直接的民事赔偿责任。因此,仲裁庭对A机构要求B机构赔偿委托资产本金以及投资收益的仲裁请求不予支持。但是,B机构应当继续履行受托人职责,并就委托资产采取一切必要的追索行动。

【仲裁庭观点】

该案的焦点问题之一在于B机构的失职或违约行为与该案项下委托资产被转入第三方账户之间是否存在因果关系。仲裁庭认为,委托资产未能由活期有效转为定期,B机构是有失职和过错行为的。但是该案的实质问题并不在于委托资产未能由活期转为定期,而在于委托资产是如何转出D银行进入第三人账户的。也就是说,即使委托资产一直处于活期状态而没有被转存为定期,如果没有作为存款人的B机构的明确有效指令,委托资产应仍然存放于D银行,委托资产是不可能被转出D银行并进入第三人账户的。换言之,B机构未能尽职转存委托资产与委托资产被转出D银行并进入第三人账户两者之间没有必然的联系。如果说案外第三人的行为能够将委托资产在B机构不知情或没有参与或配合(给D银行发出交易指令)的情况下被转出D银行,那么即使B机构尽职办理了定期存单,这种情况也同样会发生,与委托资产是否处于定期存款状态并没有关系。因此,仲裁庭认为,B机构在该案合同项下的不尽职或违约行为与委托资产被转出D银行之间并不存在直接的联系或因果关系,委托资产被转出D银行不是B机构的失职或违约行为所致。

该案的第二个焦点问题是,B机构的失职行为可能客观上给委托资产被异常转出D银行提供了方便,B机构是否应当承担民事赔偿责任。仲裁庭认为,该案中B机构是否应就委托资产被转出银行并进入第三人账户导致A机构实际至今无法按约定取得投资收益承担直接的民事赔偿责任,需要依据该案合同的相关约定进行认定。而资产管理合同约定,因超出B机构自身控制能力之外的因素导致委托资产损失的,B机构免责,除非是由于B机构的故意或者重大过失给委托资产造成的损失。由于不能认定该案委托资产被不当转出D银行并进入第三人账户系B机构的故意或重大过失所致,因此,B机构不应当就委托资产被转出D银行并进入第三人账户导致A机构实际至今无法按约定取得投资收益承担直接的民事赔偿责任。

【纠纷观察】

该案涉及资产管理业务中管理人的通常责任边界问题，即当由于第三人的行为直接给委托资产造成损害时管理人是否要承担民事赔偿责任及（若需要承担时）承担责任的程度问题。对于这个问题，法律上并没有明确规定，按照通常的委托代理关系理解，受托行为的民事法律后果包括投资损益归属于委托人，除非受托资产的损失系不当管理行为所致，即两者之间有因果关系。因此，除非相关资产管理合同有相反约定，管理人不应当对第三人行为给委托资产造成的损失承担责任。

同时，该案所涉资产管理业务是典型的通道型资产管理业务，受托人完全按照委托人的指令进行投资。通常认为，通道型资产管理业务管理人的责任远远小于主动型资产管理业务管理人的责任，但这并不意味着通道型资产管理业务管理人对于委托资产的损失完全免责。如果能够证明委托资产的损失与管理人的行为之间有因果关系，管理人应当承担责任。当然，法律上并没有明确区分通道型资产管理业务和主动型资产管理业务管理人的责任有何不同，通道型资产管理业务管理人的免责仍然取决于相关资产管理合同的约定。因此，资产管理合同的约定对于各方当事人来说非常关键。

三、仲裁在金融业务纠纷处理中的独特价值

作为争议解决市场重要的组成部分，越来越多的商事活动当事人正在选择仲裁方式解决争议。而且在通过仲裁处理金融纠纷案件问题上，中国市场和境外部分金融发达市场的实践情况是有所区别的。境外一些金融发达市场如英美金融市场，诉讼传统上是银行等金融机构解决金融业务纠纷的主要方式，而仲裁仅在特定商事领域，如航运、商品交易或某些投资领域受到推崇。甚至到今天，不少金融机构仍不相信仲裁人员对金融业务具有充分认识。然而市场调查也显示，仲裁在国际商事领域正被越来越多的金融机构所使用。这主要是因为仲裁在国际争议解决当中具有独特优势，如仲裁裁决的承认和可执行性、中

立性、一裁终局性、保密性、灵活性以及相对而言的时间和成本上的经济性。其中，仲裁裁决的承认和可执行性是最重要的因素。1958年签署的《纽约公约》目前已经有161个成员方加入，使仲裁裁决的跨境执行更为便利。该公约要求成员方法院有义务承认和执行外国仲裁裁决，除非承认或执行有关仲裁裁决有违所在国的公共政策或程序正义。

从中国境内金融仲裁实践来看，尽管诉讼在各类争议解决领域中多呈现压倒性态势，但是在金融投资争议解决领域则有所不同，诉讼在解决金融投资纠纷方面并没有当然的优势。相反，仲裁在金融争议处理中通常被认为更具效率性、保密性和专业性。随着仲裁机构仲裁工作的不断精进和最高人民法院对仲裁工作的高度支持，仲裁作为商事纠纷的替代性争议解决方式在中国日益普及。除效率性和保密性外，专业性是金融机构选择仲裁的关键因素。从某种意义上来讲，对于发展迅速的金融市场来说，法院缺乏足够数量的具有专业知识背景的法官来裁决创新或复杂的金融业务纠纷。然而仲裁机构可以灵活地使用市场上的专业人士，因此仲裁机构，特别是市场上主要的仲裁机构，通常有能力提供一个良好的、符合市场预期的裁决。近年来，仲裁妥善解决了许多新型、复杂的金融业务纠纷，为金融市场的发展提供了宝贵的支持。

然而，值得注意的一个现象是，市场上的许多大型金融机构仍未做好从选择法院转向选择仲裁的准备，其中一个原因就是仲裁的一裁终局特性使这些大型的金融机构担心一旦仲裁裁决的结果不合理，其将没有进一步的救济手段；而若是有关纠纷通过法院诉讼解决，则其还有上诉等后续的救济途径。这种对于仲裁程序性问题的困惑，其背后真正的原因是对裁判不确定性的担忧。如果金融纠纷仲裁裁判的结果具有很高的确定性或可预期性，则当事人选择仲裁进行金融纠纷解决的顾虑就会大大减小。因此，从仲裁机构的角度来看，提高金融纠纷裁判结果的确定性是一个必须重视的任务和目标。在这个努力过程中，笔者认为，仲裁人员有良好的专业背景，能坚守专业操守、准确理解基础交易、尊重契约和当事人真实意思表示、保护诚信等，都将有助于为市场提供具备可预期性、确定性和一致性的裁判服务，并最终有助于提升仲裁机构的公信力。

第四章 《新加坡调解公约》对我国立法及仲裁工作的影响

本章在介绍分析《联合国关于调解所产生的国际和解协议公约》(以下简称《新加坡调解公约》或《公约》)的出台背景和基本内容的基础上,着重分析该公约项下的调解与仲裁程序中调解的关系,加入该公约对中国现行立法的影响,并提出中国加入公约后"调解中心"开展调解工作需要注意的问题。

一、《新加坡调解公约》的出台背景

仲裁之所以能成为广受青睐的国际商事争议解决途径,有着60年历史的《纽约公约》功不可没。相较而言,有关调解或和解协议可执行性问题尚无统一国际规则,国际商事调解的发展受到一定程度的制约。

目前,各国执行经调解达成的和解协议,主要有以下三种途径:第一,将和解协议视为当事人之间签订的新合同。在这种情况下,和解协议的效力等同于普通的合同或协议类文件,对当事人的强制约束力低于法院判决和仲裁裁决。第二,将和解协议经过一定程序转化为法院判决。例如,《欧盟调解指令》(EU Mediation Directive)第6条规定了通过法院判决或决定的方式赋予经调解达成的和解协议可执行性。第三,将和解协议视为仲裁裁决或经过一定程序转化为仲裁裁决。例如,我国《仲裁法》第51条规定:"仲裁庭在作出裁决前,可以先行调解……调解达成协议的,仲裁庭应当制作调解书或者根据协议的结果制作裁决书。调解书与裁决书具有同等法律效力。"

但是,这几种途径在实践中均可能面临困难。一方面,对于国际商事争议来说,将和解协议转化为法院判决,除非国家间有承认和执行法院判决的双边或多边条约,或者互惠关系,否则较难得到执行;另一方面,如转化为仲裁裁决,虽然可以通过《纽约公约》予以承认与执行,但需要当事人之间存在有效仲裁协议,且仍需要承担仲裁的费用,并不能充分体现调解的高效低成本优势。

为统一各国实践,使经调解达成的和解协议具备可执行性,联合国国际贸易法委员会自2014年起由第二工作组(以下简称工作组)研究并起草《新加坡调解公约》。2018年6月27日联合国贸易法委员会第五十一届会议审议通过了《新加坡调解公约》文本,并定于2019年8月1日开放供各国签署。

二、《新加坡调解公约》的基本内容

《新加坡调解公约》共16个条款,其中前8个条款对适用范围、原则、援引要求及抗辩理由、保留等方面作出了规定,后8个条款对生效与修正、加入与退出等程序事项作出了规定。下文对《新加坡调解公约》的主要条款进行分析。

《新加坡调解公约》第1条规定了《公约》的适用范围,在理解时需要注意以下几点:

第一,和解协议需要具有国际性,单纯的国内商事调解不适用《新加坡调解公约》。根据《新加坡调解公约》第1条第1款,和解协议在以下情形具有国际性:(1)和解协议至少有两方当事人在不同国家设有营业地;(2)和解协议各方当事人设有营业地的国家不是和解协议所规定的相当一部分义务履行地所在国及与和解协议所涉事项关系最密切的国家。

第二,《新加坡调解公约》仅适用于"调解所产生的"和解协议。在《新加坡调解公约》制定过程中,部分国家代表主张不应使用"调解所产生的"(agreements resulting from mediation)这种反映因果关系的措辞。但工作组认为,"调解所产生的"这一表述可以鼓励当事人使用调解方式解决国际商事争端,也保证了《新加坡调解公约》不会和其他与诉讼或仲裁相关的公约在适用上相冲突。

第三,和解协议需要以书面形式作出。工作组认为,《新加坡调解公约》的目的是便利和解协议的执行,要求和解协议以书面形式作出可以更高效地推进执行程序。

第四,《新加坡调解公约》适用于和解协议的整体,包括其中的金钱与非金钱义务。工作组认为,当和解协议同时包含金钱义务和非金钱义务时,如果只执行其中的金钱义务,而不执行非金钱义务,可能造成不公。因此,《新加坡调解公约》适用于和解协议的整体,不区分金钱和非金钱义务,且不允许缔约方对此作出保留。

第五,《新加坡调解公约》仅适用于解决商事争议的和解协议,不适用于与婚姻家庭法、劳动法、继承法有关的和解协议。同时,在司法程序或仲裁程序期间达成的和解协议,视和解协议能否作为法院判决或仲裁裁决得到执行而区别对待。如果可以作为法院判决或仲裁裁决执行,则不适用《公约》。

《新加坡调解公约》第 2 条对"营业地""书面形式""调解"进行了定义。其中,对于书面形式的要求,工作组认为应遵循功能等同原则,即电子签字只要可以日后被调取查用,即满足和解协议的书面形式要求。对于调解的要求,工作组强调保留第三人协作的要求,即保留"由一位或几位第三人('调解人')协助"的表述。据此,争议各方自行协商达成的和解协议不适用《新加坡调解公约》。至于调解员是机构调解员还是非机构调解员,《公约》并未作出硬性规定。

《新加坡调解公约》第 3 条对和解协议的执行以及在非执行程序中援用和解协议的一般原则进行了规定。

首先,《新加坡调解公约》确定适用直接执行机制。在《新加坡调解公约》起草过程中,部分国家代表认为《新加坡调解公约》应采取审查机制,即需要首先经过和解协议来源国主管机构的认证或认可才能在另一国寻求执行。但是,另一部分国家代表则认为,《新加坡调解公约》采取审查机制,则需要考虑如何确定哪个法域对和解协议的审查拥有管辖权、如何确定负责审查的主管机构(如由调解员、法院或机构进行审查)以及认证程序等问题。采取审查机制耗时较长,可能与《公约》的目的相悖。另外,参考《纽约公约》,裁决来源国的审查亦非承认与执行外国仲裁裁决的前提之一。最终,工作组参照《纽约公约》的做法采用直接执行机制,使和解协议的当事人能够在执行地要求直接执行,而不要求在来源国对和解协议进行审查。

其次,《新加坡调解公约》明确可在非执行程序中援用和解协议。例如,一方当事人就某事项提出主张或请求,另一方当事人主张该事项已由双方间签订的和解协议解决,不存在争议。此时,该方当事人可以援用和解协议,以证明争议事项已得到解决。

《新加坡调解公约》第4条对援用和解协议的要求进行了规定。第一,申请人应提供和解协议。第二,申请人需要证明调解过程存在,且《新加坡调解公约》不允许缔约方作出排除适用该条的保留声明。至于证明调解过程存在的方式,包括调解人的签名、调解人签署的表明已进行调解的文件、参与调解过程的管理机构的证明等。第三,该条再次明确允许使用电子及其他通信手段来满足和解协议的书面形式要求。第四,该条规定主管机关有权要求当事人出具和解协议译本,并可要求当事人提供任何必要的文件。第五,该条规定主管机关审议救济应当从速行事。这一规定与《新加坡调解公约》的目的一致,即通过订立一部经调解达成的国际商事和解协议的可执行性多边公约,以与《纽约公约》促进仲裁发展相同的方式鼓励调解,解决依据合同法跨境执行烦琐且费时的弊端。

《新加坡调解公约》第5条规定了主管机关拒绝救济的理由,分为主管机关依据当事人申请而拒绝救济的理由和主管机关可以依职权审查并拒绝救济的理由。

主管机关依据当事人申请而拒绝救济的理由可进一步分为三类,即与当事人相关的抗辩、与和解协议本身相关的抗辩以及与调解过程相关的抗辩。具体而言,与当事人相关的抗辩是指和解协议当事人一方无行为能力。与和解协议本身相关的抗辩包括和解协议无效、失效或无法执行;根据和解协议的条款,其不具有约束力或不是终局的;和解协议被修改;和解协议中的义务已得到履行;

和解协议内容不清楚或无法理解;准予救济将有悖和解协议条款。与调解过程相关的抗辩包括调解人严重违反调解人或调解的准则和调解人未履行披露义务。

主管机关可以依职权审查并拒绝救济的理由,包括准予救济将违背该国的公共政策,以及和解协议所涉事项无法以调解方式予以解决。

《新加坡调解公约》第6条处理并行程序问题以及《新加坡调解公约》与其他救济途径的关系问题。

所谓并行程序,是指与和解协议的执行程序并列,且可能对其产生影响的司法程序或仲裁程序。例如,在某一法域进行关于和解协议效力的诉讼或仲裁程序,而在另一法域进行和解协议的执行程序。工作组决定,《新加坡调解公约》以《纽约公约》第6条为基础,规定在就和解协议申请司法程序或仲裁程序的情况下,执行机关若认为适当,可在司法程序未结束前推迟就执行事宜作出裁定,或者在和解协议被主管法院认定无效的情况下拒绝予以执行。同时,该条允许执行机关应一方当事人的请求要求另一方提供担保。

针对《新加坡调解公约》与其他救济途径的关系问题(例如,在当事人决定根据合同法或以其他任何方式而非根据公约执行和解协议时,如何处理公约与合同法的关系问题),工作组认为,《新加坡调解公约》应尊重各国合同法等国内法的规定,也应尊重当事人选择适用合同法及其他救济途径而非适用《公约》执行其和解协议。因此,《新加坡调解公约》不涉及国内法规中处理的程序方面,只是引入一种执行国际和解协议的机制。同时,《新加坡调解公约》不应剥夺当事人在适用的合同法之下可能享有的任何合同规定的救济。

《新加坡调解公约》第7条规定,《公约》不应剥夺任何利害关系人可以寻求依赖和解协议所在《新加坡调解公约》当事方的法律或者条约所许可的方式,在其许可限度内,援用该和解协议的任何权利。该条参照了《纽约公约》第7条,核心目的在于允许当事人适用对执行更有利的国内法规。

《新加坡调解公约》第8条对保留作出了规定。《新加坡调解公约》仅允许缔约方作出如下两类保留:第一,缔约方可声明涉及政府实体的和解协议不适用《新加坡调解公约》;第二,缔约国可声明当事人可否对适用《新加坡调解公约》作出选择。另外,《新加坡调解公约》规定,除以上两类保留外,不允许缔约方作出任何其他保留(如互惠保留)。

三、《新加坡调解公约》项下的调解与仲裁程序中调解的关系

我国的“仲调结合”制度规定在我国《仲裁法》第51条。该条规定:“仲裁庭在作出裁决前,可以先行调解。当事人自愿调解的,仲裁庭应当调解。调解不成的,应当及时作出裁决。调解达成协议的,仲裁庭应当制作调解书或者根据协议的结果制作裁决书。调解书与裁决书具有同等法律效力。”

“仲调结合”的方式在国际上被誉为“东方经验”,与单独的调解具有根本区别。在“仲调结合”的模式下,主持调解的调解员通常即为审理该案的仲裁员。如果调解成功,则仲裁庭应当制作调解书或根据和解协议的内容制作裁决书。如果调解失败,则仲裁庭应恢复仲裁程序并及时作出裁决。将仲裁与调解相结合,体现了程序上的灵活性与便利性,也有利于鼓励当事人通过友好协商的方式解决争议。同时,由于仲裁中的调解不具有强制性,如果当事人不愿意调解或调解失败的,仲裁庭可以迅速恢复仲裁程序并作出裁决。

理解我国“仲调结合”中的调解与《新加坡调解公约》中的调解的关系,需要注意以下几点。

首先,“仲调结合”中的调解范围比《新加坡调解公约》中的调解范围广。“仲调结合”由于是在仲裁过程中的调解,其适用范围应与我国《仲裁法》中规定的仲裁范围一致,即我国《仲裁法》第2条规定的“平等主体的公民、法人和其他组织之间发生的合同纠纷和其他财产权益纠纷,可以仲裁”。而《新加坡调解公约》只适用于解决商事争议的和解协议。《新加坡调解公约》第1条第2款规定:“公约不适用于以下和解协议:(a)为解决其中一方当事人(消费者)为个人、家庭或家居目的进行交易所产生的争议而订立的协议……”因此,《新加坡调解公约》中的调解不能包括(a)项中的一般生活消费合同。所谓“商事”,参考2018年修正的《贸易法委员会国际商事调解和调解所产生的国际和解协

议示范法》(以下简称《示范法》)第1条第1款的脚注1,是指“涵盖由于一切商业性质关系而发生的事项,无论这种关系是否属于合同关系。商业性质包括但不限于下列交易:供应或者交换货物或者服务的任何贸易交易;销售协议;商业代表或者代理;保理;租赁;工程建造;咨询;工程技术;发放许可;投资;融资;银行业务;保险;开发协议或者特许权;合营企业和其他形式的工业或者商业合作;航空、海路、铁路或公路客货运输”。

其次,在“仲调结合”下经过调解而达成的和解协议无法适用《新加坡调解公约》。根据我国《仲裁法》第51条的规定,调解达成协议的,仲裁庭应当制作调解书或者根据协议的结果制作裁决书。调解书与裁决书具有同等法律效力。也就是说,我国将“仲调结合”中经调解所达成的和解协议视为仲裁裁决或经过一定程序转化为仲裁裁决并予以执行。但是,《新加坡调解公约》第1条第3款明确规定:“本公约不适用于……(b)已记录在案并可作为仲裁裁决执行的协议。”因此,在我国仲裁程序中进行调解并形成的和解协议,无法直接适用《新加坡调解公约》得到执行。

另外值得注意的是,根据我国《仲裁法》第49条的规定,“当事人申请仲裁后,可以自行和解。达成和解协议的,可以请求仲裁庭根据和解协议作出裁决书,也可以撤回仲裁申请”。在当事人自行和解的情况下,如果请求仲裁庭根据和解协议作出裁决书的,同样不能使用《新加坡调解公约》。但如果是当事人达成和解协议并撤回仲裁申请的,此时能否适用《新加坡调解公约》,则需要根据当事人的和解是否经过调解程序来作出判断。《新加坡调解公约》第2条第3款规定:“‘调解’不论使用何种称谓或进行过程中以何为依据,指由一名或者几名第三人(‘调解员’)协助,在其无权对争议当事人强加解决办法的情况下,当事人设法友好解决其争议的过程。”工作组在制定《新加坡调解公约》时也强调,调解的定义应当规定“第三人协作”这一性质。因此,如果当事人在没有经过任何第三人协助之下自行达成了和解协议,之后撤回仲裁申请的这种情况也不能适用《新加坡调解公约》。如果当事人通过第三人协助(如商事调解机构)而达成和解协议并撤回仲裁申请的,则可能适用《新加坡调解公约》申请执行和解协议。

四、加入《新加坡调解公约》对中国现行立法的影响

2019 年 8 月 7 日《新加坡调解公约》签署仪式在新加坡举行。来自 67 个国家和地区的代表团参加了签署仪式，包括中国、美国、新加坡在内的 46 个国家签署了《公约》。

中国在签署《公约》后，需要首先对国内立法和司法体系进行适当调整，使之与《新加坡调解公约》有效衔接，之后按照我国《缔结条约程序法》的规定提请全国人民代表大会常务委员会对公约进行批准，批准后根据《新加坡调解公约》第 11 条的规定向保存人（指联合国秘书长）交存批准书。根据《新加坡调解公约》第 14 条的规定，《公约》自第三份批准书、接受书、核准书或者加入书交存后 6 个月生效。一国在第三份批准书、接受书、核准书或者加入书交存之后批准、接受、核准或者加入《公约》的，《公约》自该国交存批准书、接受书、核准书或加入书之日后 6 个月对其生效。

由于我国商事调解立法体系尚未建立，对调解的规定散见于《人民调解法》《民事诉讼法》《仲裁法》等法律中，因此，有以下四个方面的工作需尽快推进。

第一，立法机关需要加快制定专门的商事调解立法。我国于 2010 年出台了《人民调解法》，打破了调解立法的空白。然而，《人民调解法》不适应开展商事调解的需要。举例而言，我国《人民调解法》第 7 条规定："人民调解委员会是依法设立的调解民间纠纷的群众性组织。"据此，人民调解的定位是社区民间调解，以非职业化为特点，不符合商事调解的专业化要求。《人民调解法》第 4 条规定："人民调解委员会调解民间纠纷，不收取任何费用。"此规定不利于调动调解员的工作积极性，不利于整个调解员职业队伍的建设，也使人民调解工作缺乏资金的保障。因此，需要加快制定专门的商事调解法，将调解作为一项专业化、职业化的事业进行规制。

在国际层面，国际商事调解经过多年发展，已经逐渐形成了较成熟的法律

规范,对我国商事调解立法体系的建设具有参考意义。《示范法》便是最具有影响力的商事调解立法,其对商事调解的定义,调解员的选定及披露义务,调解程序的开始、进行及终止,调解效力及调解后的问题均作出了详细规定。我国进行商事调解立法,应以鼓励和支持商事调解发展为基本原则,在充分尊重和体现当事人意思自治的前提下,可借鉴《示范法》起草法律条文,对商事调解进行系统性法律建设。

第二,建议立法机关从法律层面确认机构之外调解的合法性,鼓励个人调解制度的发展。

工作组在制定《新加坡调解公约》时表示,“调解”不应被限定为调解机构进行的调解,且不应被限定为“有安排的或有组织的过程”。据此,经过机构调解或非机构调解形成的和解协议,均可以依照《新加坡调解公约》的规定申请执行。

我国传统商事调解分为法院调解、仲裁机构调解和商事调解机构调解,而个人调解的效力在法律层面上不被认可。因此,建议我国应鼓励具有专业知识和能力的法律执业者专门从事商事调解工作,在法律层面上认可个人调解的效力,培养、发展一批以商事调解为主业、重视个人声誉并具有专业素养的专职调解员,建立健全专职调解员的管理制度及薪酬体系。只有这样,我国的商事调解制度才能够更加健康、全面发展。

第三,建议最高人民法院出台相应司法解释,对《新加坡调解公约》部分条款的理解与适用作出规定。

为获得各国代表更广泛的支持,工作组在起草《新加坡调解公约》过程中,对个别条款采取了折中或者模糊处理的方法。具体理解和执行这些条款的任务就交由各主权国家的相关部门。在我国,需要最高人民法院以司法解释的形式对这些条款作进一步澄清。

首先,《新加坡调解公约》第 1 条规定《公约》适用于和解协议整体,不区分金钱和非金钱义务。在实践中,调解达成的和解协议经常包括非金钱义务,且和解协议中很可能存在双方互负给付义务的情况。例如,一份和解协议可能约定甲方向乙方支付一定金额的价款,同时乙方向甲方交付特定物(如一幅名画)。在申请执行和解协议程序中,如果一方的非金钱给付义务(如交付名画)难以执行,法院是否可以执行另一方的金钱给付义务?对此,最高人民法院在出台司法解释时应给出进一步指引,避免对一方当事人造成不公。

其次,《新加坡调解公约》第3条第2款规定:"如果就一方当事人声称已由和解协议解决的事项发生争议,公约当事方应允许该当事人按照本国程序规则并根据本公约规定的条件援用和解协议,以证明该事项已得到解决。"该款规定的是当事人在非执行程序中援用和解协议的情形。例如,一方当事人就某事项提出主张或请求,另一方当事人主张该事项已由双方之间签订的和解协议解决,不存在争议。但是该条款本身对援用和解协议的条件和法律效果没有给出明确规定。最高人民法院在出台司法解释时需就当事人在非执行程序中援用和解协议的程序要求及在中国法律下的实际法律效果进行明确。例如,当事人援用的和解协议,是否具有阻断诉讼程序的效果,还是仅具有证据的效力?如果援用和解协议的一方无法按照我国《民事诉讼法》的要求对和解协议作公证和认证,那这份协议是否应被视为欠缺形式上的法律要件?这些问题都需要最高人民法院出台司法解释予以明确。

最后,《新加坡调解公约》第5条第1款第(c)项规定拒绝准予救济的理由之一为和解协议中的义务"不清楚或无法理解"。各国代表在《新加坡调解公约》的制定过程中就是否保留和解协议中的义务"不清楚或无法理解"这一抗辩理由进行过激烈争论。反对保留的国家代表认为这会赋予主管机关过宽的自由裁量权。《新加坡调解公约》最终保留了这一抗辩理由,并将判断和解协议中的义务是否"不清楚或者无法理解"的权限交由各国自行处理。因此,最高人民法院应就审查和解协议内容的标准和尺度进行规定。

按照对和解协议内容审查的程度,审查标准可区分为表面主义和解释主义。所谓表面主义,即只要和解协议在表面上"不清楚或无法理解",则主管机关就可以拒绝准予救济,不予执行。所谓解释主义,则是指和解协议经主管机关查明和解释后仍"不清楚或无法理解"的,主管机关才可以拒绝准予救济,不予执行。这两种查明标准均具有合理性,但最高人民法院在出台司法解释时需要加以明确,以统一各地区各级人民法院的查明标准。

第四,建议立法机关和最高人民法院完善对虚假调解问题处理的规定。《新加坡调解公约》出台后,部分法律界人士对《公约》在我国实施过程中可能出现的虚假调解问题表达了担忧。虚假调解一方面可以参照我国《民事诉讼法》第 112 条和第 227 条的规定进行处理,另一方面可以参照我国《刑法》对虚假诉讼罪的规定对当事人进行刑事处罚。

首先,我国《民事诉讼法》第 112 条规定:"当事人之间恶意串通,企图通过诉讼、调解等方式侵害他人合法权益的,人民法院应当驳回其请求……"该法第 227 条规定:"执行过程中,案外人对执行标的提出书面异议的,人民法院应当自收到书面异议之日起十五日内审查,理由成立的,裁定中止对该标的的执行;理由不成立的,裁定驳回……"

申请执行通过虚假调解达成的和解协议与我国《民事诉讼法》规定的虚假诉讼、虚假调解在本质上是相同的,都是通过恶意串通的方式,利用司法机关的审判权和执行权,损害第三人利益。根据《新加坡调解公约》第 1 条的规定,调解行为发生地不作为判断和解协议是否为"国际"和解协议的依据。但是,无论调解行为发生地为何,只要当事人通过虚假调解达成和解协议,并企图根据《新加坡调解公约》在我国启动执行程序,我国法院即应驳回其请求,并可根据情节轻重予以罚款等处罚措施。在执行和解协议的过程中,如第三人发现和解协议是通过虚假调解达成并损害其利益的,可以提出执行异议。

其次,我国《刑法》第 307 条之一第 1 款规定了虚假诉讼罪。当事人以捏造的事实提起民事诉讼,妨碍司法秩序或者严重侵害他人合法权益的,将受到刑事处罚。2018 年 10 月 1 日起施行的最高人民法院、最高人民检察院《关于办理虚假诉讼刑事案件适用法律若干问题的解释》第 1 条进一步规定,当事人与被执行人采取伪造证据、虚假陈述等手段恶意串通,捏造债权的,属于我国《刑法》第 307 条之一第 1 款规定的"以捏造的事实提起民事诉讼"。该解释第 2 条规定,以捏造的事实提起民事诉讼,致使人民法院立案执行基于捏造的事实作出的仲裁裁决、公证债权文书的,应当认定为我国《刑法》第307条之一第1款规定的“妨害司法秩序或者严重侵害他人合法权益”。据此,立法机关和最高人民法院可以参考我国《刑法》及相关司法解释对虚假诉讼罪的处理,规定若当事人申请法院执行经虚假调解达成的和解协议的,属于妨害司法秩序,并适用《刑法》中对虚假诉讼罪的处罚规定。

总而言之,加入《新加坡调解公约》需要我国对现行立法进行调整,建立和完善我国商事调解法律制度。值得注意的是,在2018年9月公布的第十三届全国人大常委会立法规划中,并无与调解相关的法律。而立法规划是每届全国人大常委会立法工作的任务表,代表了未来5年我国立法领域的重点。由此可见,我国近期没有将商事调解立法以及调解制度的改革提上日程的安排。签署并加入《新加坡公约》,无异于给我国立法机关制定商事调解法律设定上“倒计时”,促使我国商事调解法律的制定,助推我国商事调解制度的建立。

五、对目前国内仲裁机构设立的“调解中心”“调解规则”的述评

近年来,国内多家仲裁机构成立了调解中心,为当事人提供多元化争议解决服务。例如,贸仲委于2018年5月18日举行了调解中心的揭牌仪式,北京仲裁委员会于2011年8月1日成立了调解中心,深圳国际仲裁院(深圳仲裁委员会)于2008年12月成立了调解中心。

我国法院近年来也鼓励通过多元机制解决当事人之间的纠纷。例如,在最高人民法院办公厅《关于确定首批纳入“一站式”国际商事纠纷多元化解决机制的国际商事仲裁及调解机构的通知》中规定:“对诉至国际商事法庭的国际商事纠纷案件,当事人可以……协议选择纳入机制的调解机构调解。经调解机构主持调解,当事人达成调解协议的,国际商事法庭可以依照法律规定制发调解书;当事人要求发给判决书的,可以依协议的内容制作判决书送达当事人”。同时,该通知一并列举了贸仲委、上海国际经济贸易仲裁委员会、深圳国际仲裁院、北京仲裁委员会、中国海事仲裁委员会以及中国国际贸易促进委员会调解中心、上海经贸商事调解中心7家机构,作为首批纳入“一站式”国际商事纠纷

多元化解决机制的仲裁和调解机构。

以《中国国际经济贸易仲裁委员会调解中心调解规则》(以下简称《贸仲调解规则》)为例,结合《新加坡调解公约》中对调解的规定,《贸仲调解规则》在以下几方面值得注意:

第一,就调解范围而言,《贸仲调解规则》第2条规定的调解范围为"平等主体的自然人、法人和非法人组织之间发生的民商事争议"。而《新加坡调解公约》第1条第2款排除了一般生活消费合同,仅适用于因商事争议而进行调解并形成的和解协议。因此,《贸仲调解规则》中的调解范围应广于《新加坡调解公约》中的调解范围。

第二,《贸仲调解规则》对当事人未约定调解员人数时的默认人数进行了规定。《贸仲调解规则》第12条第1款规定:"当事人可以约定调解员的人数及调解员的产生方式。未作约定的,则调解员为一名"。而《新加坡调解公约》对"调解"的定义中,仅强调调解"由一名或几名第三人协助……"对默认的调解员人数未作规定。

第三,《贸仲调解规则》对调解员的持续披露义务及避免利益冲突作出了规定。《贸仲调解规则》第14条规定:"调解员接受选定或指定的,应自收到选定或者指定通知之日起10日内,签署公正性及中立性声明书。如果存在可能引起对其公正性或中立性产生合理怀疑的任何情形,该调解员应予书面披露。在调解过程中,调解员应不迟延地向双方当事人披露任何此类情况。披露以后,如果当事人一致同意,调解员可以继续履行调解员职责。在调解结束后,调解员仍应避免存在利益冲突或导致利益冲突出现的情形。除非当事人另有约定,调解员不得在相同或者相关争议进行的仲裁程序、司法程序或者其他任何程序中担任仲裁员、法官,或者担任一方当事人的代理人、顾问或证人。"对照《新加坡调解公约》第5条第1款第(e)项和第(f)项,调解员违反调解准则或者违反披露义务所达成的和解协议会被主管机关拒绝准予救济。因此,《贸仲调解规则》和《新加坡调解公约》的立场高度一致,即对于调解员披露义务和避免利益冲突均作了明确规定,以保证调解结果的公正性。

第四,《贸仲调解规则》规定了调解与仲裁、诉讼程序对接的问题。《贸仲调解规则》第24条规定:“任何一方当事人依据调解协议中的或者当事人另行签订的仲裁条款,可申请中国国际经济贸易仲裁委员会根据其仲裁规则的规定,按照调解协议的内容作出仲裁裁决。”该规则第25条规定:“中心可以根据法院的委托或指定,提供相应的调解服务。”

六、中国加入《新加坡调解公约》后“调解中心”开展调解工作需要注意的问题

1. 调解中心在进行调解的过程中,需要格外注意调解员的披露义务以及可能构成利益冲突的情形,以免和解协议无法执行。

2. 如果当事人申请仲裁委员会将经调解达成的和解协议制作仲裁裁决的,则不能再适用《新加坡调解公约》申请执行。

3.《新加坡调解公约》第5条规定了主管机关拒绝准予救济的理由,调解中心在开展调解活动时,需要注意避免出现这些情形,以保证和解协议在将来能得到有效执行。

第一,《新加坡调解公约》第5条第1款第(a)项规定:“和解协议一方当事人处于某种无行为能力状况。”据此,调解中心在调解时应当注意审查当事人的情况。对于法人来说,应当要求其提供营业执照等证明文件,并注意审查其在调解过程中是否处于破产状态或已进入破产程序等。对于自然人来说,则应当注意其是否属于限制行为能力人或无行为能力人。

第二,《新加坡调解公约》第5条第1款第(b)项规定,如果和解协议无效、失效或者无法履行;或者和解协议不是终局的或随后被修改的,则主管机关应拒绝准予救济。工作组在制定《新加坡调解公约》时,认为如欺诈、重大误解、虚假陈述、胁迫等情形均属于导致和解协议无效、失效或无法履行的应有之义,故未再单独列为拒绝准予救济的事项。因此,调解中心在调解时,需要注意审查当事人进行调解时是否存在以上情形。另外,建议调解中心在当事人达成的和解协议书中载明该和解协议具有终局性,对当事人具有约束力,以避免当事

人以和解协议不是终局的为由申请主管机关拒绝准予救济。

第三,《新加坡调解公约》第 5 条第 1 款第(c)项规定,将和解协议的内容不清楚或者无法理解作为拒绝准予救济的理由之一。据此,调解中心在进行调解并协助当事人达成和解协议时,应将当事人在和解协议下的权利及义务表述清楚,如义务为金钱给付或交付特定物的,应明确交付时间、地点及方式。如义务为进行某种行为的,则应明确行为的期限和方式等。

第四,《新加坡调解公约》第 5 条第 1 款第(e)项和第(f)项规定,调解员违反调解准则或者违反披露义务协助当事人达成的和解协议,会被主管机关拒绝准予救济。在我国调解中心的调解规则中,普遍要求调解员披露其认为可能对公正性或中立性产生合理怀疑的情形,如《贸仲调解规则》第 14 条、《北京仲裁委员会调解规则》第 14 条均对披露义务进行了规定。但各调解规则中均未详细规定可能产生合理怀疑的具体情形。在调解中心进行调解时,可以考虑借鉴《国际律师协会国际仲裁利益冲突指引》的规定,要求调解员根据不同情况履行披露义务或申请回避等。

第五章　中国国际商事仲裁司法审查

2018年是“一带一路”倡议践行5周年，中共中央办公厅、国务院办公厅印发了中央深改组审议通过的《关于建立“一带一路”国际商事争端解决机制和机构的意见》，部署设立国际商事法庭、组建国际商事专家委员会、建设“一站式”国际商事纠纷解决平台三大任务，对于保障“一带一路”建设顺利实施意义重大，也给中国商事仲裁国际化创造了前所未有的发展机遇。

本章主要依据中国裁判文书网以及其他互联网途径公开的裁判文书，对2018年中国国际商事仲裁司法审查案件所涉法律问题进行综合分析和述评。

一、涉外、涉我国港澳台地区仲裁条款的效力认定

（一）涉外、涉我国港澳台地区仲裁协议的准据法问题

在“上诉人天津市中色国际贸易有限公司（以下简称中色公司）因与被上诉人香港宏达国际贸易有限公司（以下简称宏达公司）、一审被告林某某货物买卖合同纠纷管辖权异议上诉案”[天津高院（2017）津民终494号民事裁定书（2018年7月16日）]中，中色公司依据《合作协议书》提起诉讼，请求宏达公司等支付货款。天津市高级人民法院认为，根据查明事实，中色公司的起诉不是依据《合作协议》，而是依据《买卖合约》，而3份《买卖合约》均约定：“合同执行中的任何争执或索赔，若无法通过友好协商解决，则应将案件交由被诉人所在地的仲裁机构（中国国际经济贸易仲裁委员会任何分会或香港国际仲裁庭）仲裁。”《买卖合约》未单独约定仲裁条款应适用的法律，故应适用仲裁机构所在地法律或者仲裁地法律认定相关仲裁条款效力；如约定不明，则可以适用我

国内地法律予以认定。仲裁条款虽然同时约定了两家仲裁机构，但加以“被诉人所在地的仲裁机构”的限定，应视“被诉人”系中色公司或宏达公司而确定相应仲裁机构。因该案中宏达公司系“被诉人”，其登记地在我国香港特别行政区，故应以宏达公司所在地，即我国香港特别行政区法律作为认定涉案《买卖合约》中仲裁条款效力应适用的法律。依照我国香港特别行政区法律之规定，仲裁条款效力取决于当事人将争议交付仲裁的意思表示，而不以是否约定仲裁机构、约定的仲裁机构是否唯一、约定的仲裁机构名称是否准确、约定的仲裁机构是否存在等为其生效要件。由于涉案《买卖合约》中的仲裁条款具备当事人将争议交付仲裁的意思表示，应认定为有效。据此，维持驳回中色公司起诉的一审裁定。中色公司以二审裁定认定基本事实缺乏证据证明、适用法律确有错误申请再审，最高人民法院认定申请再审理由不能成立，裁定驳回中色公司的再审申请[最高人民法院(2018)最高法民申 6088 号民事裁定书(2018 年 12 月 29 日)]。

在“申请人中轻三联国际贸易有限公司与被申请人塔塔国际金属(亚洲)有限公司申请确认仲裁协议效力案”[北京四中院(2017)京 04 民特 25 号民事裁定书(2018 年 12 月 14 日)]中，仲裁条款约定：“如果不能协商解决，应提交新加坡国际贸易仲裁委员会按照美国的仲裁规则进行仲裁。”法院认为，当事人在上述合同中明确作出将争议提交新加坡国际贸易仲裁委员会的意思表示，虽然在表述上新加坡国际贸易仲裁委员会并非新加坡任何一家仲裁机构的明确具体名称，因约定的名称错误导致无法对仲裁机构确切认定，但根据约定内容可以认定当事人有明确选择仲裁的意思表示，并且可以推定当事人认可在新加坡法律框架内进行仲裁。依据我国《涉外民事关系法律适用法》及相关司法解释的规定和当事人仲裁条款的约定内容，该院认为仲裁地应认定为新加坡，据此确定该案仲裁协议效力所应适用的准据法为新加坡法。

在“上诉人马士基航运有限公司(MaerskLine A/S)(以下简称马士基公司)与被上诉人天津航星国际货运代理有限公司(以下简称航星公司)、一审被告普罗旺斯番茄制品(天津)有限公司、天津欧尚国际货运代理有限公司海上货物运输合同纠纷系列案”[天津高院(2018)津民终260号民事裁定书(2018年11月26日)]中,查明:马士基公司与航星公司签订的《订舱代理协议》中仲裁条款约定:“本协议应当根据英国法进行解释。任何因本协议引起的或与之有关的争议应当友好解决,当无法解决时应当根据英国《1996年仲裁法》及其修正案在伦敦提交仲裁。”天津海事法院一审以及天津市高级人民法院二审均认定协议未确定仲裁条款适用的法律,但仲裁地位于英国,故仲裁条款效力应当根据仲裁地法即英国法进行认定。仲裁条款约定在伦敦提交仲裁,而英国法并未规定选定的仲裁机构为仲裁协议的有效要件,故仲裁条款有效。

在“申请人中国中材进出口有限公司与被申请人印度尼西亚麦捷能源发展有限公司、七台河金辰矿业有限公司、山东招辰建设工程有限公司申请确认仲裁协议效力案”[北京四中院(2018)京04民特12号民事裁定书(2018年11月19日)]中,法院认为,该案系相关当事人对《补充协议》中订立的仲裁条款发生的争议,该条款包括两个方面内容:一是协议适用的法律,二是争议解决方式。因仲裁条款具有独立性,应视其为独立的仲裁协议,因此当事人在《补充协议》中选择适用的准据法并不当然适用于仲裁协议。由于该仲裁协议相关当事人未选择仲裁协议适用的准据法,也未选择仲裁地,但选定了仲裁机构,故应适用当事人选定的仲裁机构北京仲裁委员会所在地法律,即中华人民共和国法律。

从上述案例可以看出,自最高人民法院《关于适用〈中华人民共和国涉外民事关系法律适用法〉若干问题的解释(一)》于2013年实施以来,我国各级人民法院对于涉外、涉我国港澳台地区仲裁协议准据法的适用更加准确,普遍能够根据该解释第14条“当事人没有选择涉外仲裁协议适用的法律,也没有约定仲裁机构或者仲裁地,或者约定不明的,人民法院可以适用中华人民共和国法律认定该仲裁协议的效力”的规定,按照当事人协议选择的仲裁协议准据法——仲裁机构或仲裁地法——法院地法“三步法”依位序确定涉外、涉我国港澳台地区仲裁协议应适用的法律。同时,各法院对于仲裁协议独立性原则也有了更加清晰的认识,多个案例均体现主合同准据法不当然是仲裁协议准据法,并依据"三步法"确定仲裁协议准据法的处理思路。

(二)涉外因素的认定及约定境外仲裁的条款效力问题

在"爱耳时代医疗科技(北京)股份有限公司(以下简称爱耳公司)诉领先仿生医疗器械(上海)有限公司(以下简称领先公司)买卖合同纠纷上诉案"[上海二中院(2017)沪02民终9941号民事裁定书(2017年11月23日)]中,一审法院以双方之间有仲裁条款为由驳回爱耳公司的起诉,领先公司提起上诉。二审法院查明:双方经销协议约定,因该协议引起的或与之有关的所有争议应根据国际商会仲裁规则在3名仲裁员组成的仲裁法庭前予以最终裁决,仲裁地点在中国上海。二审法院认为,根据2012年1月1日生效的《国际商会仲裁规则》[(ICC规则)2012年版]第6条第2款"当事人同意按照仲裁规则进行仲裁,即接受由仲裁院对该仲裁实施管理"的规定,应认定双方选定了明确具体的仲裁机构即国际商会仲裁院进行仲裁。我国现有法律并未允许国内当事人将其不具有涉外因素的争议提请外国仲裁机构仲裁。爱耳公司和领先公司都是依据我国法律设立并登记的企业,尽管领先公司的股东为外国公司,但是领先公司仍属于中国法人,因此该案在当事人主体上不存在涉外因素。爱耳公司为领先公司销售相关产品,这些产品虽系进口产品,但是都是由领先公司进口后再向爱耳公司提供,故交易标的物不具有涉外性,同时双方之间涉及的法律关系也无涉外因素。因此,该案纠纷并不具备涉外因素,双方当事人约定提请外国仲裁机构仲裁的条款应属无效。据此,二审法院裁定撤销一审裁定,指令上海市黄浦区人民法院审理本案。领先公司申请再审,上海市高级人民法院驳回再审申请[上海高院(2018)沪民申921号民事裁定书(2018年6月26日)]。

上述案件与最高人民法院《关于江苏航天万源风电设备制造有限公司与艾尔姆风能叶片制品(天津)有限公司申请确认仲裁协议效力纠纷一案的请示的复函》[(2012)民四他字第2号]中明确的裁判规则保持一致,即将我国《民事诉讼法》第271条"涉外经济贸易、运输和海事中发生的纠纷,当事人在合同中订有仲裁条款或者事后达成书面仲裁协议,提交中华人民共和国涉外仲裁机构或者其他仲裁机构仲裁的,当事人不得向人民法院起诉”的规定理解为授权性规范,鉴于我国法律没有规定当事人可以将不具有涉外因素的争议交由境外仲裁机构或者在我国境外临时仲裁,故当事人约定将单纯为国内争议提交境外仲裁机构仲裁没有法律依据,所涉仲裁协议无效。最高人民法院《关于适用〈中华人民共和国民事诉讼法〉的解释》第522条对纠纷“涉外性”的界定条件规定如下:“有下列情形之一,人民法院可以认定为涉外民事案件:(一)当事人一方或者双方是外国人、无国籍人、外国企业或者组织的;(二)当事人一方或者双方的经常居所地在中华人民共和国领域外的;(三)标的物在中华人民共和国领域外的;(四)产生、变更或者消灭民事关系的法律事实发生在中华人民共和国领域外的;(五)可以认定为涉外民事案件的其他情形。”该案中法院认定外商投资企业为中国法人,其资本来源于国外并不构成上述司法解释第5项规定的“可以认定为涉外民事案件的其他情形。”

(三)以侵权为由起诉时的仲裁条款效力的判定

在“瑞昕新加坡海外企业有限公司(以下简称瑞昕公司)诉青岛汇添盛农业生产资料有限公司(以下简称青岛汇添盛公司)等侵权纠纷管辖权异议请示案”[最高人民法院(2018)最高法民他103号复函]中,双方《购销合同》第15条约定:“因本合同或违反合同引起的或与之有关的任何纠纷、争议或索赔,都应由新加坡国际仲裁中心按照其仲裁规则和程序在新加坡解决。”最高人民法院复函认为,尽管瑞昕公司以侵权为由起诉,但其与青岛汇添盛公司之间的纠纷,仍属于购销合同仲裁条款约定的仲裁范围即“与之有关的任何纠纷”,该部分纠纷应当由双方提交约定的仲裁机构解决,人民法院对此无管辖权,应当裁定驳回瑞昕公司对青岛汇添盛公司的起诉。对于瑞昕公司与北京汇添盛公司、李某之间的诉讼,因后两者不是上述购销合同的当事人,该合同仲裁条款对其不具有法律约束力,人民法院有权管辖,应当继续审理瑞昕公司与当事人之间的诉讼。

近年来,在司法实践中出现了原告为规避仲裁条款,以侵权为由提起诉讼,并增加被告,选择便利于原告的所在地法院起诉的做法。为此,《第二次全国涉外商事海事审判工作会议纪要》第7条明确："涉外商事合同的当事人之间签订的有效仲裁协议约定了因合同发生的或与合同有关的一切争议均应通过仲裁方式解决，原告就当事人在签订和履行合同过程中发生的纠纷以侵权为由向人民法院提起诉讼的，人民法院不享有管辖权。"但该条没有明确原告与其他没有签署仲裁条款的被告之间的纠纷如何处理。该案在重申有效仲裁协议排除法院管辖原则的同时，对诉讼和仲裁进行了区分，规定原告和其他被告之间若没有仲裁条款，则该部分当事人之间的纠纷法院应予继续审理。

（四）涉代理行为的仲裁条款效力问题

在"中国交通进出口总公司（以下简称交通公司）与海峡油轮有限责任公司（以下简称海峡油轮公司）、江苏华泰创业有限公司船舶建造合同纠纷仲裁条款效力请示案"[最高人民法院（2018）最高法民他105号复函]中，法院查明：船舶建造合同没有交通公司盖章，仅在建造方签字处印有"卫某某　中国交通进出口总公司"，并由卫某某签名。最高人民法院复函认为，根据我国《涉外民事关系法律适用法》第16条的规定，被代理人与代理人的民事关系适用代理关系发生地法律，船舶建造合同签订地在中国上海，故代理关系是否成立，应适用中国法律。交通公司否认授权卫某某签订船舶建造合同，且海峡油轮公司并未提供证据证明交通公司曾授权卫某某签字，故不能认定交通公司是船舶建造合同一方的当事人，合同仲裁条款对交通公司不具有约束力。

在"申请人中轻三联国际贸易有限公司（以下简称中轻三联公司）与被申请人塔塔国际金属（亚洲）有限公司（以下简称塔塔公司）申请确认仲裁协议效力案"[北京四中院（2017）京04民特25号民事裁定书（2018年12月14日）]中，申请人称，根据天津麦哲思公司授权与塔塔公司签订的《销售合同》，其作为代理人并非《销售合同》的当事人，不应受到合同仲裁条款的约束，且《销售合同》仲裁条款本身亦属于无效仲裁协议。案涉仲裁条款约定："如果不能协商解决，应提交新加坡国际贸易仲裁委员会按照美国的仲裁规则进行仲裁。"法院认为，根据仲裁条款准据法新加坡法律的规定，该仲裁协议有效，申请人中轻三联公司如认为《销售合同》项下权利义务的实际承担人应为案外人，该主张是否成立应在案件进入实体审理后再予以审查,不属于该案的审查范围。据此,裁定驳回申请人的申请。

从两宗涉代理关系的仲裁条款效力案件来看,法院在仲裁条款效力判断时一般不涉及对表见代理、间接代理等因素的考虑,而仅以签字当事人及对签字当事人的授权来认定仲裁条款的真实意思表示,并据此确定受仲裁条款约束的当事人。这样可以有效避免在仲裁条款效力认定阶段涉及表见代理、间接代理等实体问题。值得注意是,在"中轻三联公司案"中,出现了境内外平行程序,新加坡国际仲裁中心的仲裁庭根据最密切联系原则,认定《销售合同》中约定的仲裁条款应适用中国法,认定仲裁协议中约定的仲裁机构为新加坡国际仲裁中心及仲裁地为新加坡,确认仲裁协议有效。仲裁庭还下达禁诉令,申请人中轻三联公司不得继续进行在北京市第四中级人民法院的确认仲裁协议效力之诉。因此,北京市第四中级人民法院裁定驳回中轻三联公司确认仲裁协议无效的申请,消除了平行程序的隐患。

(五)提单并入租约仲裁条款问题

在"安徽华伊商业贸易有限公司(以下简称华伊公司)与越南国家航运公司、中国再保险集团股份有限公司海上货物运输合同纠纷涉外仲裁条款效力案"[最高人民法院(2018)最高法民他13号复函]中,最高人民法院复函认为,该案系海上货物运输合同纠纷,诉争的法律关系并非航次租船合同关系,案涉提单为康金1994格式提单,提单虽然标注与"与租约一并使用""依据租约支付运费""仲裁条款并入本提单",但提单并未明确指明具体被并入的租约、被并入租约的当事人名称及订立日期。且"依据租约支付运费"条款仅是对于运费支付标准的约定,并不涉及租约仲裁条款的并入,故不能认定航次租船合同的仲裁条款已并入提单,案涉仲裁条款对华伊公司不产生约束力。武汉海事法院作为运输目的地的海事法院,对该案具有管辖权。

在"上海欧达国际货运代理有限公司(以下简称欧达公司)与江苏舜天东昊经贸有限公司(以下简称东昊公司)海上货物运输合同纠纷管辖权异议请示案"[最高人民法院(2018)最高法民他184号复函]中,法院查明:欧达公司在签单前将案涉提单通过电子邮件发送给东昊公司进行确认，提单仲裁条款约定本提单所证明的货运合同下的争议应提交美国仲裁协会，并按其商事仲裁规则在纽约仲裁解决，但同时约定法院管辖条款“提单下的任何索赔或纠纷应只根据美国法律，货方对承运方的诉讼只提交美国纽约南区地方法院管辖”。最高人民法院复函认为，东昊公司以货物运输中发生货损为由，要求欧达公司赔偿损失。欧达公司虽在签单前将涉案提单通过电子邮件发送东昊公司进行确认，但未就其事先打印的争议解决条款向东昊公司作出特别说明。提单虽可作为海上货物运输合同的证明，但并非海上货物运输合同。东昊公司作为托运人虽然接受了上述提单，但目前并无证据证明东昊公司接受了上述条款，亦无证据证明托运人与承运人对系争争议解决条款达成了合意。案涉提单既有仲裁条款又有排他性的法院管辖条款，亦可印证双方未就争议解决方式达成一致。因此，上述条款对东昊公司没有约束力，上海海事法院作为起运港和被告住所地法院对该案具有管辖权。

仲裁条款是租约中用于解决双方当事人之间未来可能发生争议的条款，其相对于其他租约条款来说具有一定的独立性。海事海商司法实践长期形成的做法是，只有特殊的并入条款才能将仲裁这一争议解决条款并入提单，即通过明确、清晰的语言，将租约中某些特定的条款并入提单的条款：一是需在提单正面有明示约定；二是指明具体被并入的租约编号、当事人名称及订立日期；三是指明被并入的租约中的具体仲裁条款。航运中最常见的措辞如康金 1994 格式提单记载的“所有背面所示日期的租约的条款和条件，自由和免责，包括法律适用和仲裁条款并入本提单”的措辞，尚不足以发生将租约仲裁条款并入提单的法律效果。

（六）概括性仲裁条款的解释

在“申请人韩国 MEEJANSEN 公司与被申请人东莞市语缇化妆品有限公司（以下简称语缇公司）申请确认仲裁协议效力纠纷案”［广州中院（2018）粤01 民特 207 号民事裁定书（2018 年 4 月 20 日）］中，MEEJANSEN 公司申请称，根据其与语缇公司签订的《业务合同》第 10 条“本合同未尽事项由双方协商决定,协商不成时,可交中国南沙国际仲裁中心处理”的内容,认为仲裁事项系“未尽事项”,故约定不明确,应确认该仲裁条款无效。法院认为,涉案仲裁协议选定的仲裁机构在我国境内,该案适用中华人民共和国法律。《业务合同》第10.1条从字面意思来理解,双方实质约定的仲裁事项系与合同相关的,但合同没有明确约定且双方协商不成的所有事项,如该些事项协商不成时,提交中国南沙国际仲裁中心仲裁处理。由此可见,双方约定的仲裁事项是明确的。据此,上述仲裁条款有明确请求仲裁的意思表示、有明确的仲裁事项、有选定的仲裁委员会,符合我国《仲裁法》第16条的规定,应属有效条款。据此,法院裁定驳回MEEJANSEN公司的申请。

在“上诉人威沃克亚太控股有限公司、红鲷众创空间管理(上海)有限公司(以下简称红鲷公司)与被上诉人新疆融惠星和管理咨询有限责任公司(以下简称新疆融惠星和公司)等侵权纠纷管辖权异议上诉案”[(2018)最高法民辖终453号(2019年1月31日)]中,红鲷公司与新疆融惠星和公司签订的《房屋租赁合同》第29条约定:“若因本合同(包括本合同的违约、终止或无效)产生任何争议、纠纷或索赔,或有关本合同的任何争议、纠纷或索赔,双方未在30日内达成相互接受的争议解决方案,则争议应由中国国际经济贸易仲裁委员会仲裁最终解决。”红鲷公司以侵权提起诉讼,最高人民法院认为,在解释合同当事人之间的争议解决条款范围时,人民法院应当依照合同解释原则来解释当事人的意愿,争议解决条款仅约定“因履行本协议而发生争议”,系当事人采用概况式约定对关联纠纷通过同一途径解决的合理预期,在解释仲裁事项范围时应作宽松理解,不仅包括合同权利义务争议,还包括合同而产生的侵权争议或其他争议,尽可能避免因不同诉由而产生法院或仲裁机构对同一事实或行为重复审理造成冲突。故无论当事人是以合同纠纷还是以侵权为由提起诉讼,均应受仲裁条款约束。

上述案例体现出人民法院熟练运用合同解释原则,充分尊重当事人通过概括性仲裁条款约定将与合同相关的纠纷事项提交仲裁解决的意愿,并尽可能使纠纷由同一机构解决的价值取向,这样不仅有利于遏制当事人滥用管辖权异议机制规避仲裁条款约束的现象,还有助于纠纷一次性低成本地便利解决。

（七）对仲裁条款中约定仲裁机构的解释

1. 仲裁机构约定不明的情形

在“申请人英国柏斯旺国际有限公司（Beswit International Ltd.）与被申请人张强申请确认仲裁协议效力案”［无锡中院（2018）苏02民特26号民事裁定书（2018年12月26日）］中,涉案仲裁协议约定:“双方同意提交合同签订地仲裁委员会仲裁。”法院认为,案涉《工程居间合同》没有载明合同签订地,双方当事人对合同签订地存在争议,且均未提交证据予以证明。案涉仲裁协议约定的仲裁委员会不明确,当事人亦不能达成补充协议。根据我国《仲裁法》第18条的规定,案涉仲裁协议无效。

2. 仲裁机构表述不准确的情形

在“申请人赫华祥瑞投资控股有限公司与被申请人安中国际石油控股有限公司、周金辉申请确认仲裁协议效力案”［北京四中院（2018）京04民特115号民事裁定书（2018年9月14日）］中,涉案仲裁协议中约定的仲裁机构为“中国国际贸易经济仲裁委员会”。法院认为,贸仲委的正式名称为“中国国际经济贸易仲裁委员会”,虽然当事人在仲裁协议中约定的仲裁机构名称表述不够准确,但在文义上很容易判断当事人实际选定的仲裁机构就是“中国国际经济贸易仲裁委员会”,不会因此产生歧义,故不影响仲裁条款的效力。

在“申请人黄某与被申请人刘某某、维尔京群岛 Wisdom Client LIMITED 申请确认仲裁协议效力案”［北京四中院（2018）京04民特54号民事裁定书（2018年9月12日）］中,申请人主张的撤裁事由为:仲裁条款约定“北京市仲裁委员会”不存在,且北京市不只存在一家仲裁委员会,无法确认当事人约定的仲裁机构是哪一家,因此该仲裁协议无效。法院认为,当事人约定的仲裁机构“北京市仲裁委员会”比北京仲裁委员会名称多一个“市”字,但两者极为相似,根据一般人的习惯表达以及通常认知可以判断该仲裁机构即指向北京仲裁委员会。根据最高人民法院《关于适用〈中华人民共和国仲裁法〉若干问题的解释》（以下简称《仲裁法司法解释》）第3条“仲裁协议约定的仲裁机构名称不准确,但能够确定具体的仲裁机构的,应当认定选定了仲裁机构"之规定,可以认定当事人选定了北京仲裁委员会作为仲裁机构,案涉仲裁条款有效。

3. 约定两个仲裁机构

在"申请人山东蓝海生态农业有限公司与被申请人金鹰水产(香港)有限公司申请确认仲裁协议效力案"[东营中院(2017)鲁05民特60号民事裁定书(2018年5月21日)]中,案涉《合资合同》第55条对争议解决的约定为,"与本合同有关的一切争议,如双方不能协商解决,应提交北京中国国际贸易促进委员会对外经济贸易仲裁委员会根据该会的仲裁程序暂行规则进行仲裁,或应提交山东东营仲裁机构根据该仲裁机构的仲裁程序进行仲裁"。申请人请求确认案涉仲裁条款无效,被申请人则认为其作为中国香港特别行政区公司,不了解中国内地仲裁制度,在解释仲裁机构约定不明确的仲裁协议时,应尽可能朝着仲裁协议有效的方向解释。法院认为,案涉仲裁条款约定的两家仲裁机构所在地均在中国内地,参照我国《涉外民事关系法律适用法》第18条的规定,该案仲裁协议效力的审查应适用中国内地法律。有仲裁的意思表示和仲裁协议是否有效属于两个问题。仲裁协议有效的条件之一是有仲裁合意,这种合意不仅要求双方有选择仲裁的意思表示,还要有选定唯一仲裁机构的意思表示。在有明确法律规定的情形下,不能以诚实信用、鼓励交易等法律原则排除具体法律规定的适用。案涉仲裁条款约定了两家仲裁机构且当事人在事后无法达成一致意见,根据我国《仲裁法》第16条、第18条和我国《仲裁法司法解释》第5条的规定,该仲裁条款为无效条款。

我国《仲裁法》第16条第2款规定:"仲裁协议应当具有下列内容:(一)请求仲裁的意思表示;(二)仲裁事项;(三)选定的仲裁委员会。"在我国《仲裁法》实施初期,多数地方法院对"选定的仲裁委员会"采取较严格的标准,例如,在江苏高院(1997)苏民终字第62号民事裁定书中因"中国国际经济贸易仲裁委员会"漏掉"经济"两字,认定选定的仲裁委员会不存在,案涉仲裁协议无效。但是,随着我国《仲裁法司法解释》的颁布,各地法院对约定的仲裁机构解释开始采取从宽的认定标准,即使仲裁条款约定的仲裁机构名称不准确,但根据文义能够确定具体的仲裁机构的,认定选定了仲裁机构。但我国《仲裁法司法解释》也有严格的一面,对于仲裁条款约定了两家以上仲裁机构,而当事人又不能就仲裁机构选择达成一致的,我国《仲裁法司法解释》第5条规定应当认定仲裁协议无效,否定了最高人民法院,即《关于齐鲁制药厂诉美国安泰国际贸易公司合资合同纠纷一案中仲裁条款效力问题的答复》(法函〔1996〕176号)中适用的由当事人选择其一仲裁机构仲裁解决的规则。上述最后一个案例重申了按照我国《仲裁法司法解释》第5条处理的现行裁判规则。

(八)请求确认仲裁协议不成立之诉

在"申请人廖某某与被申请人美国居民张某某申请确认仲裁协议效力案"[重庆一中院(2018)渝01民特556号民事裁定书(2018年10月31日)]中,申请人请求确认《借款协议》中的申请人签字非其本人所签,双方之间没有约定过仲裁条款。经查明,《借款协议》仲裁条款约定:"协议以及相关协议项下发生的争议,当事人协商不成的,应当向重庆仲裁委员会申请仲裁。"法院认为,该案的立案案由是申请确认仲裁协议效力,但申请人的实际请求是请求确认其与被申请人之间不存在仲裁协议。基于司法的谦抑性,对仲裁的司法审查应当遵循审查范围法定及审查程序法定原则。没有仲裁协议属于撤销仲裁裁决的事由,但我国现行《仲裁法》及其相关司法解释并未规定当事人可就前述争议单独提起诉讼,故基于程序法定原则,对当事人提起的前述诉讼,人民法院不予受理,已经受理的,应予驳回。据此,裁定驳回申请人的申请。

在"申请人我国台湾地区居民黄某某与被申请人何某申请确认仲裁协议效力纠纷案"[清远中院(2018)粤18民特127号民事裁定书(2018年11月23日)]中,申请人主张仲裁条款是被申请人签订《补充协议》后另行补写的,双方并没有对仲裁管辖条款达成合意。法院认为,《个人抵押借款合同》并未约定合同未尽事宜可另行议定,但之后双方协商一致补充签订了一份《补充协议》,《补充协议》系原合同不可分割的组成部分,与原合同具有同等法律效力。此外,案涉《补充协议》落款处有双方当事人签名,当事人信息、借款金额、担保标的物信息、收款银行账户、还款方式、仲裁条款等重要内容均为手写,手写部分的内容均没有涂改的痕迹,且《补充协议》载明双方各执一份,申请人未提交其持有的一份原件予以比对,故申请人主张仲裁条款是协议签订后被申请人另行补写的,证据不足,法院不予采信。鉴于案涉《补充协议》约定的仲裁条款已经包含了双方请求仲裁的意思表示、请求仲裁的事项和选定了清远仲裁委员会作为仲裁机构的内容,符合我国《仲裁法》第16条的规定,应属合法有效。因此法院认定,申请人申请确认其与被申请人之间没有达成仲裁协议的理由不成立,裁定驳回申请人的申请。

在"申请人广州市华商贸房产发展有限公司(以下简称华商贸公司)与被申请人英属维尔京群岛哈维斯特贸易投资有限公司(以下简称哈维斯特公司)申请确认仲裁协议效力案"[北京四中院(2016)京04民特39号民事裁定书(2018年1月29日)]中,申请人以其在《(资金借贷合同)条款修订协议(2005)》上加盖的公章不真实为由请求确认案涉仲裁协议无效,并请求对公章进行司法鉴定。经法院查明:申请人与被申请人于2004年签订《资金借贷合同》及《(资金借贷合同)条款修订协议(2004)》,约定将"争议事项交由香港国际仲裁中心进行终局仲裁"。2005年被申请人称其与申请人以及华顺达置业公司签订《(资金借贷合同)条款修订协议(2005)》,约定"三方之间、《资金借贷合同》和补充文件项下事宜发生纠纷,交中国国际经济贸易仲裁委员会进行终局裁判"。申请人与被申请人于2006年又签订协议,约定将争议提交广州仲裁委员会仲裁。后被申请人根据《(资金借贷合同)条款修订协议(2005)》向贸仲委提起仲裁。法院认为,申请人虽对仲裁条款的真实性提出异议,但未能提供初步证据证明《(资金借贷合同)条款修订协议(2005)》系伪造或存在我国《仲裁法》第17条、第18条规定的无效情形,不能得出上述协议中的仲裁条款不存在或无效的结论。双方其后又于2006年签订仲裁协议,对解决双方争议的仲裁机构重新达成约定,故《(资金借贷合同)条款修订协议(2005)》仲裁条款被2006年协议仲裁条款所替代而对双方不再具有约束力,对申请人提出的公章鉴定申请不予准许。据此,裁定确认《(资金借贷合同)条款修订协议(2005)》中的仲裁条款对申请人华商贸公司和被申请人哈维斯特公司不具有约束力。

我国《仲裁法》第 21 条第 1 款规定："当事人对仲裁协议的效力有异议的，可以请求仲裁委员会作出决定或者请求人民法院作出裁定。一方请求仲裁委员会作出决定，另一方请求人民法院作出裁定的，由人民法院裁定。"可以看出，我国对仲裁协议效力异议制度采取法院与仲裁机构"并存控制、法院终局决定"的原则，但对法院就仲裁协议的审查范围是否包括仲裁协议的成立及失效、仲裁协议所约束的当事人、仲裁协议所约束的仲裁事项等均未作明确规定。因此，在实践中就法院是否应当受理确认仲裁协议不成立之诉，以及受理后是否应就仲裁条款的真实性进行全面审查，存在较大争议。就诉权而言，当事人请求确认仲裁协议不成立、不存在、失效都是对仲裁协议效力提出的异议，诉讼性质上与请求确认仲裁协议无效均属于消极确认之诉，系在双方对仲裁协议的效力存有争议的情况下，一方为谋求法律关系的安定性而提起的诉讼，因此应当根据我国《仲裁法》第 20 条的规定赋予当事人诉权。对于法院受理该类案件后的审查范围如何确定，尤其在涉及签章真实性问题时，是否需要进行全面审查，在司法实践中也不无争议。法院审查范围问题，实质是确定法院或仲裁庭的权力划分模式。部分外国法院采取延后审查的模式，即在争议初期，法院仅对仲裁协议效力作表面审查，法院只有在仲裁协议明显无效的案件中才认定仲裁协议无效，即法院在受理申请撤销或执行仲裁裁决时，才对仲裁庭管辖权作全面审查。但该种审查模式建立在仲裁自裁管辖制度基础上，模式本身也存在一定争议，而我国《仲裁法》第 20 条并未建立仲裁自裁管辖原则，能否借鉴该模式值得进一步研究。

（九）仲裁事项的确定

在"申请人中国中材进出口有限公司（以下简称中材公司）与被申请人印度尼西亚麦捷能源发展有限公司（以下简称麦捷公司）、七台河金辰矿业有限公司、山东招辰建设工程有限公司申请确认仲裁协议效力案"[北京四中院（2018）京 04 民特 12 号民事裁定书（2018 年 11 月 19 日）]中，中材公司主张其与麦捷公司签订的《印尼煤矿项目货物出口合同》约定争议提交中国国际经济贸易仲裁委员会仲裁,《补充协议》虽然约定争议提交北京仲裁委员会仲裁解决,但麦捷公司没有就仲裁机构的变更合理提示申请人,故争议交由北京仲裁委员会仲裁解决并非中材公司的真实意思表示,请求确认《补充协议》仲裁条款无效。法院认为,该案系相关当事人对《补充协议》中订立的仲裁条款发生的争议,该协议请求仲裁的意思表示清楚,仲裁事项及选定的仲裁机构均清楚、明确,亦无证据证明该协议存在我国《仲裁法》第17条规定的仲裁协议无效之情形,据此裁定驳回申请人的申请。

在"上诉人马士基航运有限公司(MaerskLine A/S)(以下简称马士基公司)与被上诉人天津航星国际货运代理有限公司(以下简称航星公司)、一审被告普罗旺斯番茄制品(天津)有限公司、天津欧尚国际货运代理有限公司海上货物运输合同纠纷系列案"[(2018)津民终260号民事裁定书(2018年11月26日)]中,天津市高级人民法院认为,马士基公司起诉时主张航星公司作为托运人的货运代理人,应披露真实的托运人,如不能披露,则应被认定为托运人而承担相应责任。航星公司向马士基公司订舱托运货物系《订舱代理协议》所约定的事项。一审法院第一次庭审结束后,马士基公司补充提交《订舱代理协议》,主张航星公司具有货运代理人和船舶代理人双重身份,马士基公司按照《订舱代理协议》享有直接主张提单项下运输费用的请求权。尽管马士基公司先后提出的诉讼理由不同,但该案争议始终在《订舱代理协议》仲裁条款涵盖范围内,即属于"任何因本协议引起的或与之有关的争议",故法院认定,马士基公司和航星公司应受该仲裁条款的约束。

在司法实践中,经常出现彼此相关联的合同约定提交不同争议解决方式或不同仲裁机构解决纠纷的情况,法院通常遵循文义解释的原则确定仲裁事项。

(十)提出仲裁协议的主管异议期间

在"上诉人马士基公司与被上诉人航星公司、一审被告普罗旺斯番茄制品(天津)有限公司、天津欧尚国际货运代理有限公司海上货物运输合同纠纷系列案"中,经查明:马士基公司在第一次开庭审理后,补充提交其与航星公司签订的《订舱代理协议》,并明确按该协议向航行公司主张权利。其后,该案第二次开庭审理时,航星公司以存在仲裁协议为由提出管辖异议。天津海事法院一审认为,马士基公司起诉时请求航星公司作为托运人承担责任,而不是按照《订舱代理协议》提起诉讼。马士基公司开庭时援引《订舱代理协议》并变更诉讼依据,需要给航星公司新的答辩期。航星公司提出其与马士基公司存在有效仲裁协议的理由成立,裁定驳回马士基公司的起诉。天津市高级人民法院二审认为,尽管马士基公司先后提出的诉讼理由不同,但该案争议始终在《订舱代理协议》仲裁条款涵盖范围内,航星公司作为签订《订舱代理协议》的一方,明知该协议中有仲裁条款,却在一审法院首次开庭前未对该院受理该案提出异议,依照我国《仲裁法》第26条的规定,一审法院应当继续审理该案。据此,撤销原审裁定,该案指令天津海事法院审理。

我国《仲裁法》第26条规定:"当事人达成仲裁协议,一方向人民法院起诉未声明有仲裁协议,人民法院受理后,另一方在首次开庭前提交仲裁协议的,人民法院应当驳回起诉,但仲裁协议无效的除外;另一方在首次开庭前未对人民法院受理该案提出异议的,视为放弃仲裁协议,人民法院应当继续审理。"《仲裁法司法解释》第14条规定:"仲裁法第二十六条规定的'首次开庭'是指答辩期满后人民法院组织的第一次开庭审理,不包括审前程序中的各项活动。"在上述案例中,航星公司在首次开庭时应诉答辩,未以存在仲裁协议为由提出主管异议,已经构成应诉管辖,在前后诉讼请求并无变化的情况下,不能因法院允许其补充答辩而再行提出主管异议。

二、外国仲裁裁决的承认和执行

(一)申请承认和执行外国仲裁裁决案件的管辖权问题

1.关联案件受理地法院的管辖问题

在"申请人中源船务有限公司(以下简称中源公司)与被申请人康纳航运有限公司(以下简称康纳公司)申请承认外国仲裁裁决案"[天津海事法院(2018)津72民特2号民事裁定书(2018年5月25日)]中,双方签订航次期租合同,以"伊莲娜"轮承运一批钢材自中国天津新港运至埃及杜姆亚特港,船舶抵达目的港后,收货人向康纳公司提起货损索赔。康纳公司为避免船舶被扣押,向收货人提供担保,并根据租约在伦敦海事仲裁员协会向中源公司提起仲裁。仲裁庭作出终局裁决,裁令中源公司对货损承担责任,又作出第二裁决确定赔偿数额。中源公司请求承认第二裁决。法院认为,康纳公司住所地和财产所在地均不在我国内地,但该院受理的"(2016)津72民初501号案"中源公司作为原告,以天津市天钢国际贸易有限公司为被告,以康纳公司为第三人,就仲裁纠纷所涉运输事项提起的追偿诉讼,与仲裁案件有关联。最高人民法院《关于审理仲裁司法审查案件若干问题的规定》第3条规定:"外国仲裁裁决与人民法院审理的案件存在关联,被申请人住所地、被申请人财产所在地均不在我国内地,申请人申请承认外国仲裁裁决的,由受理关联案件的人民法院管辖。"因此,该院可以受理审查此案。该案被申请人未就《纽约公约》第5条第1款拒绝承认和执行情形提出审查事项,亦未发现存在该公约第5条第2款规定的违反可仲裁性和公共政策的情形,以及我国缔约保留事项,据此裁定承认仲裁裁决效力。

2. 管辖权异议

在"上诉人日照兴裕嘉贸易有限公司(以下简称日照公司)因与被上诉人艾地盟亚太贸易有限公司申请承认和执行外国仲裁裁决管辖权异议案"[山东高院(2018)鲁民他1号民事裁定书(2018年1月10日)]中,日照公司不服日照市中级人民法院(2016)鲁11协外认4号之一民事裁定,上诉称,其在注册地没有经营业务,主要经营业务在沂南县岸堤镇,故该案应由临沂市中级人民法院管辖。法院认为,上诉人在工商营业执照上登记的住所及案涉销售合同中注明的公司地址均为山东省日照市,属于日照市中级人民法院辖区,日照市中级人民法院对该案具有管辖权。日照公司主张其主要办事机构在沂南县岸堤镇,除其自述外未提供证据证明其主张,据此裁定驳回上诉,维持原裁定。

在"申请人庄信万丰戴维科技有限公司(以下简称庄信公司)等与被申请人鲁西化工集团股份有限公司(以下简称鲁西公司)申请承认和执行外国裁决案"[济南中院(2018)鲁01协外认7号民事裁定书(2018年8月17日)]中,

鲁西公司以其主要办事机构所在地在山东省聊城市为由提出管辖权异议。庄信公司则认为，鲁西公司拥有全资子公司鲁西南装备科技公司的股权，而后者登记地在济南。法院认为，财产所在地中级人民法院只适用于被执行人在我国无住所、居所或者主要办事机构，但财产在我国境内的自然人或法人。鲁西公司主要办事机构在山东省聊城市，裁定移送聊城市中级人民法院管辖。

3. 申请承认和执行案件的不予受理

在“上诉人昌盛贸易公司因被上诉人河南江河工业有限责任公司(以下简称江河公司)申请承认和执行国外仲裁裁决案”[江苏高院(2016)苏民终783号民事裁定书(2016年9月22日)]中，昌盛贸易公司就其与江河公司的合资争议依据合资合同仲裁条款向SCC提交仲裁请求。仲裁院裁决昌盛贸易公司享有资产清算和解散合资企业——连云港亚洲集装箱有限公司(以下简称连云港集装箱公司)的权利，以及江河公司有责任参与解散及解决在资产清算、解散中产生的问题等。昌盛贸易公司认为江河公司拥有连云港集装箱公司的资产，其主要财产所在地在江苏省连云港市，故向连云港市中级人民法院请求承认案涉仲裁裁决。连云港市中级人民法院一审认为，江河公司住所地在河南省，原连云港集装箱公司的所有资产因其他诉讼案件经强制执行程序已被清偿分配，故江河公司在连云港市已无财产。昌盛贸易公司的申请不符合法律规定的受理条件，依照我国《民事诉讼法》第119条第4项之规定，裁定对昌盛贸易公司的申请不予受理。后昌盛贸易公司提起上诉。江苏省高级人民法院认为，昌盛贸易公司未提供可初步证明江河公司财产在江苏省连云港市的证据，江河公司以及承继其债权债务的公司住所地均在河南省，故连云港市中级人民法院对该案没有管辖权，裁定驳回上诉，维持原裁定。

(二)《纽约公约》不予承认和执行抗辩事由的审查范围

1. 超出《纽约公约》第5条范围的抗辩事项

在“申请人嘉能可运营南非(私人)有限公司与被申请人北方重工集团有限公司申请承认和执行国际商会国际仲裁院21190/TO号仲裁裁决案”[沈阳中院(2018)辽01协外认8号民事裁定书(2018年9月6日)]中，被申请人抗辩认为,ICC 所述仲裁地为南非,但该仲裁院在南非并未设有仲裁机构,另仲裁裁决实体未扣除合同质保金的裁判有误。法院认为,关于 ICC 的注册地及在南非是否设有仲裁机构以及裁决金额中未扣除质保金,是否影响案涉仲裁裁决的承认及执行的问题,根据《纽约公约》第 5 条第 1 款的规定,被请求承认或执行裁决的管辖当局只有在作为裁决执行对象的当事人提出有关 5 种情况的证明时,才可以根据该当事人的要求,拒绝承认和执行该裁决。而该案被申请人未能提供证据证明存在《纽约公约》中规定的 5 种拒绝承认和执行的情况,故对被申请人的抗辩理由不予支持,裁定承认和执行涉案仲裁裁决。

2. 无抗辩事由时的审查

在"申请人广东中远海运重工有限公司与被申请人巴林王国布兰科公司申请承认与执行外国仲裁裁决案"[广州海事法院(2018)粤 72 协外认 2 号民事裁定书(2018 年 11 月 13 日)]中,被申请人未抗辩不予执行案涉英国海事裁决。法院认为,申请人与被申请人申请仲裁事项为船舶改装合同下的改装费和其他损失索赔纠纷,属于我国法律上认定的契约性商事法律关系,应当适用《纽约公约》。涉案仲裁裁决作出的时间为 2017 年 9 月 21 日,申请人于 2018 年 7 月 9 日向该院提出承认及执行该仲裁裁决的申请,未超过我国《民事诉讼法》第 239 条关于申请执行期间为 2 年的规定。被申请人未根据《纽约公约》第 5 条第 1 款的规定,对涉案仲裁裁决提出不予承认和执行的抗辩。经审查,涉案仲裁裁决未出现《纽约公约》第 5 条第 2 款规定的拒绝承认与执行的情形,承认及执行涉案裁决。

在"申请人东亚油轮公司与被申请人长成新能股份有限公司申请承认与执行外国仲裁裁决案"[广州海事法院(2018)粤 72 协外认 1 号民事裁定书(2018 年 10 月 12 日)]中,被申请人未进行抗辩,也未提交证据材料。法院查明:申请人与被申请人于 2015 年 6 月 19 日签订了"Dong-ARigel"油轮租约确认书,其中并入了船舶经纪人与代理人协会油轮航次租船格式合同(Asbatankvoy)的条款。租约确认书约定,共同海损理算及争议应根据英国法律在伦敦进行仲裁。因与被申请人就滞期费发生争议,申请人提起仲裁。法院认为，涉案仲裁裁决作出的时间为2017年5月15日且裁决立即履行，申请人于2018年4月2日向法院提出承认及执行该仲裁裁决的申请，未超过我国《民事诉讼法》第239条关于申请执行期间为2年的规定。申请人提交的仲裁裁决书经过法定的公证认证及中文译本，也提交了航次租约及其中文译本，其申请在文件提交方面符合《纽约公约》第4条的规定。被申请人未根据《纽约公约》第5条第1款的规定，对涉案仲裁裁决提出不予承认和执行的抗辩。法院经审查，涉案英国仲裁裁决书未出现《承认及执行外国仲裁裁决公约》第5条第2款规定的拒绝承认与执行的情形，裁定承认与执行涉案裁决。

在"申请人中源船务有限公司与被申请人康纳航运有限公司申请承认外国仲裁裁决案"[天津海事法院(2018)津72民特2号民事裁定书(2018年5月25日)]中，被申请人未就《纽约公约》第5条第1款拒绝承认和执行情形提出审查事项，亦未发现存在该公约第5条第2款规定的违反可仲裁性和公共政策的情形，以及我国缔约保留事项，据此裁定承认仲裁裁决效力。

(三)仲裁协议成立问题

在"申请人俄罗斯弗拉基米尔市俄瓦尔弗有限公司与被申请人浙江台州黄岩精正模具有限公司申请承认和执行外国仲裁裁决纠纷案"[台州中院(2018)浙10协外认1号民事裁定书(2018年4月4日)]中，被申请人答辩认为，双方当事人之间实际生效的合同没有约定相关的仲裁条款，因此俄罗斯仲裁机构没有管辖权。法院认为，双方签订的买卖合同文本语言为英文和俄文，每一页均加盖有"浙江台州黄岩精正模具有限公司"字样的印章，并有该公司法定代表人"王某某"字样的签名，其中该合同第13条仲裁条款明确约定相关争议提交俄罗斯联邦工商会国际商事仲裁庭仲裁，被申请人精正公司抗辩不能成立，裁定承认和执行涉案仲裁裁决。

在"申请人瑞士路易达孚商品有限责任公司(以下简称路易达孚公司)与被申请人宁波前程进出口有限公司(以下简称前程公司)申请承认和执行外国仲裁裁决案"[宁波中院(2015)浙甬仲确字第5号民事裁定书(2018年2月24日)]中，被申请人辩称，前程公司从未收到双签的合同版本，涉案合同并未成立,双方未就仲裁条款达成一致意见,国际棉花协会没有管辖权,请求驳回路易达孚公司的申请。法院认为,根据查明事实,国际棉花协会依据路易达孚公司的申请,对争议的22份原棉销售合同进行仲裁。从争议双方就上述22份合同的协商过程来看,路易达孚公司于2012年10月8日向前程公司发送"合同终止函",并且附有涉案22份原棉销售合同在内的所有合同编号清单。前程公司在2012年10月26日的答复中对于上述22份合同的成立并未提出异议,仅要求根据其履行困难的情况进一步协商。前程公司的该答复函不仅表明案涉22份合同已经成立,同时也证明双方就合同中包含的仲裁条款达成合意,国际棉花协会有权依据合同中的仲裁条款进行仲裁,据此,裁定承认和执行涉案裁决。

(四)仲裁程序问题

1. 证据提交问题

在"申请人瑞士路易达孚商品有限公司(以下简称路易达孚公司)与被申请人宁波前程进出口有限公司(以下简称前程公司)申请承认和执行外国仲裁裁决案"[宁波中院(2015)浙甬仲确字第5号民事裁定书(2018年2月24日)]中,被申请人辩称,前程公司未收到国际棉花协会作出的裁决书,前程公司也从未收到双签的合同版本,涉案合同并未成立,双方未就仲裁条款达成过一致意见,国际棉花协会没有管辖权;路易达孚公司于仲裁开始一年多后即2014年1月29日方才提交S1043、S1044、S1045三份合同所谓的双签版本,且其提交时间也超过了仲裁庭所设定的2014年1月16日的文件最晚提交日期,故仲裁程序违法。综上所述,请求驳回路易达孚公司的申请。法院认为,国际棉花协会于2014年10月29日通过电子邮件已经向前程公司送达了裁决书;关于前程公司提出的三份合同的提交时间问题,法院经审查认为,虽然该三份合同的提交时间确实晚于仲裁庭所指定的证据提交期间,但该程序瑕疵并不属于《纽约公约》所规定的拒绝承认和执行仲裁裁决的情形。

2. 适当通知问题

在"申请人金光农业国际私人有限公司(Goldenagri International PTE Ltd.)与被申请人山东昌华事业发展有限公司(以下简称昌华公司)申请承认

新加坡国际仲裁中心仲裁案”[山东日照中院(2017)鲁11协外认4号民事裁定书(2018年8月23日)]中,被申请人昌华公司抗辩称,被申请人已经进入破产程序,公司邮件收发管理混乱,应当由申请人举证证明已适当通知。法院认为,有关指定仲裁员通知等问题,送达地址为被申请人的地址,即山东省日照市岚山区安东卫昌华工业园,送达查询页显示邮件到达中国青岛后的转派件详情无法查询,但均显示已送达,而涉案仲裁裁决书首次送达显示为未送达、退回发件人,未送达的邮件查询结果与已送达但送达详情无法查询的邮件相较,可以认定之前指定仲裁员等通知均已送达被申请人。裁定承认涉案仲裁裁决。

在“申请人黎曰九与被申请人北海新中利贸易有限公司(以下简称新中利公司)申请承认和执行外国仲裁裁决案”[最高人民法院(2018)最高法民他9号复函]中,被申请人抗辩认为,其未收到仲裁庭的相关材料。最高人民法院复函认为,根据越南国际仲裁中心的仲裁规则第3条“通告、资料的发送,时限计算方式:中心可直接或者通过挂号信、电子信件、传真或者确认寄送形式中的任何其他方式按照各方提供的地址给各方寄送通告、资料。中心给各方寄送的通告、资料在已经寄达的通告、资料符合第2款时视为在各方已经收件或者视为已经在送件日期收件”的规定,虽然邮寄方式为仲裁规则所许可,但寄送结果仍应实际达到或足以推定达到,使接受邮寄一方获得“适当通知”。新中利公司的登记注册地址和争议合同中所载地址是相同的,越南国际仲裁中心仲裁庭有机会亦能按照正确地址送达。现有证据表明,仲裁庭仅在送达裁决书的第5次寄送中正确书写了新中利公司的地址。鉴于第2次、第3次寄送内容为开庭通知、仲裁庭组成通知,第4次寄送内容为要求双方当事人提交案件材料,上述寄送内容均为当事人在仲裁程序中应当享有的重要程序权利并直接影响其申辩权的行使,结合该案仲裁被申请人在仲裁程序中没有应诉、没有选择仲裁员等实际情形,仲裁庭在送达方面未尽谨慎义务并已实际造成剥夺当事人申辩权的结果。第5次送达尽管地址正确,但因仲裁程序已经终结,无法构成对上述重大程序瑕疵的有效弥补。案涉仲裁裁决存在《纽约公约》第5条第1款乙项规定之情形,越南国际仲裁中心作出的案涉仲裁裁决不应予以承认和执行。

3. 仲裁庭组成问题

在"申请人金光农业国际私人有限公司与被申请人山东昌华公司申请承认新加坡国际仲裁中心仲裁案"[山东日照中院(2017)鲁11协外认4号民事裁定书(2018年8月23日)]中,被申请人昌华公司抗辩称被申请人已经进入破产程序,公司邮件收发管理混乱,应当由申请人举证证明已适当通知;根据仲裁条款约定,仲裁庭应由3名仲裁员组成,一方当事人应在任何一方提出书面请求后的14日内任命一名仲裁员,如一方当事人在该条规定的期限内没有或拒绝指定仲裁员,则另一方可以书面通知对方,如在7日内仍未指定仲裁员的,另一方指定的仲裁员即成为独任仲裁员。在被申请人未提名仲裁员的情况下,新加坡国际仲裁中心任命了申请人一方指定的仲裁员为独任仲裁员,该仲裁庭组成的约定和实际指定方式违反了《新加坡国际仲裁中心仲裁规则》第8条的规定。法院认为,关于仲裁庭组成是否违反新加坡国际仲裁中心仲裁规则的问题,合同仲裁条款约定3人仲裁庭无法组成时即改为独任仲裁,此项约定并不违反新加坡国际仲裁中心的仲裁规则。

(五)公共政策问题

在"申请人株式会社ACUON资本与被申请人田某等申请承认及执行国外仲裁裁决案"[吉林延边朝鲜族自治州中院(2018)吉24协外认163号民事裁定书(2018年11月15日)]中,被申请人抗辩认为,案涉连带保证合同是中国公民向韩国企业的借款提供保证,没有到外汇管理局办理境外担保批准和登记,系无效担保合同;承认或执行大韩商事仲裁院作出的仲裁裁决将严重违反我国公共政策。法院认为,所涉仲裁裁决系在韩国作出,我国和韩国均为《纽约公约》缔约国,涉案仲裁裁决是否应当予以承认和执行,应依照上述公约和我国《民事诉讼法》的相关规定予以审查。大韩商事仲裁院依当事人签订合同中约定的准据法即韩国法律来进行仲裁,不具有上述《纽约公约》第5条规定的情形。承认与执行该案的仲裁裁决,亦不违反我国的公共政策。因此,裁定承认和执行大韩商事仲裁院作出的仲裁裁决。

在"申请人韩国沧溟海运株式会社与被申请人河北远洋运输集团股份有

限公司（以下简称远洋公司）申请承认外国仲裁裁决案”［青岛海事法院（2018）鲁72协外认1号民事裁定书（2018年11月5日）］中，被申请人远洋公司抗辩认为，对外担保未经外汇主管部门批准，违反我国公共政策。法院认为，远洋公司未经我国有关主管机关批准或者登记对外担保的行为，虽然违反我国有关对外担保的法律规定和国家外汇管理政策，但承认案涉仲裁裁决不会导致违反我国法律基本原则、侵犯我国国家主权、危害国家及社会公共安全、违反善良风俗等危及我国根本社会公共利益的情形，故对其公共政策抗辩主张，不予支持。

在“申请人帕尔默海运公司（以下简称帕尔默公司）与被申请人中牧实业股份有限公司（以下简称中牧公司）申请承认和执行外国仲裁裁决案”［天津海事法院（2017）津72协外认1号民事裁定书（2018年8月11日）；最高人民法院（2017）最高法民他140号复函］中，最高人民法院复函认为，中牧公司于2016年5月向广州海事法院起诉，要求帕尔默公司承担货损责任，帕尔默公司以双方存在仲裁协议为由提出管辖权异议，最高人民法院以（2017）最高法民他83号复函答复广东省高级人民法院，认为租约中的仲裁条款未并入提单且提单背面仲裁条款无效，广州海事法院于2017年10月16日裁定驳回帕尔默公司管辖权异议，广东省高级人民法院于2018年1月驳回帕尔默公司上诉。法院认为，在中国法院已对当事人之间仲裁条款存在及效力作出否定性判断的前提下，如承认及执行基于上述仲裁条款作出的仲裁裁决，其结果是在同一法域针对相同事实作出截然相反的司法判断，有违国家法律价值观念的统一和一致，不应当被排除在“公共政策”范围之外。根据《纽约公约》第5条第2款乙项之规定，对伦敦仲裁庭于2016年9月9日作出的仲裁裁决不应予以承认和执行。

从上述申请承认和执行外国仲裁裁决的案例可以看出：第一，近年来申请承认和执行外国仲裁裁决案件的管辖权异议纠纷有上升趋势，其不乏当事人利用管辖权异议拖延程序的情形。根据最高人民法院《关于执行我国加入的〈承认及执行外国仲裁裁决公约〉的通知》第3条的规定，对当事人的承认和执行申请，由被执行人户籍所在地、居所地、法人主要办事机构所在地的中级人民法院受理,被执行人在我国无住所、居所或主要办事机构,但有财产在我国境内的,由财产所在地中级人民法院受理。上述规定的管辖权连接点过窄。2018年1月实施的最高人民法院《关于审理仲裁司法审查案件若干问题的规定》第3条扩大了管辖权连接点,规定被申请人住所地、被申请人财产所在地均不在我国内地,外国仲裁裁决与人民法院审理的案件存在关联的,由受理关联案件的人民法院管辖;与我国内地仲裁机构审理的案件存在关联的,由受理关联案件的仲裁机构所在地的中级人民法院管辖。今后应进一步明确申请人有权选择任一管辖权连接点的中级人民法院提出承认和执行申请,便利裁决的执行。第二,各法院受理承认和执行裁决申请后,围绕被申请人的抗辩事由进行审查,凡被申请人未提出《纽约公约》第5条第1款不予承认和执行情形的,人民法院不予审查。同时,各法院明确区分该公约第5条第1款由被申请人举证证明拒绝承认和执行的情形和第5条第2款人民法院依职权主动审查的情形,较好保障了《纽约公约》的准确执行。第三,在仲裁程序主要审查是否违反当事人约定以及当事人同意适用的仲裁规则。根据《纽约公约》第5条第1款乙项的规定,如当事人未接获关于指派仲裁员或仲裁程序的适当通知导致未能申辩,构成拒绝承认与执行仲裁裁决的法定事由。在判断适当通知标准时,要求实际到达或者根据仲裁规则足以推定受送达一方已经获得适当通知。第四,继续把握严格界定公共政策的原则,承认仲裁裁决不会导致违反我国法律基本原则、侵犯我国国家主权、危害国家及社会公共安全、违反善良风俗等危及我国根本社会公共利益的情形,则对公共政策的抗辩主张不予支持。值得关注的是,近年来出现了仲裁条款效力确认的国际平行程序,即一方在境外依据仲裁条款提起仲裁,另一方则在国内起诉请求确认仲裁条款无效。由于请求确认仲裁条款效力的冲突规范与《纽约公约》的规定不完全相同,因此至外国仲裁裁决申请承认和执行阶段,往往会面临中国法院确认仲裁条款无效的裁定已经生效的情形。法院从维护司法主权及生效裁定既判力的角度,会通过公共政策条款拒绝承认和执行外国仲裁裁决。涉外仲裁条款效力确认的平行程序和裁定既判力问题值得今后进一步研究。

三、对我国港澳台地区仲裁裁决的认可和执行

（一）超范围裁决

在“申请人英属开曼群岛商智龙二基金公司（以下简称智基公司）与被申请人周某庭等申请认可和执行香港国际仲裁中心仲裁裁决案”［北京四中院（2016）京04认港2号民事裁定书（2018年4月16日）］中，被申请人其中一项抗辩事由为，申请人申请认可裁决时，仅选择21名仲裁被申请人中的12名被申请人，导致所余9名当事人无法陈述意见。法院认为，根据该案查明的事实，涉案仲裁裁决共有21名被申请人，申请人智基公司在提起仲裁时，仅请求中国职业教育有限责任公司和5名创始人，即周某庭、周某奎、郑某某、陈某某、李某某和瑞明公司共7名主体承担赎回、回购义务，但仲裁裁决第1项、第2项却裁决所有仲裁被申请人承担回购义务，显然超出了智基公司提出的仲裁请求。且涉案仲裁裁决系将所有21名被申请人作为一个整体作出裁决，裁决事项不可分，应整体不予认可和执行，故根据最高人民法院《关于内地与香港特别行政区相互执行仲裁裁决的安排》（以下简称《执行裁决安排》）第7条第1款第3项的规定，裁定不予认可和执行案涉仲裁裁决。

（二）违反法定程序

在“申请人亚洲海事太平洋租船有限公司（以下简称太平洋公司）与被申请人匹克国际贸易（天津）有限公司（以下简称匹克公司）申请执行香港特别行政区仲裁裁决案”［天津海事法院（2018）津72民特13、14号（2018年10月30日）］中，被申请人抗辩认为，航次租船合同解决争议条款表述为“香港仲裁，适用英国法，其他条款依据GENCON 1994租船合同格式”，即中国香港特别行政区只是仲裁地点，应当适用英国仲裁程序法及英国实体法，该案仲裁援引中国香港特别行政区仲裁程序法《仲裁条例》解决争议错误。匹克公司在太平洋公司代理律师的误导下，错误认可并选择独任仲裁员，仲裁庭由太平洋公司单方选定的仲裁员组成，违反仲裁规则，构成《执行裁决安排》第7条第4项“仲裁庭的组成或者仲裁程序与当事人之间的协议不符”的不予执行的情形。法院

认为,涉案《租船确认书》第 13 条约定:"租船合同将在英国法下进行,如有仲裁,将在香港进行,仲裁裁决作为最终结果。"上述约定应理解为仲裁地为中国香港特别行政区,合同适用的实体法为英国法,因此仲裁适用程序法应为仲裁地法律,即中国香港特别行政区《仲裁条例》。香港国际仲裁中心根据《仲裁条例》决定该案由独任仲裁员进行审理,双方当事人共同选定独任仲裁员进行仲裁不违反当事人的协议,因此裁定执行涉案裁决。

在"来宝资源国际私人有限公司、天津市滨海新区枫泽商贸有限公司申请认可和执行香港特别行政区仲裁裁决案"[天津二中院(2018)津 02 认港 1 号民事裁定书(2018 年 6 月 27 日)]中,被申请人认为,申请人没有提供案件所涉的实际合同,仲裁程序违法。法院认为,香港国际仲裁中心裁决系依照双方当事人之间合法有效的仲裁条款作出的,被申请人虽然主张仲裁程序违法,但没有提供相应的证据予以证实。申请人的申请在我国《民事诉讼法》第 239 条规定的期限内提出,且裁决不存在我国《执行裁决安排》第 7 条所列明的可不予执行情形,亦不违反我国内地社会公共利益及香港特别行政区的公共政策,故裁定执行案涉裁决。

(三)管辖权异议

在"上诉人商洛比亚迪实业有限公司(以下简称比亚迪公司)与被上诉人施密德公司申请承认和执行香港国际仲裁中心 HKIAC/A15034 号仲裁裁决案"[陕西高院(2018)陕民辖终 136 号(2018 年 12 月 16 日)]中,申请人向西安市中级人民法院申请认可和执行裁决,被申请人提出管辖权异议称,比亚迪公司的住所地、所涉争议标的物及所涉财产所在地为陕西省商洛市中级人民法院,西安市中级人民法院对该案没有管辖权。陕西省高级人民法院认为,依据最高人民法院《关于涉外民商事案件诉讼管辖若干问题的规定》第 1 条第 2 项规定的第一审涉外民商事案件由"省会、自治区首府、直辖市所在地的中级人民法院管辖"以及最高人民法院《关于指定陕西省咸阳市、宝鸡市、汉中市中级人民法院管辖一审涉外民商事案件的批复》的规定,陕西省商洛市无涉外民商事案件管辖权,故该案应由陕西省省会所在地的西安市中级人民法院管辖。一审法院裁定驳回比亚迪公司提出的管辖权异议，并无不当。裁定驳回上诉，维持原裁定。

2018 年未查找到申请认可和执行我国澳门特别行政区和我国台湾地区仲裁裁决的案例。从涉我国香港特别行政区仲裁裁决案例来看，能够按照《执行裁决安排》的规定进行审查，但在公共政策审查表述方面，出现了同时审查是否违反我国内地社会公共利益和香港特别行政区公共政策的情况，不符合我国《执行裁决安排》第 7 条第 3 款“内地法院认定在内地执行该仲裁裁决违反内地社会公共利益，或者香港特区法院决定在香港特区执行该仲裁裁决违反香港特区的公共政策，则可不予执行该裁决”的规定要求我国内地法院仅审查裁决是否违反内地社会公共利益的内容。此外，从便利仲裁裁决执行的角度来看，今后似乎可以考虑参照最高人民法院《关于适用〈中华人民共和国民事诉讼法〉执行程序若干问题的解释》第 3 条的规定，对管辖权异议裁定采取向上一级人民法院复议，但复议期间不停止认可和执行程序的做法，防止当事人滥用管辖权异议拖延裁决执行。

四、涉外、涉我国港澳台地区仲裁裁决的撤销和不予执行审查

(一) 对最高人民法院第 15 号批复的理解

最高人民法院第 15 号批复《关于对上海市高级人民法院等就涉及中国国际经济贸易仲裁委员会及其原分会等仲裁机构所作仲裁裁决司法审查案件请示问题的批复》自 2015 年 7 月 17 日起施行。该批复第 3 条规定，批复施行之前，中国贸仲委或者华南贸仲、上海贸仲已经受理的根据该批复第 1 条规定不应由其受理的案件，当事人在仲裁裁决作出后以仲裁机构无权仲裁为由申请撤销或者不予执行仲裁裁决的，人民法院不予支持。该批复对于上述各仲裁机构受理同一纠纷并作出裁决是否得予撤销或不予执行，没有作出相应规定。但目前已有司法案例明确，该批复第 3 条有一定的适用前提，即必须是人民法院并未受理当事人申请确认仲裁协议效力之诉并作出相关裁定。在人民法院对确认仲裁协议效力之诉已作出生效裁定的情况下，应按照生效裁定的结果办理。

（二）无权仲裁问题

在“申请人惠州兴鑫涂料化工有限公司（以下简称兴鑫公司）与被申请人韩国居民金源市申请撤销仲裁裁决纠纷案”［广州中院（2018）粤01民特383号民事裁定书（2018年10月17日）］中，兴鑫公司主张的撤裁事由为：兴鑫公司与金源市之间形成的是事实劳动合同关系，不是商事关系，案涉仲裁条款无效，广州仲裁委对案涉纠纷无管辖权。经查明：广州仲裁委受理案件后，兴鑫公司向广州市中级人民法院提起申请确认仲裁协议效力之诉，该院裁定认为案涉《技术合作协议》对双方合作宗旨、权利义务、合作期限、利润分配、损失承担、研究开发成果及其相关知识产权权利归属、合同解除、竞业限制、违约责任等内容进行了明确约定，符合普通商事合同的一般规范，不能得出《技术合作协议》属于劳务合同的结论，《技术合作协议》中的仲裁条款合法有效。广州市中级人民法院认为：该院生效裁定已经认定案涉《技术合作协议》在形式上符合商事合同的特征，其中的仲裁条款合法有效，广州仲裁委有权受理金源市提起的仲裁申请；在兴鑫公司无足够相反证据足以推翻生效裁定认定事实的情况下，以相同事由申请撤销仲裁裁决，事实和法律依据不足，不予支持，裁定驳回其撤裁申请。

我国《仲裁法》第77条规定：“劳动争议和农业集体经济组织内部的农业承包合同纠纷的仲裁，另行规定。”根据我国《劳动争议调解仲裁法》第2条的规定，中国境内的用人单位与劳动者发生的劳动争议，适用该法，即诉讼前置的劳动仲裁程序。因此，实践中经常产生当事人之间争议是否为劳动争议的认定。该案例及相关联的仲裁条款效力确认案例，根据所涉合同的合作事项、利润分配及损失承担，认定具有商事合同的特征，体现了人民法院尊重当事人仲裁意愿、尽可能使仲裁条款效力得以确认的价值取向。

（三）仲裁协议范围的解释

在“申请人正成石油投资有限公司（以下简称正成公司）与被申请人阳光国际有限责任公司（以下简称阳光国际）、原仲裁第二被申请人吉利企业有限公司（以下简称吉利公司）申请撤销仲裁裁决案”［最高人民法院（2018）京04

民特179号民事裁定书（2018年9月27日）］中，申请人正成公司主张，《合同主体变更三方协议》约定由中国石油集团解决争议，应视为对解决争议的机构无任何约定，且正成公司作为保证人没有参加主合同的签订，故其与阳光国际之间没有仲裁协议。经法院查明：阳光国际与正成公司签订合同，约定正成公司向阳光国际购买活动板房，争议提交中国石油集团相关单位处理。双方又签订补充协议，约定争议提交贸仲委依据其仲裁规则仲裁，并约定原合同与该合同不一致的地方，以该协议为准，原合同其他条款继续有效。其后，阳光国际、正成公司和吉利公司签订《合同主体变更三方协议》，约定吉利公司取代正成公司成为买方，正成公司提供连带保证责任，除本协议约定情形外，既有合同其他内容不变。法院认为，通过当事人签订的多份合同可知，正成公司与阳光国际签订的补充协议中约定了贸仲委作为买卖合同项下争议的解决机构，双方达成了合法有效的仲裁协议。其后签订的《合同主体变更三方协议》不仅没有对上述仲裁条款进行变更，也没有对争议解决条款作出其他约定，相反还明确"既有合同其他内容不变"，因此，上述仲裁条款约束正成石油、阳光国际和吉利公司，故裁定驳回正成公司的撤裁申请。

在"申请人北京克运物流有限公司（以下简称克运公司）与被申请人泛化建设集团有限公司（以下简称泛化公司）申请撤销仲裁裁决案"［天津海事法院（2018）津72民特1号之一民事裁定书（2018年8月13日）］中，申请人认为，克运公司和泛化公司签订的安哥拉共和国罗安达社会住房项目《海运和货运代理合同》约定，相关争议交由贸仲委仲裁解决。上述合同履行期间，发生天津港"8·12"特大安全责任事故，克运公司和泛化公司为此签订了《社会住房项目关于损毁物资补偿事宜处理协议》（以下简称《处理协议》）。鉴于《海运和货运代理合同》中的仲裁条款不得适用于解决处理协议的纠纷，故请求撤销案涉仲裁裁决。法院认为，涉案裁决是依据《处理协议》对《海运和货运代理合同》项下纠纷作出裁决，而并非对《处理协议》纠纷作出裁决。《海运和货运代理合同》第9.2条约定，"在本合同履行过程中，如发生争议……任何一方可以在北京向中国国际经济贸易仲裁委员会申请仲裁"，根据我国《仲裁法司法解释》第2条“当事人概括约定仲裁事项为合同争议的，基于合同成立、效力、变更、转让、履行、违约责任、解释、解除等产生的纠纷都可以认定为仲裁事项”的规定，《海运和货运代理合同》中的仲裁条款可以涵盖涉案仲裁的裁决事项。《处理协议》有无仲裁条款，并不影响《处理协议》在涉案仲裁程序中的证据效力，故裁定驳回申请人的撤裁申请。

在“申请人乐视控股（北京）有限公司（以下简称乐视公司）与被申请人上海奇成悦名投资合伙企业（有限合伙）、原仲裁被申请人贾某某申请撤销仲裁裁决案”［北京四中院（2018）京04民特439号民事裁定书（2018年12月25日）］中，申请人乐视公司主张的撤裁事由为：仲裁裁决裁令乐视公司承担连带保证责任，但乐视公司的保证责任系两份《承诺及保证函》项下约定的事项，而《承诺及保证函》并无仲裁条款，裁决超出了《可转债购买协议》中仲裁条款约定的仲裁范围，依法应予撤销。法院认为，《中国国际经济贸易仲裁委员会仲裁规则》（2015年修订版）第6条第4项规定，当事人对仲裁协议及（或）仲裁案件管辖权的异议，应当在仲裁庭首次开庭前书面提出。该案乐视公司并未在仲裁首次开庭前以书面的方式向仲裁庭提出仲裁协议或仲裁案件管辖权异议，而且在仲裁程序中参与了仲裁员的指定并就仲裁申请人的申请进行了实体答辩，应当认定其已经接受仲裁庭对该案的管辖。故乐视公司在仲裁裁决作出后提出仲裁当事人之间不存在仲裁协议的撤裁理由，不予支持。该案是债权人起诉保证人承担担保责任的案件，仲裁庭对担保合同的审查不能脱离对主合同履行情况的审查，仲裁庭根据《可转债购买协议》中仲裁条款的约定审理保证合同纠纷，不属于裁决事项超出仲裁协议约定的范围，故裁定驳回撤裁申请。

在“申请人华科实业发展有限公司（以下简称华科公司）与被申请人维尔京群岛恒丰房地产有限公司（以下简称恒丰公司）（Hang Fok Properties LTD.）申请撤销仲裁裁决案”［北京四中院（2016）京04民特47号民事裁定书（2018年9月4日）］中，申请人主张的撤裁事由为：法院生效裁定认定恒丰公司主体不适格，无权要求华科公司返还1.45亿元股权转让款及利息，案涉仲裁裁决却要求华科公司向恒丰公司返还1.45亿元股权转让款及利息，违反“一事不再理”原则。经法院查明：双方签订的《股权转让协议书》约定，华科公司向恒丰公司转让在世纪城市公司中持有的36%股权，股权转让款为2.1亿元；华科公司确认尚欠恒丰公司1.45亿元债务，与恒丰公司需付的等值股权转让款相冲抵，恒丰公司无须再付1.45亿元股权转让款。同日，华科公司及其关联公司骏达投资有限公司（以下简称骏达公司）、恒丰公司及其关联公司百利保国际有限公司（以下简称百利保公司）签订《补充协议》，约定由华科公司承担并负责骏达公司总计1.45亿元债务，直接支付至百利保公司指定账户；百利保公司指示华科公司将华科公司代替骏达公司支付的1.45亿元欠款支付给恒丰公司。华科公司仲裁请求解除《股权转让协议书》和《补充协议》，恒丰公司返还股权，贸仲委裁决予以支持，但认为对《补充协议》产生的四方之间的权利义务关系无管辖权。恒丰公司遂以欠款纠纷起诉至北京市高级人民法院，要求华科公司、骏达公司偿付债务1.45亿元。案经北京市高级人民法院、最高人民法院审理认为，恒丰公司主体不适格，裁定驳回起诉。恒丰公司向贸仲委申请仲裁，贸仲委裁决华丰公司向恒丰公司返还1.45亿元股权转让款及相应利息等。法院认为，案涉仲裁裁决华科公司向恒丰公司返还1.45亿元股权转让款及利息等，处理的均是因《股权转让协议书》发生的或与该协议有关的争议，裁决事项并未超出仲裁协议范围。从有利于彻底解决纠纷的角度，该案所涉仲裁裁决与最高人民法院生效裁判并不矛盾，对华科公司来说，实体上也不会产生双重还款责任问题，故对华科公司所称仲裁裁决否定了法院生效裁定的撤裁理由，该院不予采纳，裁定驳回撤裁申请。

仲裁管辖权的基础是仲裁协议，如仲裁裁决对不属于仲裁协议约定范围内的事项进行了裁决，则违背当事人真实意愿，从而欠缺正当依据。如何解释仲裁协议的范围，在实践中易发生争议。从上述案例来看，法院对于概括性仲裁事项的约定，对仲裁协议范围进行从宽解释。从主合同和补充协议的关系上来看，通常认为两者属于一个合同关系，仲裁条款对整个合同项下的争议均具有约束力，除非补充协议对争议解决条款另有约定。

(四)仲裁程序问题

1. 变更仲裁请求未给予新的答辩期

在"申请人刘某某与被申请人冯某某、吴某某、程某某、广州市隆泰物业有限公司申请撤销仲裁裁决案"[广州中院(2018)粤01民特72号民事裁定书(2018年9月13日)]中,法院认为,冯某某提出的仲裁请求是解除其与吴某某、程某某签订的《广州市存量房买卖合同》,仲裁庭审过程中,冯某某拟变更该项仲裁请求为解除其与刘某某之间签订的《广州市存量房买卖合同》,刘某某当即提出异议,并表示需要举证期和答辩期。仲裁庭经合议未接受该变更,但最终裁决却解除冯某某与刘某某之间的《广州市存量房买卖合同》,客观上使刘某某未对是否解除其与冯某某签订的《广州市存量房买卖合同》进行答辩。仲裁庭未就变更的仲裁请求给予刘某某新的答辩期,违反了《广州仲裁委仲裁规则》第20条的规定,裁定撤销涉案仲裁裁决。

2. 延长仲裁期限问题

在"申请人A-one Products Bottlers Ltd.(以下简称A-one公司)与被申请人广州达意隆包装机械股份有限公司、香港华运实业有限公司申请撤销仲裁裁决案"[北京四中院(2018)京04民特4号民事裁定书(2018年4月8日)]中,申请人主张的撤裁事由为:贸仲委存在故意拖延裁判的行为,违反法定程序。经查明,2016年1月A-one公司向贸仲委提交仲裁申请;2016年6月贸仲委组成仲裁庭审理该案;2016年12月贸仲委仲裁院函告双方,因仲裁程序进行的需要,经仲裁庭申请,同意裁决作出期限延长至2017年6月8日。2017年5月贸仲委作出裁决。法院认为,《中国国际经济贸易仲裁委员会仲裁规则》(2015年版)第48条"(一)仲裁庭应当在组庭后6个月内作出裁决书。(二)经仲裁庭请求,仲裁委员会仲裁院院长认为确有正当理由和必要的,可以延长该期限"的规定,因申请人并未提供充分有效证据证实仲裁庭存在故意拖延裁判的事实,撤裁理由不能成立。裁定驳回撤裁申请。

在"申请人陕西华钼实业有限公司(以下简称华钼公司)与被申请人ICDALLoys and Metals LLC.申请撤销仲裁裁决案"[北京四中院(2018)京04

民特363号民事裁定书(2018年11月20日)]中,申请人华钼公司主张,仲裁庭的两次延期决定及送达通知均是在超过审限的情况下作出的,仲裁程序违法。法院认为,申请人华钼公司虽在原定的审限到期后收到仲裁庭发出的关于延长裁决作出期限的决定,但未影响申请人华钼公司陈述意见等权利,其主张不能成立,裁定驳回其撤裁申请。

3. 关于证据问题

在"申请人陕西华钼实业有限公司与被申请人ICD ALLoys and Metals LLC.(以下简称ICD公司)申请撤销仲裁裁决案"[北京四中院(2018)京04民特363号民事裁定书(2018年11月20日)]中,申请人主张的撤裁事由为:ICD公司属于美国企业,其未按照我国《民事诉讼法》的规定办理经公证认证的委托手续,提交的所有域外证据也没有履行公证、认证手续且未提交相关的中文译本。法院认为,上述事由系案件的证据采信问题,不属于法律规定的撤销涉外仲裁裁决的事由,该院不予审查。

4. 关于鉴定问题

在"申请人吉林利源精制股份有限公司(以下简称利源公司)与被申请人德国摩比亚铝加工系统有限公司(HACO-MUBEASYSTEMEGMBH)申请撤销仲裁裁决案"[北京四中院(2018)京04民特448号民事裁定书(2018年12月5日)]中,利源公司主张的撤裁事由为:涉案设备是否具备五轴联动功能是该案纠纷的关键,而鉴定是否具备五轴联动功能最合理的办法就是"带载测试",仲裁庭以双方未能达成"带载测试"一致意见,决定不进行"带载测试",违反了仲裁法的规定。法院认为,仲裁庭系因利源公司没有垫付鉴定费而未进行带载测试鉴定,最终采信了鉴定机构出具的非有载测试的鉴定意见书。对鉴定结论的采信与否,属仲裁庭对案件证据及事实认定行使自由裁量权的行为,且该行为并不违反我国《仲裁法》及贸仲委仲裁规则的相关规定,裁定驳回利源公司的撤裁申请。

5. 关于仲裁前置程序问题

在"申请人乐视公司与被申请人上海奇成悦名投资合伙企业(有限合伙)

(以下简称上海奇成公司)、原仲裁被申请人贾某某申请撤销仲裁裁决案”[北京四中院(2018)京04民特439号民事裁定书(2018年12月25日)]中,申请人乐视公司主张的撤裁事由为:根据《可转债购买协议》第14.2条的约定,只有在双方进行协商30天内仍不能解决争议的情况下,一方才能提请仲裁。上海奇成公司提起仲裁时未满足协商期前置程序的要求,裁决应予撤销。法院认为,上海奇成公司是依据《转让协议》,从出让方QCLTD公司受让主协议、可转债、保证函及其他所有交易文件项下的所有权利,包括债权人要求债权实现的权利。QCLTD公司向原债务人、乐视公司和贾某某发出赎回通知的时间到上海奇成公司提起该案仲裁,已满足30天协商期的要求,故上海奇成公司已履行前置程序,裁定驳回撤裁申请。

涉外、涉我国港澳台地区裁决的仲裁程序合法性审查依据我国《民事诉讼法》第274条第1款第2项“被申请人没有得到指定仲裁员或者进行仲裁程序的通知,或者由于其他不属于被申请人负责的原因未能陈述意见的”以及第3项“仲裁庭的组成或者仲裁的程序与仲裁规则不符的”的规定开展。从上述案例来看:一是法院普遍认为,仲裁庭对证据包括鉴定结论的采信问题,属于实体问题,不是仲裁程序合法性的审查范畴;二是对于在审限之后送达延长裁决作出期限决定等较轻微的程序瑕疵,如没有对当事人的权利产生实质影响的,不认定构成撤裁情形;三是对于没有给予仲裁规则规定的答辩期间的,构成仲裁程序违反仲裁规则的应予撤裁情形。上述做法较好地保障了仲裁程序的制度价值,一方面,保证仲裁过程中双方当事人平等参与;另一方面,保障了仲裁有效率地进行,不因轻微瑕疵而撤销仲裁裁决。

(五)仲裁调解书的撤销

在“美国居民张某某与被申请人林某某、杨某某、广东恒生富通置业有限公司、南澳县恒生富通房地产开发有限公司申请撤销仲裁调解书案”[广州中院(2017)粤01民特1281号民事裁定书(2018年9月19日)]中,申请人以其从未签署授权委托文书请求撤销仲裁调解书。经法院查明:仲裁过程中景某作为4位被申请人代理人参加仲裁庭审并与林某某达成和解协议。仲裁庭根据该和解协议制作仲裁调解书，景某作为张某某代理人签收该调解书。仲裁卷宗中所附的该授权委托书并非原件，类似于照片打印件。法院认为，根据《广州仲裁委员会仲裁规则》第27条第3项的规定，当事人委托代理人进行仲裁活动的，应当提交载明代理事项和权限的授权委托书以及委托代理人的身份证明文件。授权委托书并无原件，张某某并在该案审查过程中否认其出具过上述授权委托书，仲裁庭在行为人景某未提供授权委托书原件的情况下，认定景某是张某某的代理人并以景某与对方当事人达成的和解协议为据出具仲裁调解书，违反了仲裁规则的上述规定，据此裁定撤销案涉调解书中与张某某有关的裁决项。

仲裁法没有对申请撤销仲裁调解书作出规定，最高人民法院研究室《关于人民法院应否受理当事人提起的申请撤销仲裁调解书之诉问题的研究意见》《司法研究与指导》(2012年第2期)认为，我国《仲裁法》第58条的规定仅适用于当事人申请撤销仲裁裁决的情形，并不包括申请撤销仲裁调解书，因此，当事人提起申请撤销仲裁调解书之诉没有法律依据。但目前在司法实践中的主流做法是赋予当事人申请撤销仲裁调解书的权利。在最高人民法院《关于申请人南方国际租赁有限公司申请撤销深圳仲裁委员会(2007)深仲调字第20－1号补正调解书一案的请示的复函》[最高法院(2010)民四他字第45号复函(2010年7月27日)]中，深圳仲裁委员会《补正调解书》存在仲裁程序与仲裁规则不符情形，依据我国《仲裁法》第70条的规定予以撤销。由于仲裁调解书与仲裁裁决具有同等效力，仲裁调解也存在违反法律规定或自愿原则的情形，故有必要赋予当事人申请撤销的救济权利。

(六)违反社会公共利益问题

在“申请人上海佳誉投资有限公司(以下简称佳誉公司)与被申请人上海鼎汇通股权投资管理有限公司(以下简称鼎汇通公司)等申请撤销仲裁裁决案”[上海一中院(2018)沪01民特52号民事裁定书(2018年2月13日)]中，申请人主张撤销上海仲裁委裁决的事由为：鼎汇通公司等合谋将光大银行的贷款转由汤某个人出借给各合伙人并收取高额利息，破坏了国家金融管理秩序，违反了社会公共利益。鼎汇通公司的仲裁请求系关于确认除名决定有效及佳誉公司配合办理退伙登记,仲裁庭对除名决定的效力进行确认,不存在违背社会公共利益的情形。对该主张该院不予采纳,裁定驳回撤裁申请。

在"申请人哈尔滨市长城君悦文化传播有限公司与被申请人毛里求斯哈尔滨国际有限责任公司(以下简称哈尔滨国际公司)申请撤销仲裁裁决案"[北京四中院(2018)京04民特272号民事裁定书(2018年9月21日)]中,申请人主张,哈尔滨国际公司不具有在国内从事房地产经营活动的主体资格,其签署的《房屋租赁合同》无效,裁决违反社会公共利益。法院认为,社会公共利益是关系全体社会成员的利益,具有公共性和社会性,不同于合同当事人的利益。涉案《房屋租赁合同》系民事主体自愿订立的,其内容未违反法律和行政法规的强制性规定,该案处理结果仅影响合同当事人,不涉及社会公共利益,裁定驳回撤裁申请。

在"洛阳天力置业有限公司申请不予执行仲裁裁决请示案"[最高人民法院(2018)最高法民他305号复函]中,最高人民法院复函认为,社会公共利益主要是指社会或者某一领域的共同利益,涉案仲裁裁决确定的违约金是否过高,仅影响仲裁当事人之间的权利义务,不能据此认为该裁决违背社会公共利益。

在"美国居民苏某某与被申请人姚某某、陈某某、佛山市南海宝承视听家具有限公司申请撤销仲裁裁决纠纷案"[佛山中院(2018)粤06民特201号民事裁定书(2018年7月26日)]中,申请人主张撤销佛山仲裁委裁决的理由为:该案涉及逃税,当事人在境外支付外汇的行为,亦违反我国外汇管理的规定,由此作出的仲裁裁决损害国家利益。法院认为,苏某某提供的汇款通知书仅反映域外主体向域外银行汇款的事实。案涉裁决处理的是有关股权收购的合同纠纷,处理结果是在认定股权收购协议部分条款因违反法律规定而无效的前提下作出的,即裁决结果已排除了因损害国家利益而无效的合同条款,故裁决结果不存在违背社会公共利益的情形,裁定驳回撤裁申请。

从上述案例来看,人民法院对社会公共利益的界定十分严格,认为社会公共利益是指关系全体社会成员、具有公共性和社会性的利益,不同于合同当事人的利益。

结 语

中国坚持对外开放的基本国策，坚持打开国门搞建设，积极促进“一带一路”国际合作。中国支持多边贸易体制，促进自由贸易区建设，推动建设开放型世界经济。中国倡导的国际发展合作充满道义的力量，彰显了强大的感召力和吸引力。

中国提出“一带一路”倡议后，160多个国家和国际组织同中国签署合作文件。2019年4月举行的第二届“一带一路”国际合作高峰论坛，150个国家、92个国际组织的6000余名外宾参加，达成283项成果。世界银行近日发表的报告指出，“一带一路”倡议全面实施可使3200万人摆脱日均生活费低于3.2美元的中度贫困状态，使全球贸易增加6.2%，沿线经济体贸易增加9.7%，全球收入增加2.9%。

2019年是中华人民共和国成立70周年，贸仲委见证并践行着中国仲裁与国际仲裁的融合发展。贸仲委始终坚持独立公正的仲裁服务宗旨，致力于促进国际国内商事仲裁发展，不断增强中国仲裁的国际影响力和竞争力，努力提升仲裁公信力，为中外当事人提供公正高效的仲裁法律服务，引领和推动中国国际商事仲裁的发展。

回顾2018～2019年，中国国际商事仲裁的发展主要体现在以下五个方面。

第一，国际商事仲裁法制环境日益优化，仲裁法制政策更加宽松，仲裁法律服务取得突出成效。2018年是我国“一带一路”倡议践行5周年，中央办公厅、国务院办公厅印发了中央深改组审议通过的《关于建立“一带一路”国际商事争端解决机制和机构的意见》，部署设立国际商事法庭、组建国际商事专家委员会、建设“一站式”国际商事纠纷解决平台三大任务,对于保障“一带一路”建设顺利实施意义重大,也为中国商事仲裁国际化创造了发展机遇。2018年中央办公厅、国务院办公厅印发了《关于完善仲裁制度提高仲裁公信力的若干意见》,该意见为中国国际商事仲裁的有序发展和立法修改提供了坚实基础。2018年最高人民法院继续积极支持仲裁事业发展,进一步规范仲裁协议效力的认定、仲裁保全、裁决撤销和不予执行的审查程序和制度安排,努力营造支持仲裁的司法环境,保障和促进仲裁国际国内公信力的提升。2018年全国仲裁机构受案量继续保持高速增长,涉外仲裁案件的数量也稳步上升,实现了受案总标的额的明显增长,仅贸仲委受理仲裁案件涉案标的额就首次突破了千亿元人民币大关。

第二,首次分析中国涉“一带一路”沿线国家或地区商事争议仲裁案件的特点,总结当事人处理涉外商事争议案件的经验,并提出风险防范的建议。“一带一路”倡议的实施已经进入第6个年头,随着“一带一路”倡议的不断推进,中国进一步开放市场,积极与国际接轨的姿态也显著延伸到了争议解决方面。“一带一路”倡议涉及的项目规模庞大、涉及的交易种类多样,在面对如此大规模、多层次的国际商事活动之时,多元化纠纷解决的重要方式之一——仲裁成为多数国际商事主体的首选。在此背景下,我国也积极开拓、支持多元化纠纷解决机制,以此为“一带一路”倡议保驾护航。贸仲委作为知名国际商事仲裁机构,在管理涉“一带一路”沿线国家或地区商事主体的争议上,拥有丰富的实践经验。2013年1月到2019年6月,贸仲委共受理557件涉“一带一路”国家或地区仲裁案件,争议金额共计人民币243.57亿元。中国当事人在参与“一带一路”建设的过程中,应重视争议解决机制的预先设计,重视仲裁条款的拟定,重视仲裁地的提前约定。近年来,中国对仲裁的态度愈加友好,司法支持仲裁的立场日益明显,与仲裁相关的法律体系日益健全,中国已经受到越来越多涉外商事主体的青睐,成为国际商事仲裁地的热门选择之一。

第三,以近几年业务发展最迅猛、市场交易规模巨大、涉及法律问题相对复杂多样以及违约纠纷频发的资产管理业务为视角,特别观察金融纠纷案件处理的最新发展、问题和挑战。从我国资产管理业务的发展历程来看,资产管理业务在一定程度上突破了分业经营、分业监管的制度限制,并在相当程度上满足了金额上不断增加和形式上不断变化的融资需求。但资产管理业务在迅速发展的过程中,也出现了刚性兑付、监管套利盛行、资金成本高企、管理机构不尽职等诸多的问题。市场调查显示,仲裁在国际商事领域正被越来越多的金融机构所使用。从中国境内金融仲裁实践来看,尽管诉讼在各类争议解决领域中呈现压倒性优势,但是金融投资争议解决领域则有所不同,诉讼在解决金融投资纠纷方面并没有当然的优势。相反,仲裁在金融争议处理中通常被认为更具效率性、保密性和专业性。从某种意义上来讲,对于发展迅速的金融市场来说,法院缺乏足够数量的具有专业知识背景的法官来裁决创新或复杂的金融业务纠纷,然而仲裁机构可以灵活地使用市场上的专业人士,因此仲裁机构,特别是市场上主要的仲裁机构,通常有能力提供一个良好的、符合市场预期的裁决。近年来,贸仲委通过仲裁妥善解决了许多创新复杂的金融业务纠纷,为金融市场的发展提供了宝贵的支持。

第四,全面介绍《新加坡调解公约》的基本内容,着重分析该公约项下的调解与仲裁程序中调解的关系,加入该公约对中国现行立法的影响,并提出中国加入该公约后开展调解工作需要注意的问题。该公约仅适用于解决国际商事争议的调解所产生的和解协议,该公约确定适用直接执行机制,明确可在非执行程序中援用和解协议,规定了主管机关依据当事人申请而拒绝救济的理由和主管机关可以依职权审查并拒绝救济的理由。"仲调结合"的方式在国际上被誉为"东方经验",与单独的调解具有根本区别。"仲调结合"中的调解范围比该公约中的调解范围广,但在"仲调结合"下经过调解而达成的和解协议无法适用该公约。由于我国商事调解立法体系尚未建立,对调解的规定散见于我国《人民调解法》《民事诉讼法》《仲裁法》等法律中,因此,加入该公约需要我国对现行司法制度作适当调整,使其与该公约有效衔接,以实现该公约框架下的和解协议在我国的顺利执行。中国已有的商事调解中心在进行调解的过程中,需要格外注意调解员的披露义务以及可能构成利益冲突的情形,以免和解协议无法执行。

第五,我国法院审慎进行仲裁司法审查,体现并贯穿“支持仲裁”的司法理念,倾向仲裁条款有效的解释方向,积极承认、认可和执行涉外、涉我国港澳台地区仲裁裁决。从涉外、涉我国港澳台地区仲裁条款的效力认定来看,主要涉及仲裁协议的准据法、涉外因素的认定及约定境外仲裁的条款效力、以侵权为由起诉时的仲裁条款效力的判定、涉代理行为的仲裁条款效力、提单并入租约仲裁条款、概括性仲裁条款的解释、对仲裁条款中约定仲裁机构的解释等,在实践中还出现了请求确认仲裁协议不成立之诉、仲裁事项的确定、提出仲裁协议的主管异议期间等新问题,法院就此所提出的新的审查标准值得关注。从外国及我国港澳台地区仲裁裁决的承认和执行情况来看,近年来申请承认和执行外国仲裁裁决案件的管辖权异议纠纷有上升趋势,其中不乏当事人利用管辖权异议拖延程序的情形。各法院围绕被申请人的抗辩事由进行审查,凡被申请人未提出《纽约公约》第5条第1款不予承认和执行情形的,人民法院不予审查。在仲裁程序方面主要审查是否违反当事人的约定以及当事人同意适用的仲裁规则。继续把握严格界定公共政策的原则,值得关注的是,近年来出现了仲裁条款效力确认的国际平行程序,法院从维护司法主权及生效裁定既判力的角度,可通过公共政策条款拒绝承认和执行外国仲裁裁决。

习近平主席在第二届“一带一路”国际合作高峰论坛记者会上的讲话指出,这次高峰论坛的主题是“共建‘一带一路’、开创美好未来”。圆桌峰会上,与会领导人和国际组织负责人围绕“推进互联互通,挖掘增长新动力”“加强政策对接,打造更紧密伙伴关系”“推动绿色和可持续发展,落实联合国2030年议程”等议题进行深入讨论,完善了合作理念,明确了合作重点,强化了合作机制,就高质量共建“一带一路”达成了广泛共识。这些共识反映在圆桌峰会一致通过的联合公报中,将成为今后共建“一带一路”国际合作的行动指南。

2019年中央办公厅、国务院办公厅印发了《关于加快推进公共法律服务体系建设的意见》,明确要求积极为国家重大经贸活动和全方位对外开放提供法律服务,整合仲裁优势资源,打造国际知名仲裁机构,促进和支持仲裁机构参与国际商事争端解决。充分发挥司法协助渠道作用,切实加强国际执法司法合作。推动建立国际商事调解组织。建立健全法律查明机制,通过建立国别法律信息数据库以及专家库等形式提供域外法律查明服务。这为中国国际商事仲裁事业指明了发展方向,也为此提供了配套制度和保障服务。

以贸仲委为代表的中国仲裁机构将不断总结仲裁实践经验,推动仲裁制度进一步完善,继续发挥在商事仲裁和调解等方面的优势,积极配合最高人民法院国际商事法庭建设工作,参与构建调解、仲裁、诉讼有机衔接"一站式"纠纷解决平台,推动完善多元化纠纷解决机制。学习借鉴国际仲裁先进理念,结合中国仲裁实践,广泛开展仲裁理论研究,增强仲裁文化自信,不断提高我国仲裁的国际化和现代化水平。

Chapter One Overview of China's International Commercial Arbitration Development

In 2018, Chinese arbitration institutions maintained the momentum of sharp increase in terms of caseload, including that of the foreign-related arbitration. 2018 is the fifth anniversary of the Belt and Road Initiative (B&R Initiative), the General Office of the CPC Central Committee and General Office of the State Council released the *Opinions Concerning* the *Establishment of the Belt and Road International Commercial Dispute Resolution Mechanism and Institutions* deliberated and adopted by the Central Leading Group for Comprehensively Continuing Reform. In the opinion, three major tasks are arranged, i. e. the establishment of international commercial courts, the setup of an international commercial expert committee and the construction of a "one-stop" international commercial dispute resolution platform. It is of great significance for the smooth implementation of the "B&R Initiative" and brings about unprecedented opportunities for the internationalized development of China's commercial arbitration. In the year, the research on international commercial arbitration is more focused and more profound. Issues such as the "Belt and Road" dispute resolution mechanism, amendments to the arbitration law and reform of the arbitration proceedings, "de-commercialization" of the international investment arbitration, "expedited" arbitration proceedings involved in the international commercial arbitration reform, emergency arbitration system and transparency of the international arbitration etc., were major concerns of domestic and overseas arbitration researchers.

Ⅰ. Statistical Analysis of Commercial Arbitration Cases in China

i. Overview of Cases Accepted by Arbitration Commissions Nationwide①

1. Caseload and Amount in Dispute

In 2018,255 arbitration commissions across China accepted a total of 544,536 cases, an increase of 305,176 cases with the rising rate of 127% compared with 2017. The amount in dispute of these cases totaled RMB 695 billion, soaring by RMB 161.2 billion with the growth rate of 30% compared with 2017. Moreover, 22 arbitration commissions handled a total of 357,008 cases by online arbitration, accounting for 66% of the total caseload nationwide.

In 2018, the 2 arbitration institutions under the China Chamber of International Commerce (CCOIC) accepted a total of 3,027 cases, occupying 0.6% of the total cases. The amount in dispute of these cases added up to RMB 101.8 billion, accounting for 15% of the total amount. China International Economic and Trade Arbitration Commission(CIETAC) alone has accepted 2,962 cases, involving a total amount in dispute of RMB 101.59 billion (See Figure 1-1、Figure 1-2、Figure 1-3、Figure 1-4).

① Source: *Details of Caseload of Arbitration Commissions in China throughout* 2018 provided by the Bureau of Public Legal Services Administration.

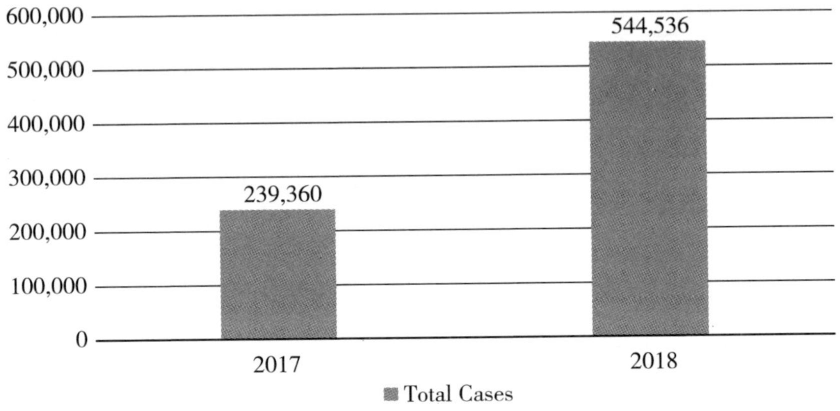

Figure 1 – 1 Total Cases Accepted by Arbitration Commissions Nationwide (Unit: Case)

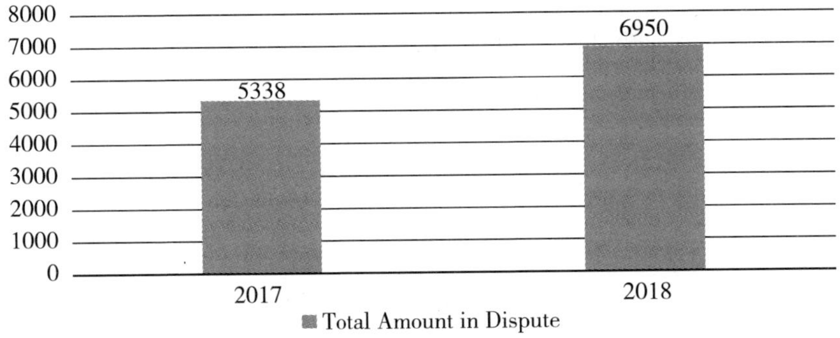

Figure 1 – 2 Total Amount in Dispute of Cases Accepted by Arbitration Commissions Nationwide (Unit: RMB 0.1 Billion)

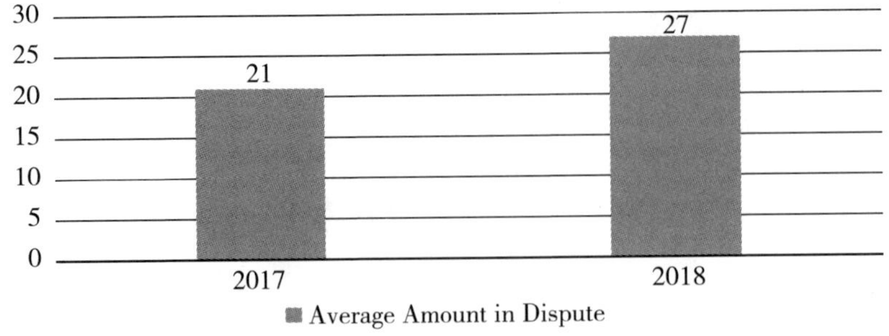

Figure 1 – 3 Average Amount in Dispute of Cases Accepted by Arbitration Commissions Nationwide (Unit: RMB 0.1 Billion)

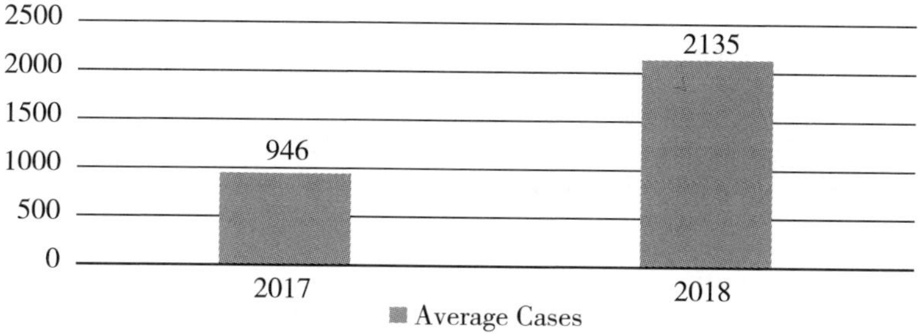

Figure 1 – 4 Average Cases Accepted by Arbitration Commissions Nationwide (Unit: Case)

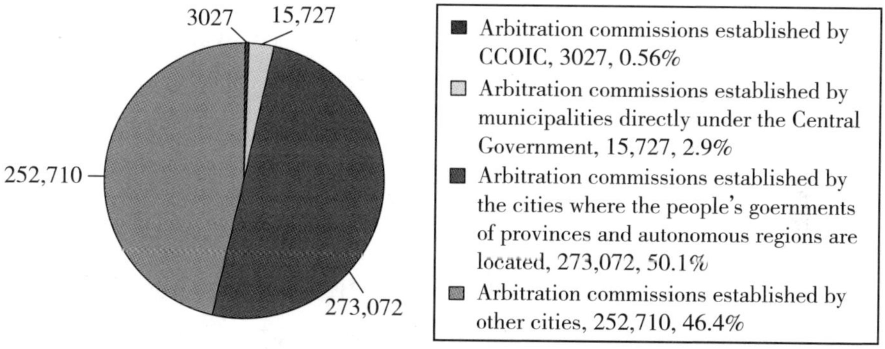

Figure 1 – 5 Proportion of Different Types of Cases (Unit: Case)

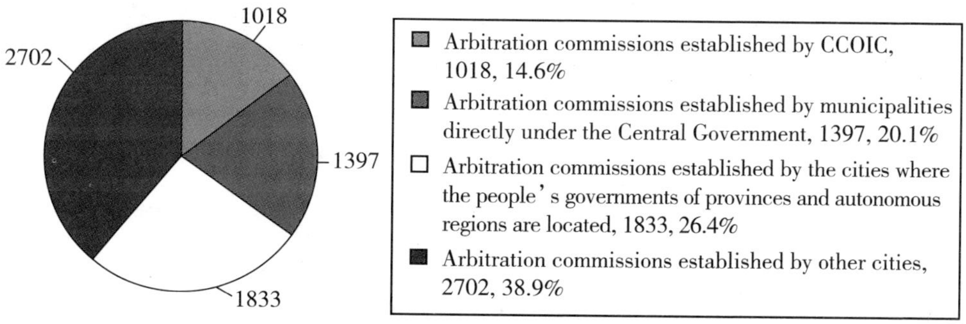

Figure 1 – 6 Proportion of Amount in Dispute (Unit: RMB 0.1 Billion)

2. Types of Major Cases

In 2018, the types of cases accepted by arbitration institutions in China were sequenced as follows by quantity: 120,358 financial disputes accounting for 22.1% of the total cases; 38,861 real-estate disputes accounting for 7.14%; 19,651 traffic accident and compensation disputes occupying 3.61%; 15,180 purchase and sales disputes accounting for 2.79%; 10,946 construction project disputes occupying 2.01%; 10,014 property disputes accounting for 1.84%; 9,084 insurance disputes occupying 1.67%; 8,966 leasing disputes accounting for 1.65%; 2,518 equity transfer disputes accounting for 0.46%; 1,286 e-commerce disputes accounting for 0.24%; 834 land transaction disputes occupying 0.15%; 553 agricultural production and operation disputes occupying 0.1%, and 266 medical disputes accounting for 0.05%.

The amount in dispute of the said types of cases were ranked as follows: financial cases involved RMB 233.4 billion, taking up to 33.58% of the total amount; construction project cases amounted to RMB 95.6 billion, accounting for 13.76%; equity transfer cases involved RMB 91.3 billion, occupying 13.13%; real-estate cases involved RMB 44.9 billion, accounting for 6.46%; land transaction cases amounted to RMB 41.5 billion, occupying 5.97%; purchase and sale cases involved RMB 38.5 billion, accounting for 5.54%; leasing cases amounted to RMB 19.5 billion, occupying 2.8%; insurance cases involved RMB 2 billion, accounting for 0.29%; traffic accident and compensation cases involved RMB 1.9 billion, taking up to 0.27%; property cases amounted to RMB 1.6 billion, accounting for 0.23%; agricultural production and operation cases amounted to RMB 600 million, occupying 0.09%; e-commerce cases involved RMB 400 million, accounting for 0.06%; and medical compensation cases amounted to RMB 100 million, occupying 0.01%.

3. Handling of Cases on Average

The 255 arbitration commissions across China accepted 2, 135 cases on average in 2018, soaring by 1189 cases with the growth rate of 126% compared with 2017. The amount in dispute of these cases was RMB 2.7 billion on average, increasing by RMB 600 million with the growth rate of 29% compared with 2017.

4. Mediation and Judicial Supervision

In 2018, 140, 281 cases were concluded by mediation, taking up to 26% of the total caseload, increasing by 70, 831 cases and decreasing by 3% compared with 69, 450 cases resolved through mediation (29% of total caseload) in 2017 (See Figure 1 – 7).

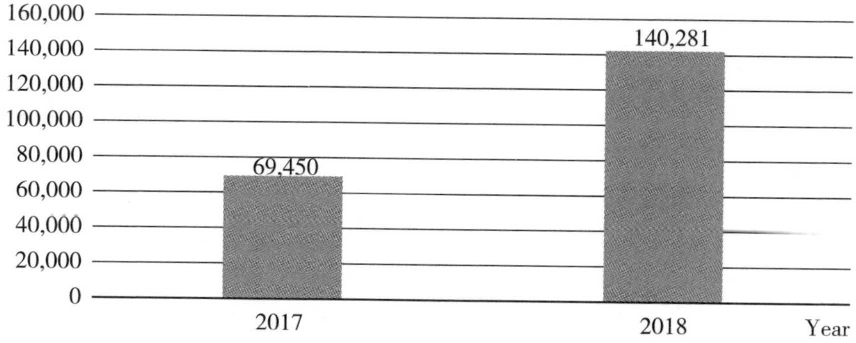

Figure 1 – 7 The Number of Cases Concluded by Mediation (Unit: Case)

In 2018, Chinese people's courts ruled to set aside arbitral awards rendered by Chinese arbitration institutions in 64 cases, accounting for 0.01% of the total cases and falling by 0.06% compared with 0.07% (186 cases) in 2017, and refused to enforce arbitral awards in 137 cases, accounting for 0.03% of the total cases, a decrease of 0.01% compared with 0.04% (100 cases) in 2017.

5. Acceptance of Foreign-Related and HMT-Related Cases

A total of 56 Chinese arbitration institutions accepted 3, 673 cases involving foreign countries (foreign-related), Hong Kong, Macao and Taiwan regions (HMT-related) in 2018, remaining basically the same as that of 2017. Among these cases,

1,501 ones involved Hong Kong region, 321 ones were related to Macao region, 281 ones were related to Taiwan region, and the remaining 1,570 cases were foreign-related (See Figure 1 – 8).

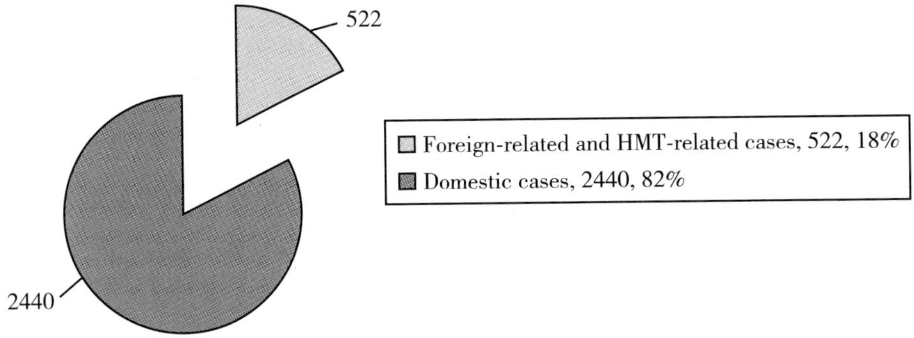

Figure 1 – 8 CIETAC Caseload in 2018 (Unit: Case)

ii. Comparison of International Commercial Arbitration Practice in China

Considering that China's international commercial arbitration is institutional arbitration in both legislation and practice, this Chapter will analyze the features, the latest trend and development of China's international commercial arbitration practice mainly through horizontal comparison based on the 2018 annual reports and case statistics published by the major international arbitration institutions in the world on their websites or through other official channels.

1. Caseload

CIETAC accepted a total of 2,962 arbitration cases in 2018, increasing by 28.89% compared with 2017 and proving an obvious rise of the arbitration caseload. Among these cases, there were 522 foreign-related (60 countries and regions) and HMT-related cases, 36 with both parties coming from abroad, an increase of 9.66% compared with 2017. 79 cases were arbitrated in English, Chinese and English or German. Also, the arbitration rules of other arbitration institutions, including the *ICC Arbitration Rule*, the *UNCITRAL Arbitration Rules*, etc., were applied in some cases, and the international conventions or laws of foreign countries, like the United Nations Convention on Contracts for the International Sale of Goods (CISG), laws of Kazakhstan, laws of Switzerland, laws of Japan, etc., were also applied in some other cases upon agreement of the parties thereto.

The International Court of Arbitration of International Chamber of Commerce (ICC) accepted a total of 842 cases throughout 2018, recording the second historical high. The highest record is 966 cases in 2016.

The London Court of International Arbitration (LCIA) accepted 317 cases in 2018, a slight increase compared with 2017. Among them, 271 cases were administered by the LCIA in accordance with its LCIA Arbitration Rules, setting its highest record. For 41 cases thereof, LCIA either acted as the appointing authority or provided other administrative services for cases where the *UNCITRAL Arbitration Rules* (the *UNCITRAL Rules*) applied, or functioned as the fund trustee in such cases and other *ad hoc* arbitration cases.

The Arbitration Institute of the Stockholm Chamber of Commerce (SCC) accepted 152 cases in 2018. Among them, 76 were international arbitration cases, accounting for half of its caseload. The *SCC Arbitration Rules* were applied in 87 cases, and the *SCC Rules for Expedited Arbitration* were applied in 52 cases, while emergency arbitrators were appointed for 4 cases.

The Singapore International Arbitration Centre (SIAC) accepted a total of 402 cases in 2018, involving a total amount of USD 7.06 billion (about SGD 9.65 billion), 375 of which were administered by the SIAC, accounting for 93%, and 27 of which involved *ad hoc* arbitration, accounting for 7%. The average amount in dispute of cases administered by the SIAC was USD 26.14 million per case (about SGD 35.74 million).

The Hong Kong International Arbitration Centre(HKIAC) accepted 521 cases in 2018, a decrease of 2.06% compared with 2017. Among them, 265 were the arbitration cases, 21 cases were resolved through mediation and 235 involved domain name disputes. Among the arbitration cases, 146 were administered by the HKIAC according to its arbitration rules or the *UNCITRAL Rules*, reducing by 6.41% compared with the previous year(See Figure 1 -9).

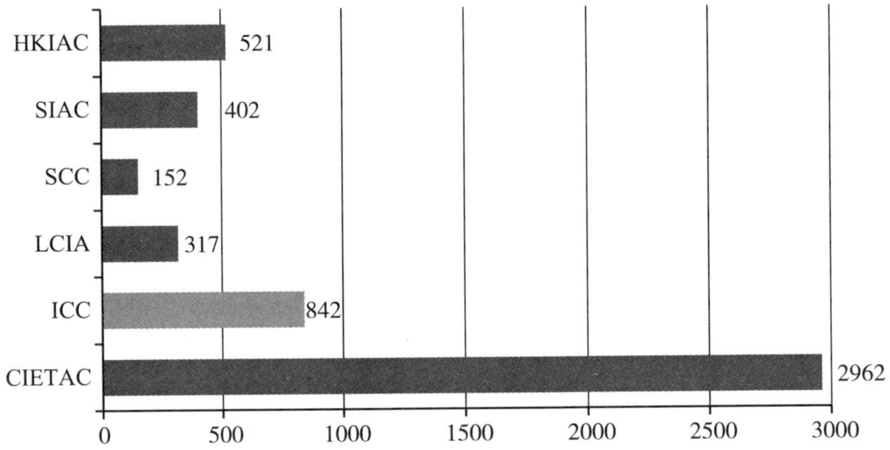

Figure 1 -9 The Number of Cases Concluded by Major International Arbitration Commissions(Unit: Case)

2. Parties Involved in Cases

The internationalization of the parties involved in the international commercial arbitration cases may reflect the extent of recognition of an arbitration institution in international arbitration. According to the data published by the major international arbitration institutions, parties involved in cases of 2018 were from the following countries or regions:

Parties in CIETAC cases were from 60 countries and regions, including the US, Canada, Brazil, Mexico, Germany, UK, France, Italy, Spain, Austria, Netherlands, South Africa, Russia, Australia, India, Japan, South Korea, Singapore and Hong Kong region, etc., involving 73 cases from 23 countries along the "B&R Initiative".

842 cases accepted by the ICC in 2018 involved 2,282 parties from 135 countries or regions. The top 5 countries or regions involved were the US, France, Brazil, Spain and Germany. For the first time were the United Arab Emirates and Turkey among the top ten countries. China, including Hong Kong region ranked no. 11. Besides, parties from the Central Asia and the Western Asia presented the momentum of robust growth, becoming the world's fourth largest region with cases. The number of parties in the North Africa sustained the growth and the number kept stable in the Europe.

Parties of the cases accepted by the LCIA in 2018 were mainly from the UK (20.6%), closely followed by the parties in the Western Europe (15.8%), but the number of parties from the North America and the Caribbean Sea both declined.

Parties of the cases accepted by the SCC in 2018 were from 43 countries or regions, and there were 105 parties from Sweden, ranking atop. The rest countries or regions with the most parties involved were Russia, Germany and the Ukraine.

The majority of cases accepted by the SIAC in 2018 were international cases, 377 in total, accounting for 84% of the caseload. Parties of the cases accepted by the SIAC in 2018 came from 65 jurisdictions, and the majority of parties (109) were from the US, closely followed by India and Malaysia (103 and 82 parties, respectively). The top 10 countries or regions with the most parties involved included China, Indonesia, the Cayman Islands, the United Arab Emirates (UAE), South Korea, Hong Kong region and Japan.

The majority of the arbitration cases accepted by the HKIAC in 2018 were international ones. 71.7% of the cases involved at least one party outside Hong Kong region, 80.7% of the institutional arbitration cases were international cases,

39.4% of the cases had no connection with Hong Kong region, and 8.4% of the cases had no relation to Asia. Parties of the cases accepted by the HKIAC in 2018 came from 40 countries or regions. The top 10 countries or regions with the most parties involved were Hong Kong region, Chinese Mainland, the British Virgin Islands (BVI), the US, the Cayman Islands, Singapore, South Korea, Macao region, Vietnam and Malaysia.

3. Types of Disputes

Cases accepted by CIETAC in 2018 involved more than 20 types, an increase in the new types of case compared with 2017, including disputes of natural and mineral resources, culture and entertainment disputes, internet disputes, e-commerce disputes, etc. The types of cases accepted by CIETAC in 2018 mainly included general goods purchase and sales disputes, non-financial loan contract disputes, equity investment and share transfer disputes, service contract disputes, electro-mechanical equipment disputes, construction engineering disputes, etc. General goods purchase and sales disputes ranked atop, involving a total of 452 cases. The number of non-financial loan contract disputes increased sharply (up by 375 compared with the previous year to 442 cases), so did the equity investment and share transfer disputes (up by 129 compared with 2017 to 348 cases). Cases involving the service contract disputes; electro-mechanical equipment disputes; construction, decoration and contracting projects, real estate development and construction disputes remained high (347, 309 and 228 cases, respectively) (See Figure 1-9).

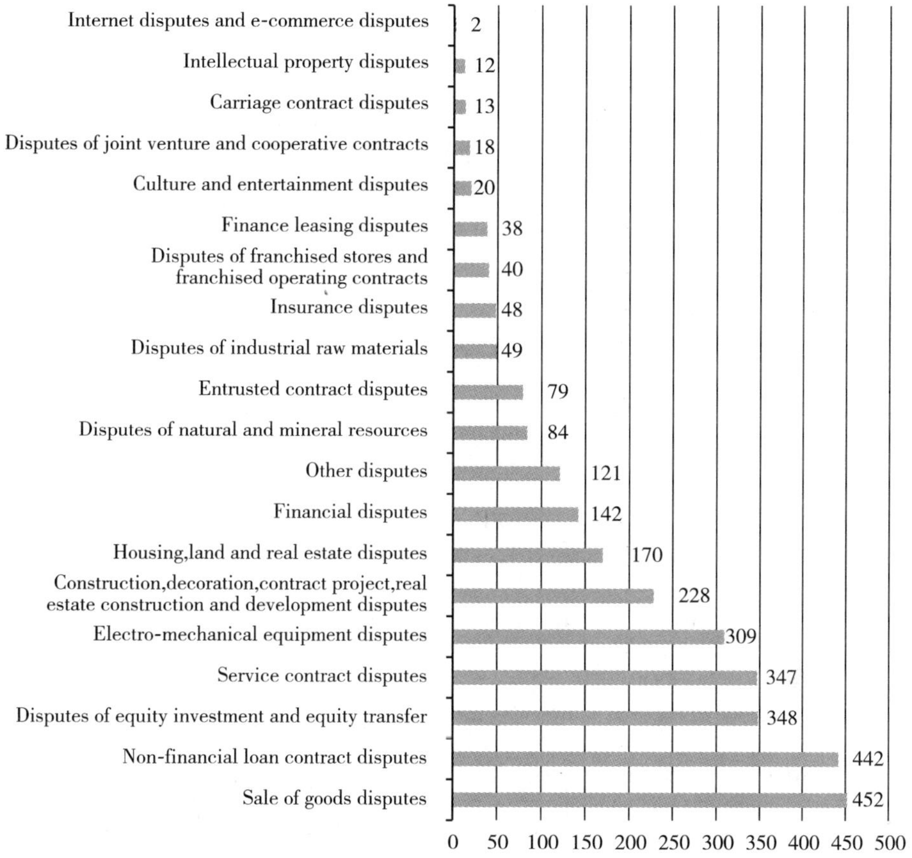

Figure 1 – 10 Types of Cases and the Number of Cases Accepted by CIETAC in 2018 (Unit: Case)

Among the 842 cases accepted by the ICC in 2018, the top five types of cases were respectively construction engineering disputes, energy resources disputes, telecommunications and know-how disputes and finance and insurance disputes.

According to the annual report of the LCIA, cases accepted by the LCIA in 2018 were mainly concerned with the following sectors: banking and financial sector (29%), mineral and energy (19%), transport and commodities (14%), construction project (10%), professional services (7%), etc. To be specific, the cases involving disputes arising from the banking and financial sector, mineral and energy, transport and goods were the main types of cases of the LCIA.

According to the data published by the SCC, main types of disputes involved in the 152 cases accepted by the SCC in 2018 were as follows: service agreement disputes (45 cases), carriage contract disputes (26 cases), disputes of mergers and acquisitions (20 cases), and shareholder agreement disputes (14 cases).

Main types of disputes involved in the cases accepted by the SIAC in 2018 were trade disputes (accounting for 27% of the total caseload), commercial affairs disputes (including agency, distribution, franchising and licensing, etc., accounting for 19%), transport/ maritime disputes (accounting for 18%), company disputes (accounting for 15%) and construction/project disputes (accounting for 11%), etc.

Main types of disputes involved in the cases accepted by the HKIAC in 2018 were: international trade disputes (accounting for 29.6%), company disputes (accounting for 18.6%), maritime disputes (accounting for 15.1%), construction project disputes (accounting for 13.7%), banking and financial disputes (accounting for 11.9%), professional services (accounting for 8.0%), intellectual property disputes (accounting for 1.8%), investors and host countries (accounting for 0.9%) and insurance disputes (accounting for 0.4%).

4. Place of Arbitration

Chinese Mainland, being regarded as a law jurisdiction in whole, remained as the place of arbitration for the majority of the cases accepted by CIETAC in 2018. Parties, when drafting arbitral clauses, normally agreed to choose major cities in Chinese Mainland, e. g. Shanghai, Shenzhen, Guangzhou, Chongqing, etc., which are usually regarded as the parties' agreement on the place of oral hearing.

The places of arbitration of the cases accepted by the ICC in 2018 were in 108 different cities of 60 countries, among which the top five places were France (137 cases), Switzerland(78 cases), the US(75 cases), the UK(72 cases), Singapore (27 cases) and Brazil(27 cases).

In the cases accepted by the LCIA in 2018, London was chosen or designated as the place of arbitration in 238 cases, accounting for 88% of the total caseload, while the Switzerland ranked 2nd with 5 cases and the UAE ranked 3rd with 4 cases.

The places of arbitration of the cases accepted by the SCC in 2018 were diverse, Stockholm was chosen in 69% of the cases while Goteborg and Malmo, located at the southern end of Sweden, ranked 2nd and 3rd, respectively. Overall, few cases selected other places than Sweden as the place of arbitration.

Hong Kong region was chosen or designated as the place of arbitration for the overwhelming majority of cases (accounting for 94.7%) accepted by the HKIAC in 2018. There were only a few cases where Macao region, Singapore, or "Hong Kong region and India" were chosen or designated as the place of arbitration.

5. Arbitrators

A total of 59 arbitrators from outside Chinese Mainland arbitrated 58 cases accepted by CIETAC in 2018.

According to relevant data of the ICC, its arbitrators were further diverse and the number of arbitrators from the Asia and the Africa increased to some extent in 2018. The number of female arbitrators took on the trend of a considerable growth, and 32% of them served as the presiding arbitrators and 30% acted as the sole arbitrators, an increase of 1% and 5%, respectively, over 2017. Furthermore, the contingent of arbitrators became young, 35% of them aged below 50.

The LCIA made 449 appointments of arbitrators in 2018, whereby 239 arbitrators were appointed. These arbitrators were from 34 countries. Although the majority of the arbitrators listed the UK as their first nationality, there were a considerable number of arbitrators coming from the US, Europe and Asia. The parties of 20% cases and the arbitrators of 27% cases chose arbitrators from other countries than the UK, and the LCIA appointed arbitrators from countries other than the UK for 57% cases. Besides, 23% of the arbitrators were female, a decrease of 1% compared with 2017.

The SCC appointed a total of 225 arbitrators in 2018, 73% of them were male and 27% were female, an increase compared with 18% in 2017. The SCC preferred arbitrators from Europe and appointed a total of 210 European arbitrators, followed by those from Asia and North America (5 were appointed respectively).

The SIAC appointed a total of 175 arbitrators for 156 sole arbitrator tribunals and 19 three-arbitrator tribunals in 2018. These arbitrators came from Australia, Canada, China, France, Germany, India, Indonesia, Iran, Ireland, Italy, Latvia, Malaysia, the Netherlands, New Zealand, Portugal, Singapore, South Korea, Switzerland, the UK and the US. The statistics in 2018 shows that the SIAC and the parties preferred arbitrators from Singapore (124 arbitrators), the UK (85 arbitrators) and Australia (31 arbitrators).

The HKIAC appointed 125 arbitrators in 2018, with 22 and 17.6% female arbitrators. 30.4% (21 arbitrators) of them were appointed for the first time over the past 3 years. The top 4 countries of the arbitrators' origin were the UK, Hong Kong region, Canada and Singapore.

6. Amount in Dispute

The amount in dispute of the arbitration cases accepted by CIETAC in 2018 exceeded RMB 100 billion for the first time and reached up to RMB 101.59 billion, soaring by 41.32% compared with 2017. The amount in dispute of 171 cases reached RMB 100 billion, increasing by 46.15% compared with 2017.

The total amount in dispute of cases accepted by ICC in 2018 was USD 36 billion, with an average amount in dispute of USD 45 million per case. By the end of 2018, the total amount of pending disputes reached USD 203 billion, with an average amount in dispute of USD 131 million, and the median of amount in dispute was USD 10 million.

The total amount in dispute of 11% cases accepted by the LCIA in 2018 exceeded USD 100 million, and the amount in dispute of 7% of these cases ranged from USD 50 million to USD 100 million.

The total amount in dispute of the cases accepted by the SCC in 2018 was EUR 13.3 billion, showing a considerable growth compared with that (EUR 1.5 million) in 2017. The amount in dispute of cases where *SCC Rules for Expedited Arbitration* applied was EUR 19.8 million, and those where the general rules applied involved an amount of EUR 13.3 billion.

The total amount in dispute of cases accepted by the SIAC in 2018 was USD 7.06 billion (about SGD 9.65 billion). The highest amount in dispute involved in a case was USD 2.38 billion (about SGD 3.25 billion).

The total amount in dispute of the cases accepted by the HKIAC in 2018 was HKD 52.2 billion (about USD 6.7 billion), surging by 34% compared with 2017.

7. Conclusion

The following basic conclusion may be drawn from the aforesaid statistics and analyses of the annual reports and case data released by relevant major international commercial arbitration institutions:

Firstly, the caseloads of major international commercial arbitration institutions varied in their curve of development. The caseloads of the ICC, the SCC, the SIAC, the HKIAC and other arbitration institutions declined slightly. In contrast, the caseloads of CIETAC and the LCIA increased compared with 2017. With flourished development, CIETAC recorded a sharp increase in the caseloads and ranked top of the caseloads among the international arbitration institutions.

Secondly, regarding the types of disputes, cases accepted by the international commercial arbitration institutions in China involved additional different types of disputes. Although each institution carried out different classification standards of the cases, the sectors involved could prove the fact that cases accepted by the international commercial arbitration institutions in China involved not only the traditional cases, e. g. , general goods purchase and sales disputes, electro-mechanical equipment disputes, disputes of joint venture and cooperative contracts, etc. , but also new ones in service contracts, financial affairs, equity investment and share transfer, internet disputes, e-commerce disputes, culture and entertainment disputes, etc. , covering a wide range of types and distributing over a large spectrum. In such regard, CIETAC has kept abreast with or even surpassed the international counterparts to some extent.

Thirdly, there was an apparent increase in the total amount in dispute of all the international arbitration institutions in 2018, in particular the SCC. The amount in dispute of the arbitration cases accepted by CIETAC exceeded RMB 100 billion for the first time and reached up to RMB 101. 59 billion, soaring by 41. 32% compared with 2017, ranking top among the international arbitration institutions.

Fourthly, regarding the internationalization, the influence of international commercial arbitration institutions in China, represented by CIETAC, have continuously expanded in 2018. As the BRI is implemented in an all-round way and the SPC's International Commercial Courts witnessed a sound development, the exchange and cooperation between China's international commercial arbitration and the arbitration communities of other countries were deepened, and the international commercial arbitration in China was further developed. CIETAC provides the parties with more choices in the appointment of international arbitrators along with the increase in the number of its foreign arbitrators and China's gradual relaxation of restrictions on the arbitrator panel system.

Ⅱ. Legislative Practice of International Commercial Arbitration Policies in China

The General Office of the CPC Central Committee and General Office of the State Council released the *Several Opinions on Improving the Arbitration System to Strengthen the Credibility of Arbitration* on December 31, 2018 and concurrently issued a notice, asking all the regions and departments to seriously implement the *Several Opinions* in combination with the actuality, accordingly laying a solid foundation for orderly development and amendment of legislation of China's international commercial arbitration. In 2018, the SPC stepped up active efforts to support the development of arbitration cause, regulated the confirmation of validity of arbitration agreements, conservatory measures for arbitration, annulment or non-enforcement of arbitral awards and devoted great efforts to create the judicial environment propitious to the arbitration, thereby guaranteeing and strengthening the credibility of the arbitration both at home and abroad.

i. *Several Opinions on Improving the Arbitration System to Strengthen the Credibility of Arbitration*

The Fourth Plenary Session of the 18th Central Committee of the Communist Party of China (CPC) put forth the guiding principles of "Perfecting the arbitration system and enhancing the credibility of arbitration" and the 19th CPC National Congress proposed further construction of mechanisms for preventing and defusing social tensions, embarking on a new journey to push ahead with the development of arbitration cause of socialism with Chinese characteristics. To learn in depth the *Xi Jinping Thought on Socialism with Chinese Characteristics for a New Era*, implement the spirits of the 19th CPC National Congress, perfect the arbitration system and enhance the credibility of arbitration, the General Office of the CPC Central Committee and General Office of the State Council released the *Several*

Opinions on Improving the Arbitration System to Strengthen the Credibility of Arbitration(*Several Opinions*).

The *Several Opinions* specified that the arbitration was the dispute resolution regime as stipulated by the Chinese laws, and also the internationally accepted way of dispute resolution. Functions of the arbitration in respecting the parties' autonomy, and efficient & convenient resolution of the disputes should be fully exerted, which will be of important significance to improving the diversified dispute resolution mechanism featuring organic linkage and mutual coordination of arbitration, mediation, administrative adjudication, administrative reconsideration and litigation, etc., fairly and timely solving the conflicts, properly resolving the disputes, promoting the reform and opening-up and guaranteeing sustainable and sound economic and political development of China. Over more than two decades since the promulgation of the *Arbitration Law of the People's Republic of China* (the Arbitration Law), the arbitration across China always adhered to correct political direction and scientific orientation of professional services, followed closely the central initiatives of the CPC and the Chinese government, served the overall economic and social development, resolved a great many disputes and played a significant role in the process of economic and social development. However, we should be clearly aware that, with the in-depth development of socialist market economy and further opening to the outside world, the arbitration faces some new problems, e. g., unsound internal governance structure, chaotic order of the arbitration development, less competitiveness in the international, unsound supervision and constraint mechanism, out of place of the support and guarantee, which affect the credibility of arbitration and restraints rapid and healthy development of the arbitration in China.

The *Several Opinions* demand for full implementation of the arbitration laws and regulations from such aspects as regulating the establishment and replacement of arbitration institutions, guaranteeing independent operation of arbitration institutions, respecting the principle of parties' autonomy, correcting behaviors disturbing the order of arbitration development, etc. Efforts should be spared to strengthen the construction of arbitration commissions to highlight their nature of orienting to public welfare and not-for-profit, to reform and refine the internal governance structure and management mechanism, to improve the arbitrator appointment and management system and to push ahead with the vocation-based and professional construction of arbitration secretaries. Also, efforts should be made to expedite the reform and innovation of arbitration system, make use of the arbitration to facilitate social governance at the grassroots, drive the internet arbitration in an active manner and promote the collaboration among the industries and regional development of the arbitration. The arbitration should serve the overall opening-up and development strategy, enhance the international competitiveness of the arbitration commissions, strengthen the communication and collaboration with external institutions and deepen the cooperation with the arbitration institutions in Hong Kong, Macao and Taiwan regions. Efforts should be devoted to strengthen the leadership of the CPC, step up the support and supervision of the governments to the arbitration, intensify the industry self-discipline, improve the judicial support and supervision mechanism and reinforce the role of the social supervision.

The *Several Opinions* stipulate that all the regions and departments should come up with concrete measures of implementation in combination with their respective actualities, work out the plan seriously and make meticulous arrangement to accelerate the implementation of the Several Opinions according to concrete division of responsibilities, striving to open up a new prospect of the socialism arbitration cause with the Chinese characteristics in a new era. All the departments and regions should timely research and work out the solutions for problems identified through the implementation of the *Several Opinions*, amend and rescind relevant policies that restraint and cumber the implementation and those fail to meet the requirements hereof. For acts incompliant with the Arbitration Laws and other relevant provisions, the corresponding municipal government should make an overall rectification upon the principles of "whoever organizes should be responsible for supervising and rectifying such acts". The implementation progress and important matters should be promptly reported to the Ministry of Justice.

ii. Establishment of the Belt and Road International Commercial Dispute Resolution Mechanism

To implement in depth the *Opinions Concerning the Establishment of the Belt and Road International Commercial Dispute Resolution Mechanism and Institutions* released by the General Office of the CPC Central Committee and General Office of the State Council, try international commercial cases fairly and timely in accordance with the laws, protect the lawful rights and interests of the Chinese and foreign parties equally and create a stable, fair, transparent, and convenient international business environment under rule of law, the SPC released the *Provisions of the Supreme People's Court on Several Issues Concerning the Creation of International Commercial Courts* (*Provisions of the International Commercial Courts*) on 29 June 2018, whereby the First and Second International Commercial Court were established in Shenzhen, Guangdong Province and Xi'an City, Shaanxi Province, respectively, and started the operation officially. The SPC's Civil Adjudication Tribunal No. 4 is responsible for coordinating and guiding their operation. Zhou Qiang, President of the SPC successively appointed a total of 15 judges for the international commercial courts in two batches in June and December, 2018, respectively. In October 2018, the SPC set up the Case Management Offices of the First and Second International Commercial Court, respectively, which would be responsible for the registration and filing of cases, overall management and other administrative affairs of the international commercial courts. The General Office of the SPC released the *Procedural Rules for the China International Commercial Court of the Supreme People's Court* (*For Trial Implementation*) (the *Procedural Rules*) on 21 November 2018. In December 2018, the First International Commercial Court heard 5 foreign-related cases, including dispute over unjust enrichment, dispute over product liability and 2 cases of application for confirming the validity of arbitration agreement. The Second International Commercial Court accepted 4 related cases, i. e. , dispute over company profit distribution, dispute over shareholder qualification confirmation, dispute over damage to the interest of the company, these cases involved many countries, including Japan, Italy, the BVI, Thailand, etc.

To strengthen international communication and cooperation, guarantee and facilitate smooth development of trails in China International Commercial Court, support such alternative methods as mediation, arbitration and litigation to resolve international commercial disputes, the SPC released the *Decision on the Establishment of the International Commercial Expert Committee* on 24 August 2018, specifying the Committee is composed of Chinese and foreign experts engaged by the SPC. Members of the Committee accept the entrustment of the international commercial courts to provide mediation and other services for the parties concerned to resolve international commercial disputes, to provide advice to the people's courts on special legal issues involved in international commercial dispute cases, and to provide the SPC with opinions and suggestions on the formulation of relevant judicial interpretations and judicial policies. The SPC set up the International Commercial Expert Committee Office on 11 July 2018. The SPC officially established the International Commercial Expert Committee on 26 August 2018, and held its first workshop of the International Commercial Expert Committee, on which 32 experts from 15 countries were appointed as the first group of members thereof. The General Office of the SPC released the *Procedural Rules for the International Commercial Expert Committee of the Supreme People's Court*(*For Trial Implementation*) on 21 November 2018.

To establish an international commercial dispute resolution platform that efficiently integrates litigation, mediation and arbitration, and to form a convenient, expeditious and cost-efficient "one-stop" diversified international commercial dispute resolution mechanism, the International Commercial Court of the SPC supports the parties to settle their international commercial disputes by choosing the approach they consider appropriate through the dispute resolution platform on which mediation, arbitration and litigation are efficiently integrated, in accordance with the *Provisions of the International Commercial Court*. On 13 November, 2018, the General Office of the SPC released the *Notice on Inclusion of the First Group of International Commercial Arbitration and Mediation Institutions in the "One-stop" Diversified International Commercial Dispute Resolution Mechanism*, specifying that: According to applications made by relevant institutions, and after taking into account the number of international commercial cases accepted by, the international influence and the construction of informatization of all the arbitration institutions, it is hereby determined that the China International Economic and Trade Arbitration Commission, the Shanghai International Economic and Trade Arbitration Commission, the Shenzhen Court of International Arbitration, the Beijing Arbitration Commission, the China Maritime Arbitration Commission, the Mediation Center of China Council for the Promotion of International Trade and the Shanghai Commercial Mediation Center are included in the first group of arbitration and mediation institutions in the "one-stop" diversified international commercial dispute resolution mechanism. So far, the Belt and Road International Commercial Dispute Resolution Mechanism with the focuses place on establishing the international commercial courts, leading the setup of an international commercial expert committee and the construction of a "one-stop" international commercial dispute resolution platform has been basically in place.

iii. New Mode for International Arbitration Judicial Review under the "One-stop" International Commercial Dispute Resolution Mechanism

On the basis of respecting the parties' autonomy, the international commercial courts expand the channels for the parties to choose the methods of dispute resolution on their own initiatives, being a helpful supplement to the existing international dispute resolution mechanism in China. Pursuant to Article 2 of the *Provisions of the International Commercial Court*, the International Commercial Court shall accept the following five specific types of cases: (1) The international commercial cases of first instance where the parties concerned agree to be subject to the SPC's jurisdiction in accordance with Article 34 of the *Civil Procedure Law* and the amount in dispute thereof exceeds RMB 300 million; (2) The international commercial cases of first instance for which the high people's courts have jurisdiction but deem it necessary for the SPC to try the cases and have such consent from the SPC; (3) The international commercial cases of first instance which have a significant impact nationwide; (4) Cases where an application for preservation measures in arbitration or an application for the annulment or enforcement of international arbitral awards is made pursuant to Article 14 hereof; and (5) Any other international commercial cases where the SPC deems it necessary for the International Commercial Court to try the cases. Among which, the fourth type of cases is in nature the judicial review over international arbitration cases by the "one-stop" international commercial dispute resolution mechanism.

Chapter 7 of the *Procedural Rules* "Support for Dispute Resolution by Arbitration" further specified the operation way of the "one-stop" dispute resolution platform. Article 34 of the *Procedural Rules* stipulates: "Where a party applies for preservation in accordance with Article 14(1) of the [*Provisions of the*

Supreme People's Court on Several Issues Regarding the Establishment of the International Commercial Court (the *Provisions*)] in an international commercial case in which the amount in dispute exceeds 300,000,000 Chinese Yuan or significant influence otherwise exists, the international commercial arbitration institution shall submit the application to the China International Commercial Court in accordance with the Civil Procedure Law, Arbitration Law of the People's Republic of China and other laws. The China International Commercial Court shall accept the case after review, and adjudicate the case in accordance with the laws." Article 35 thereof stipulates: "Where a party, in accordance with Article 14(2) of the Provisions, applies to the China International Commercial Court for setting aside or enforcement of an arbitration award made by an international commercial arbitration institution in an international commercial case in which the amount in dispute exceeds 300,000,000 Chinese Yuan or significant influence otherwise exists, the party shall submit an application letter, accompanied with the original arbitration award or mediation document. The China International Commercial Court shall accept the case after review, and adjudicate the case in accordance with the laws." That is to say, the international commercial arbitration preservation cases and cases of application for annulment or enforcement of the international commercial arbitral awards that are included into the "one-stop" dispute resolution platform should be submitted to the upper-level court for jurisdiction, i.e., those accepted by the intermediate people's court should be directly administered and ruled by the China International Commercial Court. Specifically, for the international commercial cases involving the amount in dispute of more than RMB 300 million or those delivering significant influence that are accepted by the said first group of five international commercial arbitration institutions included in the "one-stop" diversified international commercial dispute resolution mechanism, the parties concerned may apply to the China International Commercial Court for a ruling on the preservation of property, evidence or conduct before or after the arbitration proceeding commences, or may apply for annulment or enforcement of the arbitral awards that have been rendered. Also, the "one-stop" dispute resolution platform supports the mediation of international commercial disputes and encourages the Expert Committee to participate in the mediation, or an international commercial arbitration institution may, during the arbitration, conclude the mediation according to the parties' autonomy and entrust the Expert Committee to make the mediation.

This innovative, modern and efficient mode that integrates the ADR, international commercial courts and international arbitration will enjoy the advantages of being international, law-based and convenient. By this mode, the China International Commercial Court can make ruling on the arbitration-related judicial review cases, which will change the practice that the intermediate people's courts render the rulings on the said type of cases. It is of great significance to make the rules of judgement consistent, improve the standardization and professionalism of judicial review of arbitration, and create a good environment for supporting and supervising the arbitration. Besides, the "one-stop" dispute resolution platform is a new thing, so its effect is to be tested and rules to be detailed in practice. To be specific, great efforts should be spared to discuss and solve such problems as the standards for identification of international commercial cases with "other significant influence", jurisdiction of different arbitration institutions when they accept related cases, cases of confirming the validity of arbitration agreements and setting aside the arbitral awards, etc.

iv. Continuous Support to the Development of Commercial Arbitration Cause in the Pilot Free Trade Zones

On 1 August, 2018, the SPC formulated and released the *Opinions on Providing Judicial Services and Guarantees for Hainan to Comprehensively*

Deepen Reform and Opening Up in accordance with the *Guiding Opinions of the CPC Central Committee and the State Council on Supporting Hainan's Comprehensive Deepening of Reform and Opening up* and the *Opinions of the Supreme People's Court on Providing Judicial Guarantee for the Building of Pilot Free Trade Zones*, facilitating and pushing ahead with the building of China (Hainan) Pilot Free Trade Zone and free trade port with Chinese characteristics. Part 3 of the *Opinions* expressly brings forward that supports should be given to the establishment of diversified international commercial dispute resolution mechanism and brings into full play the functions of such mechanism. Specifically: Support the establishment of international dispute mediation institution and exert the functions of mediation in the international commercial dispute resolution; intensify the construction of "one-stop" dispute resolution mechanism, make active efforts to support the lawyers' participation in the mediation and give into full play the role of lawyers in the international commercial mediation; support the establishment of international commercial arbitration institutions and fully respect the parties' autonomy to select the way of dispute resolution; where the parties of civil and commercial cases in the pilot free trade zone (port) agree to submit the dispute to arbitration seated in foreign jurisdictions, the arbitral award rendered thereby cannot be deemed invalid on the grounds of being without foreign elements; and establish the centralized trial mechanism for the international commercial disputes, gather the advantaged resources to try the international commercial dispute cases involving the construction of the pilot free trade zone (port) according to the laws and increase the quality of trial.

v. Further Regulating the Procedures Relating to Enforcement of Arbitral Awards

On 5 January 2018, the Adjudicative Committee of the SPC deliberated and adopted the *Provisions of the Supreme People's Court on Several Issues concerning the Handling of Cases regarding Enforcement of Arbitral Awards by the People's Courts* (the *Provisions on Arbitral Award Enforcement*) , which has been implemented as from 1 March 2018. The *Provisions on Arbitral Award Enforcement* contain 24 articles, which are applicable to the enforcement of arbitral awards or mediation statements, but excluding those rendered by foreign countries, Hong Kong, Macao and Taiwan regions.

The *Provisions on Arbitral Award Enforcement* mainly involve four aspects as follows: Firstly, distinguishing the two types of cases concerning enforcement issues so as to adjust the jurisdiction of the people's courts; Judicial review cases in which the enforcement of arbitral awards is denied should be under the jurisdiction of the intermediate people's court in accordance with the *Interpretations of the Arbitration Law*. Enforcement of arbitral awards involve a huge amount of cases, which, however, does not involve judicial review of arbitration, so these cases may be under the jurisdiction of the basic-level people's courts provided that the amount of the enforcement subject involved therein falls within the scope of jurisdiction of the basic people's courts over civil and commercial cases at the first instance; or if the place of domicile of the party against whom the enforcement is sought or the location of the property subject to enforcement is within the territorial jurisdiction of such designated basic-level people's court. Secondly, the people's court may render a ruling to dismiss the application for enforcing unclear and nonspecific arbitral awards. e. g. , the subject of rights and obligations is unclear, the amount of monetary payment is unclear or nonspecific or a specific amount is unavailable due to unclear calculation method, the particular object to be delivered is unclear or unable to be ascertained; or the standards, object or scope of the performance by action unclear, making the enforcement impossible. Thirdly, establishing the system that application submitted by a non-participating-party will not be enforced. The *Provisions on Arbitral*

Award Enforcement specify that a non-participating-party may apply for non-enforcement of relevant arbitral award or mediation statement if the non-participating-party can provide the evidence providing that parties to the arbitration case have maliciously applied for arbitration or engaged in fictitious arbitration, undermining the legitimate rights and interests of the non-participating-party; or if the subject matter for enforcement involving the legitimate rights and interests of the non-participating-party has not been fully enforced; or if the non-participating-party submits its application within 30 days after it comes to know or should have known that the people's court has taken enforcement measures against the said subject matter, so as to combat and prevent false arbitration. Fourthly, multiple measures should be taken to restrain the misuse of non-enforcement proceedings, including restricting the period of application for non-enforcement; submitting the application for non-enforcement at one time, further simplifying the procedure for annulling the arbitral awards and the non-enforcement proceedings; unifying the review standards for the cases of non-enforcement, so as to keep the judicial proceedings from being misused by the person subject to the enforcement for delaying the proceedings.

Also, the *Provisions on Arbitral Award Enforcement* specify detailed provisions for some circumstances, eg., matters being arbitrated exceed the scope of the arbitration agreement or the arbitral institution has no jurisdiction; the composition of an arbitral tribunal or the arbitration proceedings are not conforming to the legal procedure, evidence upon which the arbitral award is made is falsified, the other party concealed from the arbitral institution evidence sufficient to affect the impartiality of the arbitral award, etc., and introduce the system of losing of right due to waiver of objection, which does not only conduce to unifying the standards for non-enforcement of arbitral awards, but also have important value for reference of the handling of application for setting aside the arbitral awards.

On 28 May 2018, the Adjudicative Committee of the SPC deliberated and adopted the *Official Reply of the Supreme People's Court on the Application of Law on Placing the "Advance Arbitral" Awards or Mediations of Arbitration Institutions on File for Enforcement* (the *Official Reply*), which has been implemented as from 12 June in the same year. For the advance arbitral awards or mediation statements rendered by the arbitration institutions prior to the occurrence of P2P lending contract disputes, the Official Reply states that they are not arbitrable in accordance with Article 2 of the Arbitration Law, which stipulates that arbitration institutions can arbitrate disputes, so the people's courts shall reject the "advance arbitral" awards or mediation statements, and shall rule to dismiss the application for enforcement. Besides, the *Official Reply* particularly define the circumstance of " composition of the arbitration tribunal or the arbitration procedure has violated the statutory procedures" during the arbitration of the P2P lending contract disputes, so as to protect the debtors from being deprived of the rights of defense and remedy by advance arbitration and safeguard the debtors' legitimate rights and interests.

Ⅲ. Theoretical Research on International Commercial Arbitration in China

i. Recent Research Focuses in China

The theorists in China concentrated the research efforts on the international commercial arbitration about the following issues since 2018:

1. Development of the"B&R" Dispute Resolution Mechanism

On 23 January 2018, President Xi Jinping, Secretary-General of the CPC and President of Central Military Commission presided over the meeting of the Central Leading Group for Comprehensively Continuing Reform, deliberating and adopting the *Opinions Concerning the Establishment of the Belt and Road International Commercial Dispute Resolution Mechanism and Institutions* (the *Opinions*). The Opinions requires that great efforts should be devoted to fully implement the spirits of the 19th CPC National Congress and the Second and Third Plenums of the 19th CPC National Congress and uphold the President Xi Jinping's Thought on Socialism with Chinese Characteristics for the New Era, actively promote international collaborations under the "B&R Initiative", properly solve commercial disputes arising from the construction of the "B&R Initiative", equally protect legitimate rights and interests of Chinese and foreign parties, create a fair and equal business environment, so as to provide more effective judicial services and guarantees for the construction of the "B&R Initiative", promoting advanced and convenient trades & investment, and pushing ahead with the establishment of an open global economy. The implementation of the "B&R Initiative" brings about such characteristics as multiple participants, diversified laws, cultures and traditions and considerable disparity in social and economic development, which makes the disputes over investment and trade more complex and enables the establishment of the "B&R" dispute resolution mechanism become important guarantee for smooth implementation of the "B&R Initiative". To address relevant problems arising from the establishment of the "B&R" dispute resolution mechanism, experts and scholars actively explore the mode for the "B&R" dispute resolution mechanism and the feasibility of diversified dispute resolution mechanism that can realize mutual coordination among mediation, arbitration and litigation.

Hu Xiaoxia pointed out that a single dispute resolution method cannot flexibly and effectively handle economic and trade dispute among different countries, and a sole dispute resolution mechanism was always rigid. To facilitate the construction of the "B&R Initiative", the dispute resolution mechanism should be diversified and compatible, as well as efficient, effective, transparent and practicable. In the collaboration of the "B&R" Initiative, a cross-border dispute resolution pattern featuring multilayer, dimensional, mutual cooperation and sound interaction should *be established*①.

Wang Qi stated that the "B&R" dispute resolution mechanism should be a combination of concrete system & regime and abstract credibility & influence, efforts should be spared to build up a unified "B&R" dispute resolution platform, and to establish an integrated mechanism commensurate with the interregional and international dispute resolution mechanism②.

The development of China's international commercial arbitration in the "B&R" dispute resolution mechanism involves the selection of particular mode, but what is more important is the top-level design. To ensure the sound development and effective operation of the international commercial arbitration in the "B&R" dispute resolution mechanism, it is required to make an overall planning from the top-level design to the action and layout③. Besides, the Chinese government should work out the strategies, policies, overall planning and legislation to promote and facilitate the development of the international commercial arbitration in the new era.

2. Electronization of China's International Commercial Arbitration

With rapid development of the network technology, digital technology and mobile communication technology, both social life and economic ties are

---

① See HU Xiaoxia(胡晓霞): *Research on the Dispute Resolution Mechanism in Facilitation of the Construction of the "B&R Initiative" — Fostering of Foreign-related Legal Talent*(《"一带一路"建设中争端解决机制研究——兼及涉涉外法律人才的培养》) published in the Legal Forum(《法学论坛》), vol. 4, 2018.

② See WANG Qi(王琦): *Interpretation and Establishment of the "B&R" Dispute Resolution Mechanism*(《"一带一路"争端解决机制的阐释与构建》) published in the *Law Science Magazine*(《法学杂志》), vol. 8, 2018.

③ See SHI Chunlei(石春雷): *Positioning and Development of the International Commercial Arbitration in the "B&R" Dispute Resolution Mechanism*(《国际商事仲裁在"一带一路"争端解决机制中的定位与发展》) published in the *Law Science Magazine*(《法学杂志》), vol. 8, 2018.

increasingly electronizing and online-orienting. All kinds of media, electronic and network technologies play an increasingly important role in the global governance. In this context, a low-cost but efficient and convenient online dispute resolution (ODR) catering for the internet era emerges, among which online arbitration represents a booming mode. After experiencing the budding stage, the online arbitration in China has entered the stage of rapid development. According to the caseload nationwide, over 200, 000 online arbitration cases were accepted in 2016. Taking Guangzhou Arbitration Commission (GZAC) as an instance, it accepted a total of 70, 079 cases involving a subject amount of RMB 3.561 billion, 85% of which were the internet finance cases. Relying on the internet technology, the online arbitration provides convenient and efficient dispute resolution method for the internet finance disputes. Most of evidence in the internet finance, including online payment, electronic contract, etc., come from the network. During the online arbitration, electronic evidence can be timely and effectively submitted to the online platform of arbitration institution. Moreover, the timestamp technology guarantees the authenticity and effectiveness of electronic evidence, enabling them to be accepted "in the form of originals".

Electronization of the international commercial arbitration is an inevitable trend, scholars actively discussed the difficulties it faces during the development (eg., identity identification of online arbitration, validity of electronic evidence of online arbitration agreements), and made active and reasonable explanation in the legislation environment of China. The existing online arbitration has clearly specified the online arbitration agreement, online application, trial and ruling, online delivery and other procedural rules, and refined the preservation and attestation of electronic evidence, eliminating the barriers for the development of online arbitration. With the emerging online arbitration, internet finance arbitration becomes the concern of some scholars. The internet finance in China is subject to the post-supervision, and the financial supervision is always too rigid but lacks flexibility. Shen Wei raised that the internet finance regulatory rules may be refined according to the arbitration method, thereby "creating necessary policy environment and practice basis for self-improvement and gradual growth" of the internet finance regulatory rules and further driving and optimizing the construction of internet finance supervision and rules system to a larger extent①.

3. International Commercial Arbitration and Judicial Supervision

Although the arbitration respects parties' autonomy and is the reflection of contractual agreement of the parties concerned, it cannot run against the judicature because of the arbitration system's semi-judicial characteristic. The fairness and efficiency of arbitration cannot realize without the judicial supervision and support to commercial arbitration. Under the regime of "Either Arbitration or Trial" or "Final and Binding Arbitral Award", there has always been a complicated contradiction between choosing arbitration excluding court jurisdiction and judicial supervision. Furthermore, the confidentiality principle of arbitration conflicts with the openness called for by the arbitration supervision②. Judicial supervision of international commercial arbitration mainly involves two topics: one is the judicial supervision of arbitration agreement, and the other is the judicial supervision of arbitral awards.

With rapid development of China's international commercial arbitration, the SPC shows a clear position of actively supporting the reform of the arbitration

---

① See SHEN Wei(沈伟) and YU Tao(余涛): *Endogenetic Logic and External Evolution of the Internet Finance Regulatory Rules: Taking the Internet Finance Arbitration as a Basis*(《互联网金融监管规则的内生逻辑及外部进路:以互联网金融仲裁为切入点》) published in the *Contemporary Law Review* (《当代法学》), vol. 1, 2017.

② See DING Pengchao(丁朋超): *Rethinking about and Restructure of Judicial Supervision System of China's International Commercial Arbitration* (《我国国际商事仲裁司法监督体制的反思与重构》) published in the *Journal of North China University of Water Resources and Electric Power*(*Social Sciences Edition*)[《华北水利水电大学学报》(社会科学版)], vol. 1, 2018.

system, and takes multiple measures to create an arbitration-friendly judicial supervision environment. In the cases of confirming the validity of arbitration agreements and arbitration clauses, the expansion of the parties' autonomy gave birth to the new-type arbitration agreements, including appeal arbitration agreements, floating arbitration agreements, which overthrows the finality of arbitral awards and the certainty of consent to arbitration. Courts in China used relatively rigorous standards for confirming the validity of arbitration agreements for a long time, but the replies issued by the SPC to the confirmation of validity of arbitration agreements in recent years have proved that the judicial judgment of effective elements in arbitration agreements have become relaxed. ①

The academic community has always debated the theoretical foundation for selection of "single-track system" and "double-track system" of judicial review of arbitral awards, but it fails to reach a consensus yet. Scholars actively discuss the approaches of selection of the commercial arbitration supervision mode, specifically:

Firstly, overall supervision featuring the entire supervision of seeking the case substantive and procedural issues. Scholars in favor of the overall supervision think that fairness is superior to efficiency under the double value objectives of fairness and efficiency, so fairness should be taken as the overall objective, and final arbitral awards against the fairness should be reversed.

Secondly, the procedural supervision that focuses on the review of procedural matters only. Scholars upholding this mode state that overall supervision is unnecessary for commercial arbitration, focus should be placed on the procedural matters to seek the equilibrium between arbitration and judicial review, i. e., how

---

① See MO Li(莫莉): *Development Trend of International Commercial Arbitration Agreements and China's Judicial Review Position*(《国际商事仲裁协议发展动向及我国司法审查立场》) published in the *Theory Horizon*(《理论界》), vol. 2, 2018.

to deal with the relationship between fairness and efficiency.

The SPC's position of explaining the arbitration agreements in a less rigid way proves its support to arbitration, does the SPC's change of its attitude mean the possibility of judicial review of arbitral awards to become "single-track system"? Or does it mean the lowering of standards for arbitration and the tightening of judicial review of arbitral awards? This issue deserves continuous concern in the future.

4. Amendments to the Arbitration Law and Reform of the Arbitration Proceedings

Because the *Arbitration Law* of China lags behind to some extent, the SPC released the *Provisions of the Supreme People's Court on Several Issues concerning Trying Cases of Arbitration-Related Judicial Review* (the *Provisions*) on 26 December 2017 to make an improvement. The *Provisions* explained several concrete issues about the application of law, but failed to overcome the difficulties due to the absence of some rules in the *Arbitration Law*. On 24 August 2018, Secretary-General Xi Jinping stressed at the first meeting of the Commission for Overall Law-based Governance of the CPC Central Committee: "Efforts should be spared to accelerate the building of an inclusive, efficient and convenient modern public legal service system covering both urban and rural areas and involving the reform scheme including lawyers, notary, legal aid, judicial identification, arbitration, so as to make people firmly enjoy more convenient legal services".

With great efforts and support of the Central Government, the amendment of the *Arbitration Law* is going on smoothly. Discussion about the amendment of the *Arbitration Law* focuses on unequal rights between ad hoc arbitration in China and that at abroad, implementation of the arbitration and the selection & appointment of arbitrators by foreign arbitration institutions in China, judicial supervision, etc.① China is a contracting state member of the *New York Convention*, but the existing *Arbitration Law* of China conflicts with the *New York Convention* in terms of ad hoc arbitration, such disjunction will give rise to unequal right of ad hoc arbitration, which also the grounds that some scholars raise that the ad hoc arbitration system should be further specified in a legal form.② Some scholars pointed out that the place of arbitration may be taken as the nationality of arbitral award, so as to address the difficulties in recognizing domestic and foreign arbitral awards under the judicial review of "double-track system".③ Also, the selection and appointment of arbitrators and judicial supervision have caught the attention of the Ministry of Justice. The keynote speech delivered by Shi Hai, Head of the Arbitration Section, Bureau of Public Legal Services Administration of the Ministry of Justice, at the Annual Meeting of the China Academy of Arbitration Law and the 11th Arbitration and Justice Forum on 17 November 2018, reflected the importance to the selection & appointment of arbitrators and judicial supervision in the amendment of the *Arbitration Law*. But he mentioned nothing about the ad hoc arbitration system and identification of nationality of arbitral awards, which needs in-depth discussion and analysis to identify whether the two issues could cumber

---

① See LIU Ying(刘瑛) and LIN Shuting(林舒婷): *Refining the Arbitration Law by Referring to the UNCITRAL Model Law on International Commercial Arbitration*(《借鉴〈联合国国际贸易法委员会国际商事仲裁示范法〉完善中国〈仲裁法〉》) published in the Journal of Taiyuan Normal University (Social Sciences Edition) [《太原师范学院学报》(社会科学版)], vol. 3, 2018; QI Zhuang: *Building up the International Commercial Arbitration Center — From the Perspective of Amending the Arbitration Law*(《构建国际商事仲裁中心——以〈仲裁法〉的修改为视角》) published in the *Theoretical Horizon*(《理论视野》), vol. 7, 2018.

② See ZHANG Xinquan(张心泉) and ZHANG Shengcui(张圣翠): *About the Establishment of the Ad Hoc Arbitration System of China*(《论我国临时仲裁制度的构建》) published in the *Journal of East China University of Political Science and Law*(《华东政法大学学报》), vol. 4, 2010.

③ See ZHAO Xiuwen(赵秀文): *About the Nationality of Arbitral Awards Rendered by the International Court of Arbitration of International Chamber of Commerce*(《论国际商会国际仲裁院裁决的国籍》) published in the *Journal of Political Science and Law*(《政法论丛》), vol. 5, 2005.

the increase of recognition of China's international commercial arbitration.

5. Obligation of the Funded Party for Information Disclosure in the Third-party Funding Arbitration

The third-party funding (TPF) arbitration is incompatible with the existing international commercial arbitration proceedings in many regards, so how to optimize the TPF disclosure rules has been great concern of some scholars in the past year. The confidentiality of TPF involved in the arbitration makes the relationship between the funding party and the arbitrators secret throughout the arbitration, making the independence and fairness of arbitrators faces many uncertainties. ① Moreover, the TPF will influence the parties' claims and their behaviors during the arbitration proceedings, accordingly affecting the arbitration proceedings substantially, the fairness of the arbitration proceedings was thus questioned. Liu Ying stated that the legislation should be enacted to regulate the TPF arbitration: If the funding agreement has been concluded prior to the international arbitration proceedings, the funded party should disclose the TPF to the arbitration institution before the arbitration proceedings are initiated; If the funding agreement is concluded after the arbitration, the funded party should tell the arbitration institutions, arbitral tribunal and the other party about the TPF immediately upon the conclusion of such funding agreement. ② In addition to adding uncertainties to arbitration proceedings, the TPF arbitration could give rise to the misuse of right of action. Although allowing the TPF arbitration has become a trend, additional attention should be paid to enact a legislation to minimize and

---

① See LIN Qimin(林其敏): *Research on the Transparency of International Commercial Arbitration* (《国际商事仲裁的透明度问题研究》) published in *Hebei Law Science*(《河北法学》), vol. 6, 2015.

② See ZHOU Yanyun(周艳云) and ZHOU Zhongxue(周忠学): *Rules for Disclosure Obligation of the Funded Party in the Third-party Funding International Commercial Arbitration — From the Prospective of the "Belt and Road" Initiative*(《第三方资助国际商事仲裁中受资方披露义务的规制——基于"一带一路"视阈》) published in *Social Sciences in Guangxi*(《广西社会科学》), vol. 2, 2018.

control its possible adverse influence on the arbitration proceedings while opening *up this market.* ①

6. "De-commercialization" of International Investment Arbitration

Independent of the international commercial arbitration, international investment arbitration has particularities in many aspects, such as the status of subject of dispute, basis for application of laws, transparency of arbitration proceedings, review before the enforcement of arbitral awards, etc. But the international investment arbitration proceedings originated from the international commercial arbitration, and mainly rely on the commercial arbitration in terms of the composition of arbitral tribunal, design of arbitration proceedings and rules, etc. Considering the particularities of the international investment arbitration, the theorists challenge the "commercialization orientation" of the treaties' explanation and application by the arbitral tribunals.

Different from the explanation of the contractual clauses made by the commercial arbitral tribunals, the investment arbitral tribunals will inevitably explain the clauses in the investment treaty. If they do not distinguish the contractual clauses from those in the investment treaty, but regard the investment arbitration same as the commercial arbitration instead, it could probably distort the contracting intent of the contracting member states and contort the purpose of the investment treaty. Therefore, some scholars suggest recognizing and distinguishing the commercial arbitration proceedings from the investment arbitration proceedings, defining and unifying the investment connotation and boundary. ②

---

① See TAN Chenyi(谈晨逸): *Challenge and Prevention of the Third-Party Funding Arbitration to the Independence of Arbitrators*(《第三方资助仲裁对仲裁员独立性的挑战与防范》) published in the *International Business Research*(《国际商务研究》), vol. 1, 2019.

② See HE Hui(贺辉): *Analysis of the Necessity of De-commercialization in International Investment Arbitration based on the Practice*(《基于实践分析国际投资仲裁去商事化的必要性》) published in the *Journal of Zhengzhou University*(*Philosophy and Social Sciences Edition*)[《郑州大学学报》(哲学社会科学版)], vol. 5, 2018.

Some other scholars pointed out that "commercialization" of the international investment arbitration was associated with the tendency to protect the investors' profits. However, as not only a capital exporter but also a capital importer, China should take a position of balancing the benefits in the international investment arbitration, so China's international investment arbitration should hold fast to the "de-commercialization". ①

ii. Recent Research Focuses Abroad

The theoretical circle at abroad concentrated the research efforts on the international commercial arbitration about the following issues in 2017 – 2018.

1. "Expedited" Arbitration Proceedings in the Reform of International Commercial Arbitration

It is undeniable that the international commercial arbitration is an important resolution method of international commercial disputes, but the international commercial arbitration proceedings faced the problem of increasing time and costs in recent years, diminishing the advantages of arbitration compared with the litigation. In this context, some scholars stated that the commercial arbitration was not the optimum option for the resolution of disputes. The delayed arbitration proceedings impair the efficiency of traditional commercial arbitration, the exchange of evidence between the claimant and the respondent may last for several years, which greatly increases the time and costs of arbitration. ② The international commercial arbitration proceedings are too lengthy, expensive and complex, and the boundary between the arbitration proceedings and the litigation procedures becomes fuzzy, some scholars criticized the international commercial arbitration is

① See XIAO Fang(肖芳): *Commercialization and Rethinking of Juridical Review of the International Investment Arbitral Awards*(《国际投资仲裁裁决司法审查的"商事化"及反思》) published in the *Law Review*(《法学评论》), vol. 3. 2018.

② See Irene Welser, Chiristan Klausegger, "Fast Track Arbitration: Just Fast or Something Different", in Australia Yearbook on International Arbitration(2009).

becoming increasingly "judicialized".[①] Increasing the efficiency of arbitration proceedings and cutting down the costs are the main reform scheme of "de-judicialization" of international commercial arbitration, but how to balance efficiency and fairness remains the focus of reform.

Eliane Fischer and Michael Walbert asserted many advantages of the arbitration, the "expedited" arbitration proceedings and the procedure setting can better satisfy the demands of commercial disputes with continuous development.[②] Rudolf Tschani *et al.* argued against the increase of efficiency of commercial arbitration, because "expedited" arbitration could be at the cost of impairing due process and sacrificing the rights of statement of both the claimant and the respondent.[③]

Deng Jie summed up the "expedited" arbitration proceedings rules formulated by foreign countries, mainly featuring: A sole arbitrator tribunal is always used to avoid the delay easily to be caused by a collegial panel; properly expanding the authorities of the arbitrators enable them to take appropriate proceedings of concrete case according to the actuality; setting the deadline of proceedings and asking the parties and arbitrators to follow such deadline, so as to promote efficient operation of the arbitration proceedings; reasonably restricting the parties' rights of pleadings to reduce the unnecessary delay and costs; restricting or excluding the parties' right of appeal, and the parties' right of applying to the court for retrial for

---

① See Leon Trakman, Hugh Montgomery, "The 'Judicialization' of International Commercial Arbitration: Pitfall or virtue?", *Leiden Journal of International Law*, 30(2017).

② See Eliane Fischer, Michael Walbert, "Efficient and Expeditious Dispute Resolution in M&A Transactions", in Australia Yearbook(2018).

③ See Rudolf Tschäni, Harold Frey, Dominique Müller, Streitigkeiten aus M&A-Trans-aktionen 12, 90 (2013).

substantive issues are mostly restricted or excluded. ①

Overall, "expedited" arbitration proceedings are special procedure deriving from the basis of stressing the efficiency value and are a kind of reflection of de-litigation movement in the arbitration that has emerged in the 1990s. China does not accept the "expedited" arbitration proceedings yet, but there are many simple, rapid and small-amount procedures similar to the "expedited" proceedings in practice. Research on the "expedited" arbitration proceedings rules conduces to coordinating the hierarchy conflict between efficiency and fairness and avoids unfair results caused by excessive attention to the efficiency.

2. Emergency Arbitrator Procedure Rules

Apart from the "expedited" arbitration proceedings, the emergency arbitrator system is another arrangement for increasing the efficiency of traditional commercial arbitration. When the parties of a dispute face urgent situation and have no time to wait for the composition of an arbitral tribunal, an emergency arbitrator will issue an interim injunction for the application submitted by the party concerned for property and evidence preservation, and take the temporary preservation measures. ② The right to take emergency or preservation measures were originally exclusive to the courts, so are in some countries where the emergency arbitrator system is unavailable (like China), but such right is reserved by the arbitrators under the emergency arbitrator system. Therefore, efforts should be made to demonstrate the basis and boundary of rights before discussing whether

---

① See DENG Jie(邓杰): *Expedited Arbitration Proceedings in the International Trend of Commercial Arbitration Reform*(《商事仲裁改革国际潮流下的加速仲裁程序》) published in the Journal of Shanghai Normal University(Philosophy and Social Sciences Edition)[《上海师范大学学报》(哲学社会科学版)], vol. 6, 2018.

② Irene Welser, Fast Track Proceedings, "Expedited Procedure and Emergency Arbitrator-Pros and Cons", in Liber Amicorum to Professor Jerzy Rajski 216, 221 (Beata Gessel-Kalinowska vel Kalisz ed., 2015).

it is necessary for a country to introduce the emergency arbitrator system. ① How do the parties make a choice when, in particular, the rights of emergency arbitrators overlap those of the courts? Cavalieros and Kim stated that a court's power to issue interim injunction was limited only to circumstances where the emergency arbitrator or arbitral tribunal was unable to provide the same relief, i. e. , the court actually granted the supplementary and final relief. That is to say, both parties, in case of an emergency, should apply first for the relief through the emergency arbitrator system, and then claim to the court in case of failing to obtain such relief through the same.

The boundary of emergency arbitrators' rights has attracted the attention of scholars at abroad, who also debated extensively on the validity and enforcement of emergency awards. For example, the interim injunction issued by an emergency arbitrator for a case is actually an award, which goes beyond the scope of arbitration agreement, then how to judge the validity of such injunction? Can an emergency arbitral award be enforced? Some scholars hold that temporary measures should be regarded as a form of arbitral awards, which are enforceable in accordance with the *New York Convention*. ② However, it is widely controversial about whether the arbitral awards taken as temporary measures are final and binding.

Foreign scholars analyzed the provisions for emergency arbitrators in the arbitration institutions' rules and made comparison thereof and expatiated on the role and powers of emergency arbitrators in commercial arbitration, thus providing

---

① See Cavalieros, Philippe & Kim, Janet (Hyun Jeong), "Emergency Arbitrators Versus the Courts: From Concurrent Jurisdiction to Practical Considerations", *Journal of International Arbitration* 35, no. 3 (2018).

② See FANG Mo(房沫): *Interim Relief Measures prior to the Composition of an Arbitral Tribunal — On the Basis of the SIAC Arbitration Rules*(《仲裁庭组成前的临时救济措施——以新加坡国际仲裁中心仲裁规则为视角》) published in the Social Scientist, vol. 6, 2013.

a theoretical support for further development and improvement of the emergency arbitrator procedure. Bassam Mustafa Tubishat and Khaldon Fawzi Qandah pointed out that: rules related to emergency arbitrators mainly concentrate on two aspects: Firstly, the scope of powers of emergency arbitrators. An emergency arbitrator enjoys the power to take temporary measures or emergency measures before an arbitral tribunal is formed, so as to protect the parties' interests and avoid the non-enforcement of final award. To better achieve the said purpose, the emergency arbitrator should also have the right to decide to take emergency measures that are binding upon the parties; Secondly, the position of emergency arbitrators. The comparative research on the arbitration rules of the SCC, the ICC and the SIAC indicates that an emergency arbitrator must render a temporary award within 5 days (for the SCC, this figure is 15 days for the ICC, and 1 day for the SIAC) and such award remains valid until the final award is concluded. The duration of validity of temporary measures varies greatly among different arbitration institutions and is generally unclear. ①

3. The Selection and Appointment of Arbitrators

Arbitrators play an important role in the international commercial arbitration, they are not only "brakes" but also "accelerators" of the arbitration proceedings. On one side, arbitrators should guide the progress of arbitration proceedings, to keep the parties involved therein from misusing the rights granted by the arbitration rules. On the other side, arbitrators should guarantee smooth progress of arbitration proceedings, to avoid high costs and low efficiency caused by dilatory process.

Jean stated that the role of arbitrators in the arbitration proceedings is disappointing, because they have to act as passive judicators due to limitations on their rights or fail to act prudently to the extent of their rights to guarantee the

---

① See Bassam Mustafa Tubishat, Khaldon Fawzi Qandah, "The Role of Emergency Arbitrator in Commercial Arbitration: Comparative Study", 11 *J. Pol. & L.* 94(2018).

efficiency of arbitration proceedings, or they misuse the rights in the arbitration proceedings, making the arbitration delayed or expensive. ① An eligible arbitrator should fully respect the freedom of the parties involved in the dispute and properly exercise his/her free discretion upon the principle of due process, so as to ensure smooth implementation of the arbitration proceedings. ②

The qualification and quality of arbitrators are questioned, besides, the potential close and good relationship between "repeat players" and arbitrators also influences the fairness of arbitration. Theoretically, the parties involved in a dispute enjoy equal rights to freely select the arbitrators. However, in practice, arbitrators are in a relatively close market. Due to the confidentiality of arbitration, so the parties can only judge the ability and level of an arbitrator according to the number of cases he/she participated in, but the repeat players may enjoy advantages based on their previous experience. As M. Hunter famously said: "What I am really looking for in a party nominated arbitrator is someone with the maximum predisposition towards my client but with the minimum appearance of bias." ③

4. Transparency in International Commercial Arbitration

The TPF, repeat players, impartiality of arbitrators and other issues trigger the problem about whether the transparency of international commercial arbitration should be increased. Davidson stated that although some scholars called for the publication of arbitral awards, but very few arbitration institutions presumptively

① See Jean E. Kalicki, "Controlling Time and Costs in Arbitration, Progress Report (Part 1 of 2)", Kluwer Arbitration Blog, 21 November 2011, Accessed March 22, 2019. http://arbitrationblog.kluwerarbitration.com/2011/11/21/controlling-time-and-costs-in-arbitration-a-progress-report-part-1-of-2/.

② See Cosmos Nike Nwedu, "Spotlight on International Arbitration: A Survey of Emerging Trends and Challenges to Its Practice", 6 *Y. B. on Int'l Arb*. 23, 2019.

③ J. Fernandez-Armesto, Salient Issues of International Arbitration, in *American University of International Law Review*, 2012, vol. 27, p. 723, Quoted from WANG Jiwen (王吉文): Issue about Repeat Players in the International Commercial Arbitration (《国际商事仲裁中的"仲裁常客"问题》) published in the *Western Law Review* (《西部法学评论》), vol. 3, 2018.

publish awards; the confidentiality and privacy are still the main characteristics of commercial arbitration. ①

According to Kehoe, greater access to information about the arbitration proceedings can push both parties and arbitrators act more prudently. Greater transparency can help the arbitration commissions review the arbitral awards. In case of involving the cases relating to the public interest, social supervision can keep the arbitral results substantially impair the public interest. ②

Malan pointed out that transparency had already and will continue to have a strong impact on arbitration on various aspects. Shifting toward transparency was not new, but efforts were made to find a good equilibrium between the interests, i. e., balance between fairness & reliability of arbitration and flexibility & confidentiality of arbitration proceedings. ③

Elina said due to the limitations on arbitrator pool, information access to the progress of arbitration proceedings and confidentiality of arbitration posed obstacles to further development of the international commercial arbitration proceedings. Shifting toward transparency was inevitable to make the international commercial arbitration become a more efficient and reliable dispute resolution mechanism. ④

The *UNCITRAL Rules on Transparency in Treaty-based Investor-State Arbitration* and the *Mauritius Convention on Transparency* were only applicable to the treaty-based investment arbitration between investors-host countries, but the information disclosure rules therein have attracted extensive attention and discussion of scholars, which may deliver penetrative impact on the further international

---

① See "*International Arbitration Experts Discuss Shifts In Transparency*, Significant Developments This Year And What 2018 May Bring", *MEALEY's International Arbitration Report*, vol. 32, #11 November 2017.

② *Ibid.*

③ *Ibid.*

④ See Elina Zlatanska, "The International Journal of Arbitration", *Mediation and Dispute Management* vol. 81, No. 1 NoInternational.

commercial arbitration proceedings. As Matthew stated, the transparency rules should be applicable to the international commercial arbitration, but not be limited to the investment arbitration between investors-host countries. Expanding the application of arbitration rules conduced to making the commercial arbitration system legal and promoting the continuity, consistency and predictability. ①

5. "Public Governance" behind the Reform of International Commercial Arbitration

More and more queries on the international commercial arbitration appeared in recent years, which trigger heated debate of foreign scholars about the reform of international commercial arbitration. Some scholars raised the absence of transparency of commercial arbitration②, some scholars criticized the absence of precedent system for the commercial arbitration③, and the others worried about the conflict of interest behind the TPF arbitration④. Some scholars pointed out that these issues were discussed based on whether the arbitration proceedings can be reformed depends on the provider of arbitration rules — the arbitration institution itself, this was an issue about the autonomy of private law, rather than an issue about public governance. But Baaij stated that although commercial arbitration fell within the scope of the autonomy of private law, the domestic courts had a decisive impact on the arbitration institutions. ⑤

---

① See Matthew Carmody, "Overturning the Presumption of Confidentiality: Should the UNCITRAL Rules on Transparency Be Applied to International Commercial Arbitration", 19 *Int'l Trade & Bus. L. Rev.* 96, 2016.

② See Victoria Pernt, "How Much (More) Transparency Does Commercial Arbitration Really Need", Kluwer Arb. Blog (Mar. 4, 2017).

③ William W. Park, The Predictability Paradox Arbitrators and Applicable Law, ICC Publication No. 753E, 2014.

④ See Valentina Frignati, "Ethical Implications of Third-party Funding in International Arbitration", 32 *ARB. INT.* 505, 510, 2016.

⑤ See C. J. W. Baaij, "Hiding in Plain Sight: The Power of Public Governance in International Arbitration", 60 *Harv. Int'l L. J.* 135, 2019.

Walter and Thomas Dietz expressed the similar viewpoint, i. e. , rapid development of the international commercial arbitration was attributed to the judicial guarantee that domestic courts recognized the arbitration agreements and final enforcement of arbitral awards. ①The model arbitration clauses provided by the arbitration institutions were also based on the situation that they believed the courts could perform the arbitration agreement and support the arbitration institutions to resolve the disputes.

Alice and Florian stated that the reform of international commercial arbitration was in essence the distribution of rights of administration and jurisdiction between arbitral tribunals and domestic courts. ② The development and maturity of international commercial arbitration in many countries makes the arbitral tribunals obtain the autonomy of arbitration proceedings, which has been an established fact, but it does not mean the distribution of such rights needs no further exploration. If a State thinks that the arbitration should be greatly obligated to generate the commercial rules, the reform of arbitration may move toward the corresponding direction.

According to the research on the EU laws, Jan stated that mandatory laws thereof were not for encumbering the efficiency of international arbitration, the proper application of mandatory laws was an important tool to balance the "interest of private law" and the "interest of public law". ③

6. Arbitrability of Corruption

Although the corruption is generally recognized as the behavior destroying the

---

① See Walter Mattli, Thomas Dietz, "Mapping and Assessing the Rise of International Commercial Arbitration in the Globalization Era: An Introduction", *International Arbitration and Global Governance: Contending Theories and Evidence* 1 - 21, 9, 2014.

② See Alice Stone Sweet, Florian Grisel, "The Evolution of International Arbitration", *Judicialization, Governance, Legitimacy* 45, 2017.

③ See Jan Kleinheisterkamp, "Overriding Mandatory Laws in International Arbitration", *ICLQ* vol. 67, Oct. 2018.

trade, no consensus on whether the corruption constitutes an international crime is reached yet. The enforcement of the *US Foreign Corrupt Practices Act* and the *OECD Convention on Combating Bribery of Foreign Public Officials in International Business Transactions* drive some countries to start the anti-corruption legislation, but the international community fails to reach a consensus on the enforcement of anti-corruption laws. Corruption is currently deemed the public policy of the host countries. With the upgrading of anti-corruption, foreign scholars have initiated the research on the arbitrability of corruption issues, with the focus being placed on whether an arbitral tribunal enjoys the right to arbitrate the allegation of corruption in the international commercial arbitration and which proper law should be applied therein.

Deeksha and Geetaniali stated that although corruption was subject to significant condemnation, it should be within an arbitrator's authority to adjudicate upon such allegations claimed by the parties in the international commercial arbitration, and the parties may obtain the economic compensation through the arbitration. Although it was difficult to collect the evidence for the corruption, excluding the corruption from the scope of international commercial arbitration may be not good for protecting the interests of the parties. ①

Emmauel pointed out that anti-corruption enhancement drove the commercial disputes involving the allegations of corruption up, arbitrators should arbitrate these allegations based on some common principles or transnational anti-corruption rules, but not the domestic laws. Although it was hard to directly obtain relevant evidence, arbitrators can identify the standards for existence of corruption through sufficient indicators or "warning signs". ②

---

① See Deeksha Malik, Geetanjali Kamat, "Corruption in International Commercial Arbitration: Arbitrality", *Admissibility & Adjudication*, 5 Arb. Brief 1, 2018.

② See Emmanuel Gaillard, "The Emergence of Transnational Responses to Corruption in International Arbitration", *Arbitration International*, vol. 35, Issue 1, Mar. 2019.

Arbitrating the allegations of corruption by arbitrators is not a new problem, Judge Lagergre was requested for adjudicating the bribery and fraud behaviors of government officials in an ICC Case (No. 1110). Furthermore, both commercial arbitration and investment treaty increasingly set forth provisions concerning corruption. According to the current research of foreign scholars, there is precedent that corruption falls within the scope of arbitrability of international commercial arbitration and investment arbitration.

Chapter Two Observation on China's International Commercial Arbitration Practice Involving "Belt and Road" Countries

In September and October 2013, President Xi Jinping advanced the initiative of building a "Silk Road Economic Belt" and the "21st-Century Maritime Silk Road" in collaboration with the countries along the "Belt and Road" ("B&R" countries). The "Silk Road Economic Belt" and the "21st-Century Maritime Silk Road" are collectively referred to as the "Belt and Road" Initiative ("B&R Initiative"). ① As of July 2019, 136 countries and 30 international organizations have signed a total of 194 "Belt and Road" cooperation agreements with China. ② From 2013 to 2018, Chinese enterprises directly invested over USD 90 billion to the "B&R" countries, with an average annual increase of 5.2%. These enterprises concluded the contracts for contracted projects in the "B&R" countries, with a contract value of more than USD 60 billion, with an average annual increase of 11.9%. ③ Since the introduction of the "B&R Initiative", China has continued

① For further details, please visit the official website of the "B&R Initiative": https://www.yidaiyilu.gov.cn/info/iList.jsp? tm_id=540.

② For the List of Countries that Have Concluded the B&R-related Cooperation Agreements with China, please visit the official website of the "B&R Initiative": https://www.yidaiyilu.gov.cn/gbjg/gbgk/77073.htm.

③ For further details, please visit Xihuanet.com: Direct Investment Made by China to "B&R" countries over USD 90 Billion: http://www.xinhuanet.com/2019-04/18/c_1124386214.htm.

great efforts to strengthen the economic and trade ties with the "B&R" countries and regions and to explore the construction of the "B&R" dispute resolution mechanism. In June 2018, the General Office of the CPC Central Committee and General Office of the State Council released the *Opinions Concerning the Establishment of the Belt and Road International Commercial Dispute Resolution Mechanism and Institutions*, highlighting the necessity of researching on the resolution of disputes between the commercial subjects of "B&R" countries.

As a renowned international commercial arbitration institution, China International Economic and Trade Arbitration Commission (CIETAC) has abundant experience in managing disputes involving the commercial subjects in "B&R" countries/regions. From January 2013 to June 2019, CIETAC accepted a total of 557 cases involving "B&R" countries/regions, with an amount in dispute of RMB 24.357 billion in aggregate. By selecting 263 typical cases involving "B&R" countries/regions among those concluded by CIETAC, this Chapter made a special observation and research after concealing the information of the parties concerned, arbitrators, case number and other information. The overwhelming majority of these cases are concluded in the way of making arbitral awards, and few cases are concluded by settlement.

With respect to the selected cases, this Chapter makes an overall analysis and research of a great many factors, including case type, language of arbitration, applicable laws for the cases, nationalities of the parties concerned, other foreign-related factors of the cases, arbitral results, etc., and sums up the characteristics and distinctions of commercial dispute cases involving "B&R" countries. Also, this Chapter, based on the analyses of big data and typical cases, sums up the experience and enlightenment that the parties handled the foreign-related commercial dispute cases, thereby bringing forward the suggestions for risk prevention.

Ⅰ. Overview of Arbitral Awards for Cases Involving "B&R" Countries/Regions

i. Types of Cases

263 cases involving "B&R" countries/regions selected and analyzed in this Chapter can be classified as 23 types, including equity transfer disputes, pledge contract disputes, purchase and sales contract disputes, insurance contract disputes, service contract disputes, entrusted contracts disputes, leasing contract disputes, construction engineering contract disputes, carriage contract disputes, contracting contract disputes, concession contract disputes, sino-foreign joint venture contract disputes, loan contract disputes, creditor's right transfer contract disputes, guaranty contract disputes, trade secret infringement disputes, disputes of confirming the validity of contract, company liquidation disputes, copyright contract disputes, company capital increase disputes, patent license disputes, shareholder's capital contribution disputes, etc. (See Figure 2 - 1).

Statistics of the types of cases involving "B&R" countries/regions accepted by CIETAC is illustrated in Chart below.

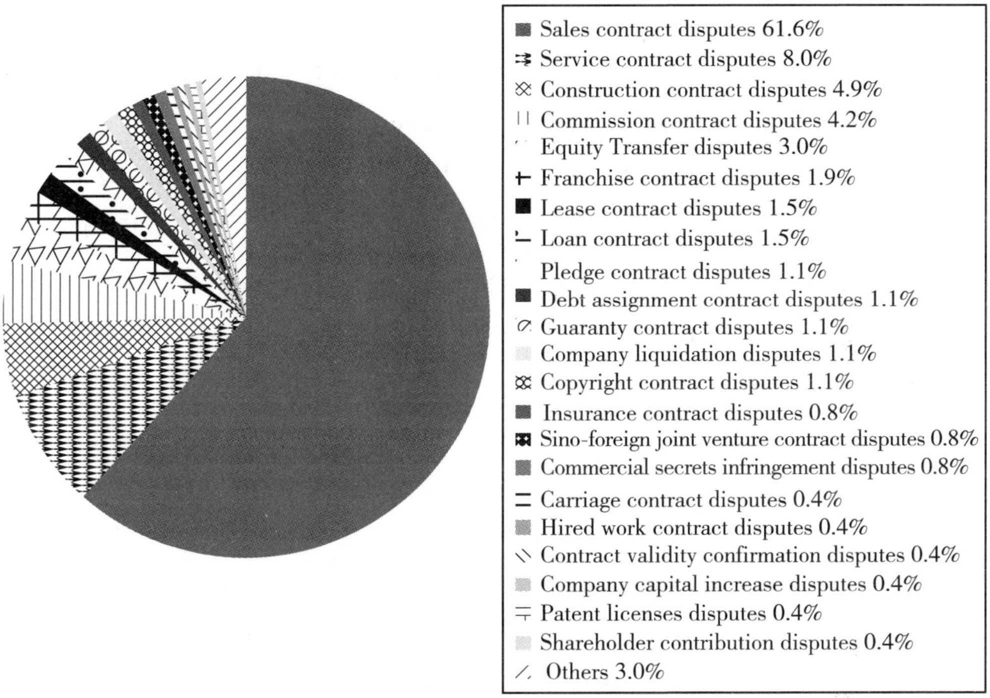

Figure 2 – 1 Types of Cases involving "B&R" Countries/Regions Accepted by CIETAC

It is easy to conclude that the type of main cases involving "B&R" countries accepted by CIETAC is the dispute of international sale of goods contracts. Among the 263 cases, 162 ones are the dispute of international sale of goods contracts, mainly involving the purchase and sales of equipment, natural resources, etc. Because most of the cases were associated with the disputes of international sale of goods, to which the *United Nations Convention on Contracts for the International Sale of Goods* (CISG) and the *International Rules for the Interpretation of Trade Terms* (INCOTERMS) are greatly applied. Further analysis will be made in the section of applicable laws here below.

The service contract disputes demonstrate the second highest type of cases, specifically including 21 cases involving disputes of service settlement agreements, disputes of tourism agency agreements, disputes of system development and installation contracts, etc. Both parties to most of these cases are the Chinese commercial subjects, but the project or place of services involved therein are outside China, so these cases are the foreign-related ones.

The construction engineering contract disputes rank third among the cases involving "B&R" countries, mainly including the disputes of survey and design contracts, project contracting, house construction cooperation agreement, drilling engineering contracting contract, contracting engineering contract. This type of dispute is similar to the service contract disputes in the aspect that both parties to the absolute majority of these cases are Chinese parties, but these cases are identified as foreign-related ones because the projects involved locate in foreign countries.

The aforesaid two types of cases prove that Chinese enterprises continuously explore the overseas market, undertake overseas projects and export technologies, services and talents to foreign enterprises with the impetus of the strategy of "going global".

ii. Language of Arbitration and Seat of Arbitration

Pursuant to the agreement of both parties involved therein or the *China International Economic and Trade Arbitration Commission Arbitration Rules* (2015 Version)①, the overwhelming majority of cases used Chinese as the Language of Arbitration. When the language of arbitration is Chinese but the official language

---

① "Article 81 Language" of *China International Economic and Trade Arbitration Commission Arbitration Rules* (2015 *Version*) provides: "Where the parties have agreed on the language of arbitration, their agreement shall prevail. In the absence of such agreement, the language of arbitration to be used in the proceedings shall be Chinese. CIETAC may also designate another language as the language of arbitration having regard to the circumstances of the case. 2. If a party or its representative(s) or witness(es) requires interpretation at an oral hearing, an interpreter may be provided either by the Arbitration Court or by the party. 3. The arbitral tribunal or the Arbitration Court may, if it considers it necessary, require the parties to submit a corresponding translation of their documents and evidence into Chinese or other languages." Available at http://www.cietac.org/index.php? m=Page&a=index&id=106&l=en, June 3, 2019.

of either parties is not Chinese or a party thereto has no knowledge about Chinese, the Secretariat of CIETAC sent the translated letter of arbitration in English attached to that in Chinese to the parties concerned, thereby pushing ahead with the arbitration proceedings smoothly.

With regard to the seat of arbitration, the overwhelming majority of parties did not clearly designate the seat of arbitration, and the arbitral tribunals designate China as the seat of arbitration in accordance with the arbitration rules.

iii. Countries/Regions of the Parties

Except for China, the parties involved in the 263 cases accepted by CIETAC are from 38 countries and regions, including Singapore, South Korea, Russia, Kazakhstan, Poland, Tanzania, Iraq, Iran, Tunisia, Ukraine, Egypt, the Philippines, Malaysia, Mongolia, Bangladesh, South Africa, Nigeria, Sudan, Turkey, New Zealand, Oman, Sri Lanka, Hungary, Indonesia, Bulgaria, Gambia, Georgia, Ghana, Qatar, Laos, Romania, Vietnam, Chile, Algeria, Ethiopia, Angola, Austria, and Greece.

Among the 263 cases, the parties in Asia accounted for more than half of the total, closely followed by the parties in Europe, and the parties in Africa also took up a certain proportion. Both parties of 22 cases are from overseas jurisdictions, including Iran, South Korea, Hong Kong region, Singapore, Romania, New Zealand, Kazakhstan and other countries/regions, demonstrating gradual expansion of the influence of CIETAC as an international commercial arbitration in the sector of resolution of international commercial disputes, and many overseas commercial subjects actively selected Chinese arbitration institutions to choose China as the seat of arbitration to resolve their commercial disputes.

iv. Other Foreign-Related Factors of the Cases

Cases involving "B&R" countries accepted by CIETAC show other diversified foreign-related factors, though all the parties involved therein are

Chinese subjects.

For instance, the subject matters of many cases accepted by CIETAC in the statistical years involved Algeria, Angola, Pakistan, Guinea, the Philippines, Ghana, Vietnam, Chile, Togo, Sierra Leone, Saudi Arabia, Indonesia, etc. With regard to these cases, of which the projects in disputes are located in the said countries, or the goods and equipment in dispute are imported from or will be exported to these countries.

For some other cases, the goods in disputes involved therein were related to Oman, Singapore, etc., or the contracts involved therein were performed in Angola, the Philippines, Iraq, Iran, Kazakhstan, Saudi Arabia, etc., or the installation of equipment or rendering of services involved therein was in Mongolia, or the object of investment involved therein was a company established in Mozambique.

The diversification of foreign-related factors also proved that the participation of Chinese enterprises in international goods purchase and sales, international investment, international engineering and construction, cross-border services, etc., was greatly enhanced.

v. Applicable Laws

For the absolute majority of the selected cases, Chinese laws were applied. Besides, as stated above, because most of the cases were associated with the disputes of international sale of goods, the CISG (1980), INCOTERMS and other international conventions and customs were also often applied.

In addition to the international conventions and customs, the laws of foreign countries, e.g., laws of Tunisia, laws of Singapore, laws of Kazakhstan, etc., were also applied in some cases accepted by CIETAC.

It is worth noticing that the arbitral tribunal of a case held that the *General Conditions that the People's Republic of China Delivers Goods to the Union of*

Soviet Socialist Republics and Vice Versa (*Sino-Soviet General Conditions for Delivery*) should be applied. The *Sino-Soviet General Conditions for Delivery* was signed in Beijing on 13 March, 1990. After the collapse of the Soviet Union, Russia announced the succession of all the international treaties concluded by the Soviet Union.

The statistics and analysis of cases accepted by CIETAC that involve "B&R" countries/regions where the laws of foreign countries, international treaties, and international "precedents" were applied is illustrated in Figure below:

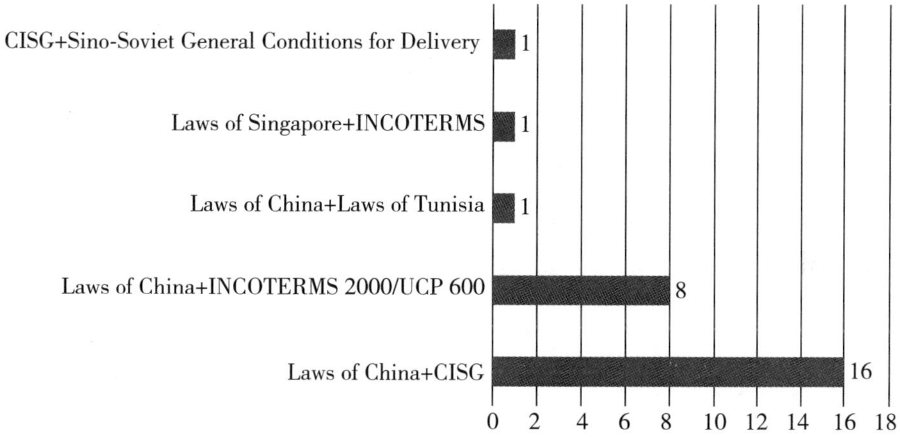

Figure 2-2 Statistics on Cases Accepted by CIETAC that Involve "B&R" Countries/Regions where the Laws of Foreign Countries, International Treaties, and International "Precedents" were Applied

Ⅱ. Typical Arbitration Cases Involving the Countries and Regions along the "Belt and Road"

i. A Typical Case of Dispute over International Sale of Goods: A South Korean Enterprise Export Nickel Ores to Chinese Companies

1. Facts of the Case

In this case, the Claimant is a South Korean company, the First Respondent is a company based in Hong Kong, China, and the Second Respondent is a company in Chinese Mainland. The Claimant sent the purchase and sales contract text to the said Respondents through a middleman, intending to export nickel ores to Chinese buyers. The contract text specifies that the Claimant is the seller, the First Respondent is the buyer, which, however, was neither signed nor stamped by the Claimant. The Second Respondent then affixed its company stamp onto the non-signature column thereof, and sent the contract text back to the Claimant through the middleman. After then, the Claimant affixed its company stamp onto the contract text from the Second Respondent and sent the contract text back to the Second Respondent through the middleman. The Claimant requested for arbitration, claiming that the buyer thereto failed to issue the letter of credit in accordance with the contract, the Claimant had to sell the goods to a third party and thus incurred the loss of price difference, and asking the said Respondents to jointly undertake the liabilities for breach.

2. Claims and Defenses of the Parties

The Claimant claimed that: (1) The two Respondents should undertake the joint and several liabilities for the failure to issue the letter of credit as scheduled; (2) The two Respondents should compensate the Claimant for the loss of price difference caused by the sales of goods to a third party; (3) The two Respondents should compensate the Claimant for the interest generating from the loss of price difference; and (4) The two Respondents should pay the lawyers' fee and arbitration fee arising from the case.

The First Respondent claimed that: (1) It never affixed a stamp on the contract involved in this case, so the contract therein and the arbitration clauses thereof had no binding force on the First Respondent; (2) It did not serve as the agent of the Second Respondent; and (3) Neither the contract nor the arbitration clauses had the binding force on the First Respondent, so the First Respondent should be free from any liabilities for breach.

The Second Respondent claimed that: (1) It had no intent to be a buyer to conclude the transaction involved therein, the stamp it affixed onto the contract text therein was only a confirmation of the contract text so that the First Respondent would be able to enter into a contract with the third party behind the Claimant based on the contract text; (2) The buyer indicated in the contract was not the Second Respondent, and the location of its stamp was not the signature column thereof. Moreover, the contract specified that the contract would come into force only when each party received the contract copy stamped by the other party, but the Second Respondent never received such a copy bearing the Claimant's stamp. Therefore, neither a purchase and sales contract nor an arbitration agreeent was established between the Second Respondent and the Claimant. The Second Respondent should not undertake the liabilities for breach.

All the parties involved in this case agreed to take the laws of the People's Republic of China as the applicable law of the dispute of this case.

3. Issues of the Dispute

(1) Is there any valid arbitration agreement in this case?

(2) Is the contract involved in this case concluded? If yes, who is the buyer bound by such contract?

4. Opinions of the Arbitral Tribunal

As to the first issue of dispute, the arbitral tribunal held that a valid arbitration agreement had been established between the Claimant and the Second Respondent upon the principle of separability of arbitration agreements, because both of them had affixed their company stamps onto the contract text. However, an overall analysis of the case should be made to identify whether the Claimant and the First Respondent had entered into an arbitration agreement.

As to the second issue of dispute, the arbitral tribunal held that the judgment of the establishment of a contract should be based on the facts whether both parties sent effective offer and acceptance. The contract text stipulated that the contract would be established and come into force only when each party received the contract copy stamped by the other party. The contract text sent by the Claimant through the middleman did not bear the Claimant's stamp, so neither such contract text had binding force on the Claimant at that time, nor it was an effective offer. In such circumstances, the contract text that was affixed with the company stamp and sent by the Second Respondent was not an effective acceptance, either. Moreover, the contract text that was affixed with the company stamp and sent by the Second Respondent did not constitute an effective offer, either, because the buyer indicated in the contract was the First Respondent, and the Second Respondent affixed its company stamp in the non-signature column thereof, and the Claimant failed to provide any evidence to prove that the Second Respondent was the agent of the First Respondent to sign the contract on behalf of the First Respondent, it was unable to judge who was on earth the buyer under the contract on which the Second Respondent had stamped, the Second Respondent's signing and sending of the contract text did not meet the requirements that "content of an offer must be clearly specified" as stipulated by the *Contract Law* of China. On this basis, the contract text that was stamped and sent by the Claimant did not constitute an effective acceptance. Hence, the contract involved in this case was not duly established between the Second Respondent and the Claimant.

The contract involved in this case was not effectively established between the First Respondent and the Claimant, either, because the First Respondent never signed the contract, and the Claimant failed to present any evidence to prove that the Second Respondent enjoyed the right to sign the Contract by affixing its stamp thereon on behalf of the First Respondent. Based on the aforesaid findings, the arbitral tribunal held that neither a valid contract nor a valid arbitration agreement was established between the First Respondent and the Claimant, so the First Respondent did not need to undertake the liabilities for breach.

5. The Decision

(1) Rejected all the claims raised by the Claimant.

(2) The arbitration fee of this case should be paid by the Claimant.

6. Comments and Analysis

This case involves the dispute arising from the international sale of goods. Apart from the analysis made by the said arbitral tribunal of the substantive issues, two common problems in the conclusion of cross-border commercial contract involved therein deserve great attention:

Firstly, great attention should be paid to the usage of company stamp. In China, a commercial contract between companies should be affixed with the company stamps, and the validity problem of contract due to the usage of company stamp is very common. However, companies in many countries do not have company stamps, a contract signed by the authorized signatory is generally recognized as a valid contract. Therefore, the usage of company stamps in the signing of cross-border commercial contracts is more complex. If the parties fail to pay special attention to the usage of company stamps and the signatory's authority, they may have the contract identified as invalid when a dispute occurs in the future.

Secondly, special consideration should be given to the original contract. A cross-border commercial contract may involve several parties that may be located in different countries, so signing and stamping onto the same contract by each party and sending of such original contract by post will involve complex procedures and prolonged time, which does not conduce to the operation of commercial activities. Nevertheless, the facsimile copy or scanned copy could probably give rise to the dispute about the validity of contract or authenticity of content thereof during the litigation or arbitration proceedings. As a result, if both parties choose to deliver the facsimile copy or scanned copy of the contract during the process of signing a contract, special attention should be given to the way of concluding the contract, and confirming that the facsimile copy or scanned copy should have the same legal effect as the original contract.

ii. Typical Case of Dispute over Entrustment Contract: An Enterprise in Chinese Mainland Entrusts a Hong Kong Company to Acquire a Kazakh Company

1. Facts of the Case

The Claimant is a company registered in the Hong Kong Special Administrative Region, China, and the Respondent is an affiliated company of China Group D. The Claimant and the Respondent have entered into an *Agency Agreement*. Both parties agreed that the Respondent would entrust the Claimant to serve as its exclusive agent to help it acquire the shares of Company B and obtain the relevant governmental approval in facilitation of the equity transfer. Apart from the preliminary expenses, the entrusting party should pay the agency fee and expected rights and interest according to the agreed proportion after the completion of equity transfer. Company B is a Kazakh company that possesses the oilfield with sound and stable reserve of crude oil resources. The Claimant's affiliated company keeps the long-term cooperation of crude oil trade with Company B.

The Claimant helped the Respondent to conduct several rounds of negotiation with the shareholders of Company B, but China Group F participated in the negotiation and bidding later. Group F won the bidding and acquired the equity of Company B, and Group D failed.

2. Claims and Defenses of the Parties

The Claimant claimed that Group D and Group F, under the coordination of the National Development and Reform Commission, negotiated and agreed to work together to acquire the equity of Company B based on the preliminary efforts made by Group D, so as to avoid the competition between two Chinese companies due to the later participation of Group F. Afterwards, Group F participated in the bidding on behalf of the two groups and won, and thus completed the acquisition of equity of Company B. To this end, the Claimant performed its obligations of overseas acquisition as an agent as set forth in the *Agency Agreement*, and the Respondent completed all the matters about acquisition of equity of Company B by means of joint acquisition, so the Respondent should pay the agency fee to the Claimant.

The Respondent claimed that the precondition for payment of agency fee stipulated in the *Agency Agreement* was the acquisition of equity of Company B, but it did not acquire such equity to date, i. e., the precondition for payment was not satisfied. Hence, the claims raised by the Claimant lacked the factual and legal grounds.

3. Issues of the Dispute

(1) Is the precondition for payment of agency fee stipulated in the *Agency Agreement* satisfied?

(2) Have the agency matters as set forth in the *Agency Agreement* been completed?

(3) Should the Respondent be responsible for the compensating for the Respondent's affiliated company and expected yields of the agency right?

4. Opinions of the Arbitral Tribunal

Pursuant to the provisions of the *Agency Agreement*, the arbitral tribunal decided to take the laws of Chinese Mainland as the applicable law of the dispute in this case. Through the trial, the arbitral tribunal held that the *Agency Agreement* involved in the dispute thereof was the entrustment contract as stipulated in the *Contract Law* of China. Based on the arguments during the trial and written submissions of both parties thereafter, the arbitral tribunal identified that the payment of agency remuneration was conditional, i. e. , the completion of acquisition transaction would constitute the precondition for payment of such remuneration.

Whether the purpose as specified in the *Agency Agreement* has achieved should be subject to whether the party concerned has gotten the expected outcome for signing the *Agency Agreement*. Although there are signs proving that Group D has claimed for its rights and interest after Group F completed the acquisition of equity of Company B successfully, there is no firm evidence proving that the said groups joined hands to complete the acquisition. As a result, the arbitral tribunal cannot conclude that these groups made joint bidding or joint acquisition. The Respondent failed to acquire the equity of Company B as stated in the *Agency Agreement*, so the acquisition set forth therein did not realize. Therefore, the Claimant's claim that the Respondent should perform its obligations in accordance with the *Agency Agreement* lacked the factual and legal grounds.

Since there was no firm evidence proving that the Respondent intentionally delayed in performing its contractual obligations, abandoned or concealed the truth of joint bidding and acquisition of equity of Company B, the arbitral tribunal held that the Respondent did not violate Article 7 of the *Agency Agreement*, and did not cause the loss of expected profits of the Claimant.

5. The Decision

The arbitral tribunal rejected all the claims raised by the Claimant and the arbitration fee should be fully paid by the Claimant.

6. Comments and Analysis

With regard to an overseas acquisition project initiated by a Chinese company, the Chinese company that does not have a clear understanding of the local target company, economy and policies, and judicial environment, etc. , and thus often needs a third-party to facilitate the completion of such acquisition. Such third party is generally a consulting company, intermediate institution or agency, etc. But this method always incurs the dispute about whether the third-party completes the entrusted matters when the third party demands for the payment of its remuneration after the completion of acquisition project. On one side, the entrusted party states that it has completed the entrusted matters and asks the entrusting party to pay the remuneration as scheduled. On the other side, the entrusting party may refuse to pay the remuneration on the grounds that the entrusting party failed to complete the entrusted matters, or the expected purpose failed to be achieved, or the fulfillment of acquisition project is not attributed to the entrusted party.

As a result, when concluding an entrustment contract, the parties concerned should pay special attention to the agreement about concrete content of entrusted matters and the conditions for payment of remuneration. In addition, great attention should also be given to the collection of evidence about the actual performance of contract in the process, because a complete set of documents and information can help the arbitral tribunal ascertain the facts, identify the legal relationship and render an award accordingly in case of any dispute arising therefrom over the performance of contract or payment of remuneration, etc.

iii. Typical Case of Dispute over Construction Engineering Contract: A Chinese Enterprise Contracts the Drilling Engineering Projects in Mongolia

1. Facts of the Case

The Claimant is a Chinese company, and the Respondent is a Mongolian company. The Claimant and the Respondent reached the *Drilling Engineering Contracting Contract*, specifying that the Claimant would contract the drilling engineering, and the Respondent would pay the relevant expenses and fees. Afterwards, both parties entered into the *Supplementary Agreement (I)*, making

and the *Additional Demand Contract*, specifying that the Claimant should design and install the logistics barcode system for the Respondent. The system will be used in Iraq. 30% of the payment will be made after the Respondent confirms the demand statement, 50% of the payment will be made after the Claimant completes the implementation, commissioning, installation and training of the project, 10% will be paid after the system is launched and put into operation for 30 days and both parties sign the *Preliminary System Inspection Report*, and the remaining 10% will be paid after the trial operation ends, both parties sign the *Preliminary System Inspection Report* and the system is put into operation for five months.

2. Claims and Defenses of the Parties

The Claimant claimed that the Respondent did not carry out the acceptance testing for a long term after the system was launched and put into operation. Except for making the initial payment to the Claimant, the Respondent failed to pay the remaining contract price as set forth in the *System Development Contract* and the *Additional Demand Contract*, delaying the project progress unlimitedly. To address this problem, the Claimant negotiated with the Respondent many times, but these negotiations all failed. The Claimant had completed the implementation, commissioning, installation and training of the project in accordance with the corresponding contracts, so the Respondent should pay the second payment, i. e., 50% of the contract price. The Respondent's delaying in performing the contractual obligation of conducting the acceptance testing of the software made both parties unable to sign the acceptance testing documents, but the conditions for settlement have been substantially satisfied, so the Respondent should pay the remaining contract price in full.

The Respondent claimed that the software system developed by the Claimant was not accepted by the Respondent's customers. During the project implementation, the Claimant failed to timely provide the Respondent with the

User Environment Preparation Confirmation, the *Module Implementation and Completion Confirmation* and other documents according to the project progress, to remind the Respondent to sign for confirmation. The Claimant unilaterally terminated rendering the VPN service without notifying the Respondent in advance, making the software system suddenly unable to be used in Iraq. The Respondent had to look for a third party to develop a new software again to meet the customer demands, which seriously damaged the Respondent's interest and caused huge loss to the Respondent. The Respondent claimed that the Claimant failed to fully perform its contractual obligations, and the software developed by the Claimant did not meet the demands.

3. Focuses of the Dispute

(1) Were the conditions for payment of the second installment satisfied?

(2) Were the conditions for payment of the third and fourth installments satisfied?

4. Opinions of the Arbitral Tribunal

The arbitral tribunal held that the system developed by the Claimant for the Respondent had been substantially finished, and the implementation, commissioning, installation and training have been started. Although the Respondent claimed that the project occurred some problems, these problems were identified after the system was launched and put into trial operation, which did not affect the payment of the second installment. As a result, the arbitral tribunal held that the conditions for payment of 50% of the contract price (i. e., the second installment) by the Respondent to the Claimant had been satisfied.

Since the Claimant did not apply to the Respondent for the preliminary inspection during the performance of the contract, and both parties did not really sign the *Preliminary System Inspection Report*, the arbitral tribunal held that the conditions for payment of 10% of the contract (i. e., the third installment) by the

Respondent to the Claimant was not satisfied.

Because both parties failed to meet the conditions for payment of the preliminary inspection and the Claimant did not submit the application for final inspection during the performance of relevant contracts, and both parties did not really sign the *Final Inspection Report*. Based on the findings, the arbitral tribunal held that the conditions for payment of the last 10% of the contract price (i. e., the fourth installment) by the Respondent to the Claimant was not satisfied.

5. The Decision

The arbitral tribunal ruled that the Respondent should pay 50% of the total contract price and the lawyer fee to the Claimant, and most of the arbitration fee should be undertaken by the Respondent.

6. Comments and Analysis

This case is a typical case involving the technology contract dispute, although the parties concerned are both Chinese enterprises, the technology under dispute is used in Iraq. With the enhancement of technology development capacity of Chinese enterprises in recent years, cases involving technical service contracts that feature "being researched and developed in China but used abroad" soared accordingly, and the disputes arising from the interpretation and performance of contracts, and the settlement thereof also increased to some extent.

The technical service contracts usually cover multiple services including implementation, commissioning, installation and training, which generally involve different stages of the contract and are subject to corresponding conditions of payment. Disputes arising from acceptance testing of the project and conditions of payment are relatively common.

Firstly, where the contract stipulates the acceptance testing as the condition for payment, the issuance of acceptance testing report should be generally deemed the completion of acceptance testing in cross-border transactions. However, although the acceptance testing is not made, it could be confirmed that the conditions for payment are satisfied if there is sufficient evidence to prove that the corresponding equipment and project has been commissioned or installed, or the equipment or project has been launched and put into actual operation though neither commissioning nor installation is made.

Secondly, conditions for payment set forth in the contractare the greatest concerns of both parties, so improper setting of conditions for payment of each installment is very easy to trigger disputes. So the setting of conditions for payment should cover important issues concerned by both parties. In this case, the Respondent concerns whether the software system has any bug and can be used normally, which, however, is not the condition for payment of the second installment. If only the Claimant performs the obligations of implementation, commissioning, installation and training of the project in accordance with the corresponding contracts, the Respondent should pay the second payment according to the contract. Therefore, the parties in international commercial trade should pay special attention to the setting of conditions of payment during the negotiation, preparation and performance of the contract, to avoid possible disputes and legal risks.

Ⅲ. Suggestions for Chinese Parties on the Resolution of the "Belt and Road" Disputes

Continuous progress of the "B&R Initiative" will surely push ahead with the building of a great many infrastructure and projects, and also the flow of personnel, materials, technology and capital in large sum, which will definitely create lots of opportunities for the Chinese commercial subjects to make cooperation and development. But opportunities are always accompanied by risks. Active participation in the "B&R" construction will inevitably trigger disputes. In case of any dispute, Chinese parties, as commercial subjects, may face such risks as being unfamiliar with the legal system of the host country, great uncertainty about the arbitral award, adverse influence of losing the case on the parties' reputation, difficulty in enforcing the arbitral award, etc.

Based on the analyses of cases involving "B&R" countries/regions accepted by CIETAC, this Chapter attempts to put forward some enlightenments and suggestions for the Chinese parties to resolve the disputes involving the "B&R".

i. Attach importance to the Pre-setting of the Dispute Resolution Mechanism

From 2013 to 2018, the total trade volume between China and "B&R" countries exceeded USD 6 trillion, with an average annual increase of 4%; and Chinese enterprises directly invested over USD 90 billion to "B&R" countries from 2013 to 2018, with an average annual increase of 5.2%, realizing a turnover of USD 400 billion in foreign contracted projects in these countries, which also directly invested more than USD 40 billion in China. ① Over the past five years, China worked together with other "B&R" countries to advance cooperation in such fields as ports, roads, railways, power supply, aviation, aerospace and telecommunication, effectively improving the infrastructure construction level of these countries and making achievements beyond expectations. ② Chinese commercial subjects usually take the PPP③ mode to externally participate in the infrastructure construction of the host countries. For such great number of and

① For further details, please visit Xihuanet. com: The Belt and Road Initiative Progress, Contributions and Prospects: http://www.xinhuanet.com/silkroad/2019-04/22/c_1124400071.htm.

② For further details, please refer to Yidaiyilu. gov. cn: About the "Belt and Road" Achievements: https://www.yidaiyilu.gov.cn/jcsj/dsjkydyl/79860.htm.

③ PPP, as the abbreviation of "Public-Private Partnership", is translated as "政府和社会资本合作" in Chinese, which is a project operating mode for the public infrastructure. Under this mode, private enterprises, private capital and government departments work together to engage in the infrastructure construction.

large-sized infrastructure construction projects, the disputes possibly triggered will involve several subjects and complex legal relationship.

The dispute resolution mechanism serves as the last line of defense of protecting the investors' interest. Investors need to make reasonable and forward-looking arrangements for the resolution mechanism to deal with possible disputes over the investors, project companies and the government of host countries, state-owned companies and other subjects at early stage of project preparation. Once a dispute happens, the investors are usually at a weaker position, so pre-setting the dispute resolution mechanism can enable the investors to submit the disputes relating to the project contracts to a neutral, fair and efficient international commercial institution for resolution in case of any dispute with the host countries or other government departments, or state-owned companies.

At the beginning of commercial investment, pre-setting the method of dispute resolution can truly add certainty to cross-border commercial activities.

When designing the dispute resolution mechanism, arbitration, as an efficient, professional and neutral method to resolve the disputes, becomes the choice of many commercial subjects. Fora party who does not hope to have the cross-border dispute resolved by the unfamiliar court system, international arbitration may allow the parties to freely select the applicable laws, seat of arbitration, place of hearing, members of arbitral tribunal, language of arbitration and other elements. Moreover, compared with the court judgement, arbitral awards are easier to be enforced under the 1958 *New York Convention on the Recognition and Enforcement of Foreign Arbitral Awards* (*New York Convention*).

ii. Attach importance to the Drafting of Arbitration Clauses

1. Setting the Prerequisite Conditions for Arbitration in a Prudent Way

An arbitration agreement usually sets the prerequisite conditions for arbitration, specifying that both parties can submit to an arbitration after negotiation, mediation or other similar mechanisms. Although the initial intention of setting such prerequisite conditions is to give sufficient time to both parties for communication and settlement before starting the arbitration proceedings, so as to realize the purpose of friendly resolution of disputes, but such setting often becomes a barrier to timely initiation of the arbitration proceedings rather than helps both parties resolve the dispute amicably. Moreover, the losing party even request for setting aside the arbitral award with the excuse that the arbitration fails to meet the prerequisite condition of negotiation.

In the process of participating in the "B&R" construction, the Chinese parties should draft out the multi-layered clauses for dispute resolution in a prudent way, to avoid being restricted by the onerous prerequisite conditions for arbitration.

2. Stressing the Importance of Agreement on Seat of Arbitration

The seat of arbitration in international commercial arbitration is a legal concept that involves the progress of arbitration proceedings, the enforcement of arbitral awards and other important regards. The seat of arbitration refers to the legal place or the jurisdiction seat of arbitration. Selecting an arbitration-friendly seat of arbitration is very important for the resolution of disputes. In practice, the neutrality, legal system, the soundness of the domestic arbitration law and the good records of the enforcement of arbitral awards of the seat of arbitration will influence the selection of the parties concerned.

Generally, the seat of arbitration determines the "nationality" of the arbitral award. The ongoing disputes are supervised by the courts in the seat of arbitration. So courts in the seat of arbitration are authorized to take interim measures, decide whether to set aside the arbitral awards, etc. In recent years, China has become increasingly friendly to arbitration, and the judicial support to arbitration was stronger. Moreover, the legal system relating to arbitration is increasingly completed, which helps win the favor from more and more foreign-related commercial subjects and become one of the most popular seats of arbitration of international commercial arbitration.

3. The Choice of Arbitration Institution

The *Annual Reports on International Commercial Arbitration in China* (the *Report*) released by CIETAC over the years all had a special chapter introducing the annual reports and case statistics of major international arbitration institutions, including CIETAC, the International Chamber of Commerce International Court of Arbitration (ICC), the London Court of International Arbitration (LCIA), the Arbitration Institute of the Stockholm Chamber of Commerce (SCC), the Singapore International Arbitration Centre (SIAC), the Hong Kong International Arbitration Centre (HKIAC). The *Report* analyzes and summarizes the characteristics of cases accepted by these international arbitration institutions from the aspects of caseload, country of the parties involved in cases, types of dispute, seat of arbitration, arbitrators, amount in dispute, etc., providing a reference for Chinese parties to choose the arbitration institution.

When choosing an arbitration institution, Chinese parties should take into account the institution's efficiency of managing cases, design of its arbitration rules, arbitration fee, annual rate of case conclusion, recognition and enforcement of arbitral awards, etc. Comprehensive research reveals that the Chinese international commercial arbitration institutions, represented by CIETCA, have strong competitiveness and attraction around the world and also have huge potential for development.

iii. Attach importance to the Enforcement of Arbitral Awards

Arbitration and litigation are the two most common ways to resolve international commercial disputes. Thanks to the extensive influence of the *New York Convention*, recognizing and enforcing foreign arbitral awards are easier and more convenient than those of court judgements, thereby Chinese commercial subjects often choose arbitration as the way to resolve cross-border commercial disputes in practice. China acceded to the *New York Convention* in 1987. The *New York Convention* has had 160 contracting member states by August 2019.

According to the information in the official website of the United Nations Commission on International Trade Law(UNCITRAL), more than half of the 160 member states have made the reciprocity reservation, and 74 of which declared that they would apply the *New York Convention* to the recognition and enforcement of awards made only in the territory of another contracting member state, 9 of which declared that they would apply the *New York Convention* to the arbitral awards made in the territory of non-contracting states who provide the reciprocal treatment. There are 81 contracting states that make no reciprocity reservation, the arbitral awards rendered in the territory of non-contracting states may be recognized and enforced in these country according to the *New York Convention*. Even so, Chinese parties should choose a contracting member state of the *New York Convention* as the seat of arbitration, so as to avoid the risk that arbitral awards cannot be enforced.

In addition, for a cooperative party whose country is not a contracting state of the *New York Convention*, the Chinese commercial subjects should check whether the host country has signed bilateral treaties on judicial assistance with China, or whether such cooperative party has property in other contracting member states of the *New York Convention* for enforcement.

Among the 132 countries who have signed the "B&R" cooperation agreements with China, only 26 of them do not accede to the *New York Convention*, and the other 106 are all the member states of the *New York Convention* (see Table 2－1、2－2). Details can be seen in the form below:

Table 2 - 1 Contracting member states of the *New York Convention* that have signed "B&R" cooperation agreements with China

Africa	Sudan, South Africa, Cameroon, Guinea, Zambia, Mozambique, Angola, Nigeria, Zimbabwe, Algeria, Tanzania, Burundi, Uganda, Morocco, Madagascar, Egypt, Senegal, Gabon, Djibouti, Seychelles, Ghana, Mauritania, Kenya, Rwanda, Liberia, Tunisia
Asia	South Korea, Mongolia, Singapore, Malaysia, Myanmar, Cambodia, Vietnam, Laos, Brunei, Pakistan, Sri Lanka, Bangladesh, Nepal, the United Arab Emirates (the UAE), Kuwait, Turkey, Qatar, Oman, Lebanon, Saudi Arabia, Bahrain, Iran, Afghanistan, Azerbaijan, Georgia, Armenia, Kazakhstan, Kyrgyzstan, Tajikistan, Uzbekistan, Thailand, Indonesia, the Philippines, Maldives
Europe	Russia, Poland, Serbia, Czech, Bulgaria, Slovakia, Albania, Croatia, Bosnia and Herzegovina, Montenegro, Estonia, Lithuania, Slovenia, Hungary, North Macedonia, Romania, Latvia, Ukraine, Belarus, Moldova, Cyprus, Austria, Malta, Portugal, Italy, Greece
Oceania	New Zealand, Papua New Guinea, Fiji, the Cook Islands
South America	Uruguay, Venezuela, Chile, Guyana, Ecuador, Peru, Bolivia
North America	Panama, Trinidad and Tobago, Antigua and Barbuda, Barbados, Cuba, Jamaica, Costa Rica, Dominica, El Salvador

Table 2 - 2 Non-member states of the *New York Convention* that have signed "B&R" cooperation agreements with China

Africa	Sierra Leone, Cote d'Ivoire, South Sudan, Namibia, Ethiopia, Chad, Gambia, Togo, Somalia, the Republic of Congo, Cape Verde, Libya, Equatorial Guinea
Asia	Yemen, Timor-Leste, Iraq
Oceania	Samoa, Niue, the Federated States of Micronesia, Tonga, Vanuatu
South America	Suriname
North America	Grenada, Dominic
Europe	Luxemburg

The above data indicates that commercial arbitral awards made in the 78 countries that have signed "B&R" cooperation agreements with China can be recognized and enforced in China, and vice versa (subject to reservations made by the country when it acceded to the *New York Convention*).

Pursuant to the *Several Opinions of the Supreme People's Court on Providing Judicial Services and Safeguards for the Construction of the "Belt and Road" by People's Courts* issued by the *Supreme People's Court* (SPC) on 15 June, 2015, the SPC points out that: "The people's courts should accurately comprehend and apply the *New York Convention*, legally and timely recognize and enforce foreign commercial and maritime arbitral awards relating to the construction of the 'Belt and Road' and promote mutual recognition and enforcement of arbitral awards with the 'B&R' countries that do not join in the *New York Convention*... The people's courts should explore methods and ways for giving a full play to the roles of international dispute settlement mechanisms by judicial support, such as trade and investment international dispute mechanisms... and give support to the resolution of corresponding disputes in the construction of the "Belt and Road" by arbitration", thereby further guaranteeing mutual recognition and enforcement of arbitral awards between China and the "B&R" countries.

Ⅳ. Prospect of the Establishment of Dispute Resolution Mechanism for the "Belt and Road" Disputes

i. Advantages of Taking Arbitration as the Dispute Resolution Mechanism

As the method to resolve the disputes before the fair and independent arbitral tribunal chosen by commercial subjects, arbitration origins from the agreement entered into by both parties, and is subject to the laws of the corresponding countries and being enforced by the country. As stated earlier, it is more convenient for an arbitral award to be recognized and enforced according to the *New York*

Convention, arbitration also enjoys the following advantages as a dispute resolution mechanism.

Arbitration provides a neutral dispute resolution mechanism, because the party to an international contract usually hopes to avoid resolving disputes in the court of the other party's domicile, but tends to select an international arbitral tribunal to resolve the dispute at the seat of arbitration jointly accepted by both parties according to the internationally accepted arbitration rules.

As opposed to litigation whose trial is open to the public, arbitration can provide greater confidentiality. Although the extent of confidentiality provided in arbitration laws varies in different law jurisdictions, the parties concerned have the right to further specify the extent of confidentiality in the arbitration agreements, which is very critical to commercial disputes that stress confidentiality.

Professional knowledge or experience of arbitrators also conduce to the fairness and equality of case trial. Arbitration grants the parties concerned to select the arbitrators, enabling the parties to select the arbitrators with corresponding background and experience.

Compared with court rules, arbitration rules are simpler and more flexible. For the parties involved in cross-border disputes, the arbitration rules are easier to understand. During the application of arbitration rules to a specific case, the parties involved therein may further negotiate to determine the arbitration proceedings, so as to be commensurate with the relationship between both parties and the nature of dispute, thus enabling the parties to place the focus on the substantial problems in dispute.

In addition, final arbitral award and division of responsibilities for the payment of arbitration fee greatly save the cost of both parties to resolve the dispute. The parties concerned may pay the arbitration fee, lawyer fee, traveling fee and other expenses for the dispute resolution, but the arbitral tribunal generally decides the proportion of each party for the payment of arbitration fee, lawyer fee and other expenses upon the principle of "cost follows the event"[①] in the arbitral award. Besides, the parties may freely negotiate to customize particular arbitration proceedings to cut down their costs. Also, arbitration usually agrees that the parties have no right to appeal against any substantial dispute that has been arbitrated, thus saving the time and cost of continuing the legal process.

ii. Efforts Made by China to Establish the "One-stop" Diversified International Commercial Dispute Resolution Mechanism

The General Office of the CPC Central Committee and General Office of the State Council issued the *Opinions Concerning the Establishment of the Belt and Road International Commercial Dispute Resolution Mechanism and Institutions* (the *Opinions(I)*) in June 2018. Pursuant to the *Opinions(I)*, the SPC established the international commercial courts and led the setup of an international commercial expert committee, supported the resolution of the "B&R" international commercial disputes by mediation, arbitration and other methods, pushed ahead with the establishment of an international commercial dispute resolution mechanism that efficiently integrates litigation, mediation and arbitration, so as to form a convenient, expeditious and cost-efficient "one-stop" dispute resolution center and provide high-quality and efficient legal services for the parties in the "B&R" countries.

Afterwards, the General Office of the SPC released the first group of international commercial arbitration and mediation institution that were included in the "one-stop" diversified international commercial dispute resolution mechanism on 13 November 2018. Because of the caseload of international commercial disputes, international influence, information construction and other factors of each

① The principle of "cost follows event" means the losing party should pay the arbitration fee, lawyer fee and other expenses of the winning party so incurred.

institution, CIETAC is identified as the arbitration institution in the first group that was included in the "one-stop" diversified international commercial dispute resolution mechanism.

The General Office of the SPC released the *Procedural Rules for the China International Commercial Court of the Supreme People's Court (For Trial Implementation)* (the *Procedural Rules*) on 21 November 2018, supporting dispute resolution by arbitration was officially included in the *Procedural Rules*. Articles 34 and 35 of the *Procedural Rules* stipulate that: For property preservation and annulment or enforcement of an arbitral award made by an international commercial arbitration institution in an international commercial case in which the amount in dispute exceeds RMB 300 million or significant influence otherwise exists, the international commercial arbitration institution or the parties concerned may submit the application to the international commercial court for further ruling in accordance with the laws.

The establishment of international commercial courts and the inclusion of the first group of international commercial arbitration and mediation institutions, e. g., CIETAC, in the "one-stop" diversified international commercial dispute resolution mechanism present a momentum that China makes continuous efforts to advance diversified resolution dispute methods in promoting dispute resolution that involves the "B&R" countries, and also prove that CIETAC, as the most time-honored international commercial dispute arbitration institution in China, enjoys evident advantages in accepting and managing the disputes involving the "B&R" countries.

Besides, the General Office of the CPC Central Committee and General Office of the State Council released the *Several Opinions on Improving the Arbitration System and Strengthening the Credibility of Arbitration* [*the Opinions* (*II*)] on 31 December 2018. The *Opinions* (*II*) stipulate that great efforts should be made to increase the capacity of arbitration to serve the overall opening-up and development strategy, seriously carry out and fulfill the requirements of the Central Government for establishing the "B&R" international commercial dispute resolution mechanism and institutions, actively conduct the research on legal system and mechanism for resolution of investment and trade disputes involving the "B&R" countries and regions and establish the "B&R" international commercial dispute resolution mechanism and arbitration organizations.

iii. The Issuance of the CIETAC *International Investment Arbitration Rules* (*For Trial Implementation*)

Resolution of investment disputes between the investors and the host countries is an important issue calling for special attention under the "B&R" Initiative. Most of the cooperation between China and the "B&R" countries or regions are associated with the energy and infrastructure construction projects, which usually need the huge investment of manpower and funds, involve a prolonged time period and wide range of fields, and need the support of the government of host countries. Moreover, disputes arising therefrom are always very complex.

In 2017, CIETAC published the *International Investment Arbitration Rules* (*For Trial Implementation*) (the *Investment Arbitration Rules*), filling up the gap in the international investment arbitration sector of China and meeting actual needs of the "B&R" construction. The majority of the "B&R" countries do not have sound investment legal system, thus incurring high legal risks. The formulation of the *Investment Arbitration Rules* can provide a legal guarantee for Chinese enterprises to resolve investment disputes with host countries, equally protect the legitimate rights and interest of both parties and serve the "B&R" construction.

Also, CIETAC prepared the roster of arbitrators specific to the resolution of investment disputes that is attached to the *Investment Arbitration Rules*, allowing the parties to nominate arbitrators from outside the said roster of arbitrators, subject to the confirmation by the Chairman of CIETAC. Pursuant to the *Investment Arbitration Rules*, the hearing shall be conducted in public, unless otherwise agreed by the parties or decided by the arbitral tribunal. Besides, the *Investment Arbitration Rules* provide for the "third-party funding", specifying the situation where a natural person or an entity, who is not a party to the dispute, provides funds to a party to the arbitration to cover all or part of that party's costs for the arbitral proceedings, through an agreement with the party accepting the funding. The party accepting the funding shall be obligated to make disclosure and the arbitral tribunal shall be also entitled to order such party to disclose relevant information of the third party funding arrangement.

With rapid development of international investment activities and increasing involvement of China in international investment activities, the publication of the *Investment Arbitration Rules* further enhanced the competitiveness of Chinese international arbitration institutions in the field of international commercial dispute resolution and provided better services for the "B&R" countries or regions.

This year is the sixth year of the implementation of the "B&R" Initiative, and China further opens up the market and takes up an active attitude of conforming to the international practice in terms of the dispute resolution with continuous progress of the "B&R" Initiative. Projects of the "B&R" Initiative usually involve a huge size and diversified transaction types, so arbitration, as one of the important diversified dispute resolution methods, becomes the primary choice for the majority of the international business community. In this context, China also makes active efforts to explore and support the diversified dispute resolution mechanism, so as to escort the implementation of the "B&R" Initiative.

Chapter Three Observations on China's Financial Arbitration Practice

—From the Perspective of Asset Management Business

Over the past few years, financial markets of China have seen both development and problems. On the one hand, the markets are growing larger with the increase of business types, the market infrastructures areoptimized, the legal and regulatory systems are improving, and the internationalization of Chinese currency RMB and the opening-up of the capital market are experiencing some breakthroughs. Financial activities have participated into all aspects of social and economic life, and the financial economy has become an increasingly important core component of China's overall economy. On the other hand, various problems have also been exposed during the development of the financial markets, for example, the over-expansion of business volume, the over-random innovation activities, the over-complexity of product structure, the over-long market transaction chain, the prevalence of regulatory arbitrage behaviors, the over-high debt leverage, the high-cost of funds, the inadequacy of compliance and risk control, the lack of market integrity, the deficiency of basic legal system related to finance, and the changeable and sometimes unrestrained implementation of regulatory policies. All these factors, together with macroeconomic causes such as economic downturn and restructuring, have directly or indirectly led to the explosive increase of disputes in China's financial market in recent years.

Taking China International Economic and Trade Arbitration Commission (CIETAC) as an example①, from 2013 to 2018, the number of financial cases accepted by CIETAC increased from 236 in 2013 to 879 in 2018, the proportion of the number of financial cases in the total number of cases in the year increased from 18.79% to 29.68%, and the proportion of the amount in dispute of financial cases in the total amount in the year increased from 19.43% in 2013 to the peak value of 58.82% in 2018. Although there were fluctuations during the period, the overall indicator grows rapidly. A similar proportion of financial cases can be seen in the statistics of China's overall arbitration market. In 2018, domestic arbitration institutions in China accepted 4,871 cases, among which 1,752 were in the financial sector, accounting for 35.97%. The amount in dispute of cases in the financial sector reached RMB 53.08 billion, accounting for 71.11% of the total amount in dispute of all cases.

Compared with other commercial dispute cases, the handling of financial cases could be more complicated and challenging, and the resolution of new types of the disputes in a specific case might have more impact on the market. The main reasons are as follows: modern financial products are essentially a kind of legal fiction, they are all related to the transaction contract arrangement of benefits and risks, and they are the combination design of the transaction rights and obligations between the corresponding subjects of legal relations, which are highly referential and universally applicable in practice. Also, financial transactions involve numbers of categories of law, including contract law, company law, securities law, bankruptcy law, guarantee law and other commercial laws. Therefore, the legal issues involved in financial disputes may be complex and multiple. At the same

① According to the nature of the disputes and the case classification criteria of the CIETAC, this chapter classifies the following four types of financial transactions or financial industry related cases into financial cases: they are financial cases, financial leasing cases, private lending cases, equity investment and equity transfer cases.

time, financial market is a regulated market, where business development and dispute resolution are also subject to the complex regulatory system. Thereafter, the regulatory issue is often an important consideration in handling financial cases.

The sound development and innovation of financial market cannot do without the effective support of financial legal system. Similarly, the settlement of financial disputes needs a relatively mature legal system. At present, the most important problem or challenge is how to accurately determine the nature of the transaction and the legal relationship between the parties involved in the new sophisticated financial transaction.

In view of the large complex nature of the overall financial market, where many market segments, transactions and disputes, and various legal issues involved makes it difficult to give a more comprehensive overview and analysis with limited space. In order to better explain the characteristics and common issues of the occurrence and handling of disputes in financial markets of China in recent years, this chapter discusses and analyzes the latest development, issues and challenges in handling financial dispute cases from the perspective of the asset management business, which is the fastest growing business in recent years with huge market transaction scale, relatively complex legal issues involved, and frequent occurrence of contractual breaches.

Ⅰ. Legal Observations on Financial Disputes: Taking Asset Management Business as an Example

i. Development and Issues of Asset Management Business

Asset management business refers to financial services provided by financial institutions such as banks, trusts, securities, funds, futures, insurance asset management institutions, financial asset investment companies, to make investment and management of investors' properties under their entrustment. However, there are some similar business in the market carried out in the name of asset management business by institutions without financial licenses or permits.

From the perspective of the development history of China's asset management business, its development track is related to a long-adopted mode of separate operation and separate regulation over banks, trust companies, securities companies and insurance companies in China's financial markets, and to the fact that traditional financial services (financing business dominated by bank loans) were unable to meet the financing needs in the process of China's economic development. It should be said that asset management business to a certain extent breaks down this separate operations and separate regulation system, and to a considerable extent helps meet the growing amount and form of constantly changing financing needs.

With the promulgation and implementation of the *Trust Law of the People's Republic of China* (*Trust Law*) on 1 October 2001, trust institutions have returned to the trust business to commence the asset management business based on the legal framework of trust[①]. In accordance with the relevant legal supervision system over trust, trust companies have a very unique and obvious advantage than other types of financial institutions in conducting trust business, i. e. , trust companies have almost no restriction on business scope, and they can either invest in debt or equity, including equity of financial institutions, equity of enterprises, specific assets and projects or various structured arrangements. Therefore, trust companies and trust instruments have naturally become the most qualified institutions and the best business instruments of asset management business.

Other kinds of financial institutions have started carrying out business cooperation with trust companies by purchasing trust products so as to expand their

---

① Article 2 of the *Trust Law*: "The term trust as used in the Law refers to a settlor entrusting property to a trustee based on confidence in that trustee, who carries out administration or disposition of such property in his/her own name in accordance with the wishes of the settlor for the benefit of the beneficiaries or for a specific purpose.

businesses. The earliest cooperation was between banks and trust companies (partly because these two kinds institutions are both subject to the supervision of the China Banking Regulatory Commission①). Banks expanded the intermediary business and enlarged the off-balance-sheet assets via this cooperation mode. The scale of asset management business of banks has been expanded rapidly and so has the business volume of trust companies.

Subsequently, the China Securities Regulatory Commission (CSRC) and the China Insurance Regulatory Commission (CIRC) have progressively relaxed the restriction over the business of securities institutions (securities companies, fund management companies and their subsidiaries, futures companies and futures subsidiaries) and insurance institutions (particularly insurance asset management companies) to allow and even actively encourage these institutions to engage in asset management business. In this way, almost all kinds of financial institutions have carried out asset management business and formed a homogeneous competition pattern and overlapping business areas in the asset management industry. At the same time, a considerable number of third-party financial management institutions have emerged in the market. Starting from selling asset management products of others, these institutions have gradually formed their own asset management business where they designed and sold their own products. However, these institutions are not financial institutions and there is no strict regulatory system applicable to them.

Since 2012, with the governmental encouragement of financial innovation,

---

① In March 2018, the first meeting of the 13th National People's Congress voted to adopt a decision on the institutional reform plan of the State Council, integrating the duties of the China Banking Regulatory Commission and the China Insurance Regulatory Commission to form the China Banking and Insurance Supervisory Board. For the convenience of writing, this chapter refers to the China Banking Regulatory Commission and the China Insurance Regulatory Commission, which are referred to as the CBRC and the CIRC.

asset management business has actually become the hottest and fastest growing business in the whole financial market. By the end of 2018, the total scale of asset management has reached approximately RMB 124.03 trillion①. The vast majority of these products are debt products in terms of trading function or their nature, namely the fixed-earning products, and the proportion of equity products is relatively small, including those in name of equity but in nature of debt. It should be said that asset management products to a large extent have met the financing needs in the process of the rapid expansion of the economy, which could hardly be met by traditional bank loans. Actually, asset management products are also called shadow banking because they play a role of debt financing instruments and perform functions that are quite similar to bank loans in nature.

In the past few years of the rapid development of asset management business process, there have been various problems, mainly in the following aspects:

1. Implied Guarantee

Strictly speaking, the asset manager is only responsible for the investment management in the asset management business but not the user of the funds or the party who receives the funds. The relationship between a financial institution and an investor of an asset management product is not a creditor-debtor relationship. If the asset management product becomes a failure ultimately, the investor shall bear investment risks on its own and the asset manager is not obligated to guarantee the payment of expected returns. However, in market practice, asset managers, especially those acted by financial institutions, usually cash out the matured

① The 2018 China Asset Management Industry Report: Return to the Source and Opening to the Outside World, and the Big Asset Management Era, which was jointly compiled by China Securities Journal, China Fortune Research Institute and Xingshi Investment, pointed out that due to the sufficient market expectations of the new regulatory framework, the asset management market has remained stable. At present, the total asset management scale is about 124.03 trillion yuan (the bank's wealth management scale is as of May 2018, and others as of June 2018), which is slightly lower than the end of 2017.

products by using their own funds or embezzling funds of other asset management products when investment cashing risks or difficulties arise in the products themselves, in order to safeguard their own market reputation, to ensure the continuous and smooth issuance of subsequent products, and to avoid punishment by regulators (who sometimes force financial institutions as asset managers to cash out when facing the pressure of the complaints of or even irrational behaviors taken by the individual investors). This is called implied guarantee. Gradually, when different products are no longer strictly differentiated or independent from each other, the asset management business has turned to operate in the mode of cash-pool business, and may easily evolve into a Ponzi scheme. In fact, such incidents frequently occur in the market, and the amount of money of those products or this kind of business of institutions (especially those non-financial third-party financial management institutions) involved or managed is several billions or even tens of billions of RMB yuan, which has caused huge social risk events.

2. Rampant Regulatory Arbitrage and High Capital Costs

Due to the system of separate supervision over different industries, the regulatory authorities lacked the necessary coordination or even formed a certain degree of supervisory competition. In fact, the supervisory requirements applied to different types of financial institutions that carry out alike asset management business are not uniform, as a result of which regulatory arbitrage and channel business behaviors prevail in the market. A large amount of financial resources spins around within financial markets and financial institutions, which on one hand increases the ultimate cost of capital, and on the other hand naturally increases the risk of product default and failure.

3. Complex Structure and Bad Quality of the Underlying Assets

For the purposes of circumventing regulatory restrictions, realizing regulatory arbitrage, meeting the benefit-sharing needs between multiple business participants and making credit enhancement arrangements for certain products and etc. , asset management products are often characterized by a complex structure and over-long transaction chains. Meanwhile, the underlying assets on which such products ultimately invest are sometimes of bad quality. These factors eventually make the certain asset management products face relatively high risk of default or failure.

4. Failure of Management Institutions to Fulfill its Duties

Due to a lack of regulatory system and professional credibility, asset management institutions in the market, especially those non-financial institutions that are hardly subject to regulation, have many poor management practices, such as unprofessionalism, imprudence, irregularity, failure in duty, conflict of interests, and interest transfer in the course of carrying out asset management business.

With the rapid growth of asset management business, the above problems in the asset management business have gradually emerged and accumulated, which may trigger systemic risks in financial markets. Recognizing these potential huge market risks, the Chinese government has been paying attention to risk control since 2016, and has listed financial risk control as one of the three major policy objectives (the other two are targeted poverty alleviation and environmental governance). To this end, after the preparation and drafting for more than half a year, the new asset management regulation, i. e. , *Guidance on Regulating the Asset Management Business of Financial Institutions* (the *Guidance*) was finally and formally promulgated and implemented in the first half of 2018.

The *Guidance* aims to regulate asset management business, improve the quality of asset management business and control the market business risks by accurately defining the asset management business, specifying the active management responsibilities of asset management institutions, forbidding implied guarantee and capital pool business, restricting channel business, simplifying transaction structures, reducing business chains and tiers, focusing on underlying assets and other means to reify and unify regulatory requirements. Thanks to this the new regulatory mode, the scale of asset management industry growth has slowed significantly, and the market financing leverage has been reduced rapidly.

Reviewing the development of asset management business, it is not difficult to find that the regulatory path has followed a cycle of deregulation, encouragement of innovation, business eruption, upgrading of leverage, increase in default, risk accumulation to strengthening of regulation, business restriction, reduction of leverage and strict risk control within the past few years only. The rapid change of regulatory policies on asset management has directly led to the continuation difficulty and failure of certain transactions. Transactions that have been recognized or even encouraged once before might be banned by the new regulatory provisions soon. In addition, since the drafting and release of the *Guidance* had been somehow hasty, some of the contents were improper or even against the logic basis of the transactions, and even restricted or infringed private rights of trading parties' autonomy of will. The rapid and compulsory implementation of the *Guidance* has affected the market liquidity and shrunk transactions quickly, making it difficult for the products to continue which further result in frequent breaches of contracts. As a result, the improper provisions and the implementation of the *Guidance* whose genuine intention is to control the risks in the financial market have directly caused or say exacerbated the market risks that already existed to some extent. Recognizing this result, the central government quickly adjusted its policies in the second half of 2018, weakening some of the rigid regulatory practices implemented in the first half of 2018 and introducing a series of measures to increase the liquidity of the market.

ii. Challenges in Handling Disputes of Asset Management Business

The nature of the legal fiction of financial products and the mandatory regulation in the financial market jointly determine that compared with cases involved other kinds of disputes, handling cases of financial disputes relies more on a sound financial legal system. However, at present, neither the legal system nor the regulatory policies are adequate to respond to this rapidly developing and changing financial market of China. This situation has increased the risk of uncertainty in the adjudication and handling of financial disputes, and has brought many challenges to the appropriate and fair adjudication of financial cases.

Firstly, the challenge in the legal system is insufficient fundamental laws. Although China has established a relatively rounded legal system for the financial market, there still lacks specific legal provisions regarding certain basic issues in the market, such as the legal nature of asset management products managed by various financial institutions. The *Trust Law* is generally deemed as a proper legal basis for asset management business. However, given the basic pattern of separate supervision over industries for a long time in Chinese market, non-trust financial institutions are unable to conduct trust business. As a result, only trust products and securities investment funds can be identified as trust relations, while extremely similar asset management products managed by non-trust financial institutions such as banks and securities companies cannot be accurately identified as trust. In order to avoid breaking the principle of separate supervision, issues concerning the legal nature of asset management products managed by non-trust financial institutions are intentionally ignored by law. Therefore, the asset management business of non-trust financial institutions can only be subject to the *Contract Law*. In practice, problems often occur as the unclear limits of rights and obligations of a non-trust financial institution acting as a manager that cannot be identified as a trustee's liability under the *Trust Law* and the non-trust financial institutions only assume liability according to the loose and usually unclear contractual clauses. Once these institutions have mismanaged, it is likely that these institutions can easily escape from contractual liability. But if the *Trust Law* can be applied, the concept of fiduciary duty in the law can be directly applied which would make those non-trust financial institutions much more well behaved.

In addition to issues relating to the responsibilities of managers, clarifying the nature of the trust legal relationship of asset management products is also of great significance for the protection of underlying assets. Based on the trust legal relationship, the manager's property is separate from the trust property, which helps correct many mismanagement problems in the market, such as capital pool, implied guarantee, etc. As a matter of fact, in the process of drafting the *Guidance* for asset management, there was a big cry in the market for clarifying the legal nature of asset management products as trust legal relationship, but the issue was left untouched eventually. Part of the reason is that the *Guidance* should not be violating the *Trust Law* due to its low level of effectiveness. Therefore, to truly solve the issue of the legal nature of asset management products, the definition of trust might be expanded by amending the *Trust Law* to make it clear that trust business (including but not limited to asset management business) may be conducted by any financial institution (including but not limited to trust companies).

In addition, many innovative practices of market finance need to be clearly defined by law. For example, issues occur on the legal effects of various credit enhancement arrangements that are common in financial transactions practice, such as obligation to make up for the difference or repurchase shares, title transfer and etc. These credit enhancement arrangements have similar economic effects with guarantee, pledge, mortgage and other guarantees recognized by *Property Law of the People's Republic of China*, but they are not identified as having the same legal effects. Due to the lack of clear legal nature, the legal effectiveness and feasibility of these credit enhancement arrangements are often questioned in the dispute resolution process. Generally speaking, it is necessary to follow up the development of the financial market and respond to new problems and practices in a timely manner during the legislation process. A sound financial legal system is a necessary guarantee for the smooth development of the financial market and the resolution of disputes, while the absence of laws has posed a huge challenge to the handling of financial disputes.

Secondly, the challenge in the supervision aspect is that the fickle policies actually affect the adjudication in a negative way, which easily makes judgments inconsistent. Some of the regulatory policies introduced so far involve provisions regarding certain specific contracts, which to some extent restrict the autonomy of will of the parties. For example, the *Guidance* regulates the restriction on the risk sharing between the parties to a transaction, the investment proportion and other specific contractual provisions. The question is, however, if the parties fail to comply with such regulatory requirements and enter into an agreement that is inconsistent with the regulatory requirements, will such arrangements be invalid? Article 52 of the Contract Law and relevant judicial interpretations have made it clear that only the laws made by the National People's Congress and the Standing Committee of the National People's Congress and the regulations made by the State Council are the criteria to tell the validity of contracts. Nevertheless, we have seen that some courts have already determined contracts invalid on the grounds of violating the public interests. This judgment logic will bring a great uncertainty to the effectiveness of financial innovation, and will definitely dampen the enthusiasm of financial innovation.

In addition, in practice, under the guidance of these opinions, judges with different knowledge backgrounds and different knowledge and understanding of the market and transactions might come to different conclusions and judgments on similar financial transaction disputes, which would have an adverse impact on the correct guidance and orderly development of the market. These are very noteworthy issues that will pose more obvious challenges to the dispute resolution of complex and diverse asset management businesses.

Ⅱ. How to Achieve Good Adjudications with Respect to Asset Management Business Disputes

i. Several Dimensions to Realize Good Adjudications

1. Correctly Characterizing Transactions

To determine the nature of the dispute is the first issue of the adjudication, the nature of "is or is not" is a foundation to tell whether a judgement is just or not. Characterization involves two basic aspects: determining the nature of transactions as well as the legal relationship of transactions. For traditional transactions such as sales, shipments or loans, the nature of the transaction is usually not an issue or needs special attention, where the adjudicatory body is able to render a judgment only by looking into the performance of the contract in question. That is to say, as long as the transaction facts are ascertained and the nature of the legal relationship between the parties is clear, the adjudicator can directly render a judgment by applying the correct laws.

For complex financial transactions, however, because of a wide range of products with complex transaction structures that involve multiple legal relationships and inconformity between the name and the nature, characterization of transactions becomes more difficult. In practice, for various reasons, a transaction in essence of equity investment might be embodied in a contract as a debt transaction (or the opposite), or a transaction of simple nature might be designed and arranged into a complicated transaction combination or arrangement. In determining the nature of such transaction, it is necessary to not only see the overall transactional background, arrangement and final transaction purpose, but also pay attention to the specific transaction arrangement between or among two or more parties to the dispute and their positions in the whole transaction framework, in order to avoid "finding out things by blind persons" and, in particular, avoid rigidly sticking to the wording of the contract. Sometimes the meaning of words does not always express the true intention of the parties, substance (transaction purpose, transaction action) should be more important than form (name of the contract, wording of the clauses).

Meanwhile, innovative arrangements shall be respected by the adjudicator who should be especially alarmed not to characterize any new type of transaction by using some "old" or "broad" concepts or economic functions. On the contrary, determining the nature of innovative products shall combine with market practice closely and examine whether the new transactions have formed the market practice, so as to avoid the adverse effect of adjudications on the whole market and transaction order.

To sum up, to determine the nature of the disputes over financial business, especially the disputes over asset management business, the first step is to determine the business nature of the transaction, second is to characterize the legal relationship of the dispute. Only in this way can the correct characterization be achieved, which is the foundation for the proper orientation of the adjudication whose goals are to be just and end the dispute.

It is particularly noteworthy that in practice, when losses or disputes arise from such compound transaction business, parties sometimes would design their case strategies, such as deliberately splitting relevant disputes into different cases in order to take advantage of the lack of synergy of different adjudicatory institutions to pursue their maximum interests or even improper ones, filing several cases at one time or filing one same case over and over again. In such occasion, due to the lack of a mechanism where to effectively avoid the inconsistencies, conflicts or even opposite in logic among adjudications, especially when the precedent might give rise to technical barriers to the latter case, or the latter case arose even due to the former inappropriate adjudication or its failure to settle the disputes, how to pay overall attention to the latter case, make sure that the adjudication of the latter case fair and just, and terminate the disputes ultimately is more depending on the analysis of the transaction logic and purposes (namely the true intention of the parties) and, if necessary, technically handling the relevant matters of the former case that have been touched or even settled one more time in the latter case.

2. Accurate Quantitative Analysis

As the purpose of a financial transaction is to realize monetary gains, cash delivery is the basic form of performance and specific performance is not always a choice for parties. Therefore, the result of financial disputes usually show as what amount of money should be paid by the default party to the innocent party and trading documents of asset management products usually provide calculation method of the interests of parties. Therefore, quantitative analysis has become one of the necessary elements for handling financial investment cases well.

Generally, after the characterization and division of the responsibilities, calculation of benefits, losses and the amount of liability for breach of contract would come into sight of the arbitral tribunal. Unfortunately, it does not catch enough eyeballs of the tribunal as it should have. As a matter of fact, the essence of financial transactions is a transaction of value, which is a deal between the future cash flow and the risk of underlying assets and the calculation of valuation is the core. Therefore, in order to accurately support claims and to realize economic needs of the parties, it is necessary for the arbitral tribunal to clarify the economic interactions between parties through the agreed calculation formula before or after the dispute, where "at discretion" or "depends on the circumstance" should be avoided as much as possible. In practice, the arbitral tribunal sometimes needs to, in combination with the nature of transactions, examine the rationality of formulas (such as whether there are reasonable boundaries or calculation limits applying to the formula), examine the overall requests of parties and the correctness of the figures (such as whether there are contradictory or overlapping requests or calculation circumstances), and correct the wrongs of formulas or calculations or unreasonable requests that may lead to deviation from the substantive purposes of transaction arrangements, rather than simply relying on the agreed formulas, so as to make the final judgment conform to transaction logic and market practice. These requests and calculation issues often occur in private equity investment performance compensation and equity repurchase disputes.

3. Full Account of Compliance Factors

The financial industry is an industry subject to strict regulation. Compliance is a basic requirement for financial institutions to carry out business and engage in transactions. In the event of non-compliance, financial institutions shall not only be punished by the regulatory authorities, but also be liable for the counter parties' losses caused by such non-compliance. Therefore, it can be said that the compliance is one of the basic considerations when dealing with financial disputes.

Because of the complexity of regulations, there are many regulatory terms in respect of product design, sales, risk disclosure and proper management. Therefore, compliance judgment is usually a very complicated and technical issue, which calls understanding of both basic principles and details of compliance.

In the actual handling of cases, special attention shall be paid to whether there is a direct causation between the non-compliance of financial institutions and the transaction loss claimed by the counterparty. The basic principle of asset management business is that investors shall bear investment losses on their own and not impute normal investment losses to the non-compliance of managers.

4. Causation between Losses and Manager's Misconduct

In handling financial disputes, it is very important to determine the causation between transaction losses and misconducts of managers. As for asset management business, due to the regulation lags against the rapid development of the market as well as the imperfection of the supervision system, it is difficult to set up a clear basic rule to prove the existence of non-compliance behaviors of managers. At this point, sometimes when the loss cannot be simply attributed to the market or other third-party factors, the simple application of the principle of "investor bears on its own" seems unfair.

In view of the features of asset management business, the relationship between an investor and an asset manager is not a buyer-seller relationship, but a relationship between the investor and the asset manager whereby the money and assets are delivered to the asset manager for operation and disposal in accordance with the trust contract or entrustment contract. Therefore, besides taking the factors of legitimacy and compliance into consideration, special attention should be paid to whether the manager has performed professionally and properly. The professional obligations not or only mean those provided in the contract, but refer to that whether the manager, as a professional management institution, has performed in good faith, due diligent and fiduciary duties during the whole process of business operation. For instance, whether the manager has really accomplished the duty of selling proper products to qualified investor, whether the manager has effectively disclosed risks rather than merely asking investors to sign a risk disclosure confirmation letter, whether the manager has timely provided investors with necessary professional advice when facing abnormal changes in the market during the management, whether the manager has adopted the basic-professional-requirement-met operations and risk control measures, and whether the manager has reasonably avoided conflict of interests and etc. Admittedly, if the regulatory rules were sound, the professional requirements of these business operations would actually be reflected in them. However, in any case, especially where the regulatory rules are not sound or refined enough, the general liability and reasonable commercial liability for proper management and operation imposed on a manager in its capacity of trustee is a consideration of practical significance for fairly handling disputes over asset management business.

5. Value Orientation of Judgments: Respect for Innovation, Follow Market Tradition, and Protection of Integrity

Financial market is full of innovation, especially with the help of new technology tools, innovation of business is infinite. In addition, financial innovation, except for the infrastructure of market construction, the reform of basic legal system and the reform of regulatory model, often acts as a circumvention and bypass of the existing market regulatory system in terms of specific business, as if walking in a gray area of regulations.

In addition to review financial transaction disputes from the above dimensions, the hearing of financial business disputes is closely related to the adjudicative value held by the adjudicators, e. g. , to strictly abide by the existing regulatory rules or recognize market innovation, and to strictly apply the existing rules or protect integrity. In general, since the market is always developing with constant innovation, the proper attitude taken by the adjudicators is to recognize the innovative activities with positive social and economic effects, fully respect the transaction arrangement and treatment of interests among businessmen based on the principle of fairness and good faith, recognize the formed market tradition, maintain the transaction order and the stability of transaction activities, ensure the predictability of proper transaction results, and protect good faith in transaction, and shall not be excessively rigid to follow the existing legal provisions and regulatory rules that are somewhat inappropriate, not easily deny the legitimacy of a transaction. Not to examine a transaction totally from the perspective of regulators and easily rule that a transaction is in violation of regulations. Such examples are plentiful in practice, such as crowdfunding in Internet finance, which is technically similar to the public offering that need to be supervised and approved from the perspective of current regulatory system, even similar to illegal fund-raising in the form. However, as long as this kind of business is based on good faith, helps to improve the allocation and efficiency of social resources, and helps to promote economic development and create value, it should be given tolerance and recognition.

ii. Typical Cases

1. Case 1: Definition of Legal Relationship of Equity in the Nature of Debt

1.1 Basic Facts

Xinhua Trust Co., Ltd. ("Xinhua Trust"), Huzhou Harbor City Property Co., Ltd. ("Harbor Real Estate"), Ji ×× and Ding ×× entered into the Cooperation Agreement under Huzhou Triumph International Community Equity Investment Aggregate Funds Trust Plan (the "Cooperation Agreement"). The agreement provides that Xinhua Trust shall raise RMB 200-250 million, of which RMB 144 million shall be used for the transfer of the shares of Harbor Real Estate from Ji ×× and Ding ××, respectively, and the remaining fund will be transferred to the capital reserves of Harbor Real Estate. Xinhua Trust will hold 80% of the shares of Harbor Real Estate after the transfer of the shares.

Before the signing of the Cooperation Agreement, a resolution of the shareholders' meeting of Harbor Real Estate was made and a loan of RMB 200 million to RMB 250 million was provided to Xinhua Trust. After signing the Cooperation Agreement, Xinhua Trust entered into a share transfer contract with Ji ×× and Ding ×× respectively in accordance with the Cooperation Agreement, whereby Ji ×× and Ding ×× transferred their 56% and 24% shares in Harbor Real Estate to Xinhua Trust for value, respectively. The share transfer contract also provides for rights and obligations of the parties, such as Ji ×× and Ding ×× as the transferor shall guarantee the legitimacy of the shares to be transferred and actively perform the relevant share transfer formalities. To ensure the performance of the Cooperation Agreement, Xinhua Trust entered into an equity pledge contract with Ji × × and Ding × × and completed the registration formalities of the pledge, in which Ji × × 's pledged equity interest represents 14% of the total share capital of Harbor Real Estate and Ding × × 's pledged equity interest represents 6% of the total share capital of Harbor Real Estate.

After the signing of the share transfer contracts, Xinhua Trust remitted money to Harbor Real Estate, including RMB 144 million for share transfer and RMB 80.78 million for the capital reserve fund. Xinhua Trust also designated relevant persons as directors of Harbor Real Estate. Harbor Real Estate has amended its industrial and commercial information to the Administration for Industry and Commerce of Huzhou City in accordance with the aforesaid share transfer agreement, resolutions of the shareholders' meeting, new articles of association of Harbor Real Estate, resolutions of the board of directors and other materials. Xinhua Trust holds 80% of the shares in Harbor Real Estate according to the law.

Given the fact that Harbor Real Estate entered into bankruptcy procedures and the bankruptcy administrator refused to confirm the claims declared by Xinhua Trust, Xinhua Trust requested the court to confirm its bankruptcy claims against Harbor Real Estate. The court held that Xinhua Trust was a shareholder of Harbor Real Estate and therefore had no creditor's right to Harbor Real Estate, and therefore the claims of Xinhua Trust were denied.

1.2 Court Views

The court held that first, with regard to the issue concerning equity in the nature of debt, internal relations and external relations shall be distinguished; for the equity interest disputes arising from internal relations, agreements between the parties concerned may be used as the basis to determine nominal shareholders or equity but actually debts; however, the internal agreements are not applicable to external relations. According to Paragraph 3 of Article 32 of the *Company Law of the People's Republic of China*, "*[a] company shall register the name of each shareholder and the amount of its capital contribution with the company registration authority. In the event of any change in the registered particulars, the company shall go through the formalities for registration of the change, and shall not challenge any third party unless it is registered or registered of the change*", a third party may not be restrained by the internal agreement between the parties concerned, and shall rely on the public announcement by the parties concerned. This case is a litigation arising from the bankruptcy liquidation case of Harbor Real Estate, the results of which concern the interests of all the creditors of the case and shall be handled in accordance with the principle of externalism of companies. That is to say, all creditors of Harbor Real Estate are third parties (any party other than both parties to the case), and the contents recorded in the register of members of Harbor Real Estate and publicized by the administrative organs for registration indicate that Xinhua Trust is a shareholder holding 80% of the shares of Harbor Real Estate, and any third parties outside Harbor Real Estate have grounds for reasonable reliance. The resolutions of the shareholders' meeting of Harbor Real Estate only represent the unilateral intention to borrow money from Xinhua Trust before the signing of the Cooperation Agreement and the Equity Transfer Agreement. Instead of accepting the loan agreement, Xinhua Trust accepted the transfer of shares in Harbor Real Estate held by Ji ×× and Ding ×× and the transfer has occurred. Xinhua Trust was actually intended to make the loan to Harbor Real Estate, also Harbor Real Estate seemed intended to borrow money from Xinhua Trust in accordance with the decision of the shareholders' meeting. The parties may have consensus of the borrowing contract and guarantee the safety of such borrowing. Xinhua Trust may request the completion of security procedures such as equity pledge, mortgage of land use right, provision of security by shareholders and other matters that are stipulated by law. As a qualified trust and investment institution, Xinhua Trust should have a clear understanding of the legal consequences arising therefrom. Therefore, the several claims of Xinhua Trust for "equity in the nature of debt" and "transferring guarantee" are inconsistent with the facts of this case. Xinhua Trust's claims for obtaining the creditor's qualification in bankruptcy proceedings and its exercise of the relevant priority rights lack any existing legal basis. As a result, the court rejected its claims in accordance with law.

1.3 Observation of Disputes

The transaction structure of real debts in the name of shares is widely adopted in the trust schemes established by trust companies for the purpose of evading the regulatory requirements for compliance of granting trust loans to real estate development enterprises. For example, real-estate development projects to which loans are provided by trust companies must fully meet the requirement which called "four certificates", that developers or their major shareholders have a second-class qualification and that the proportions of project capitals meet the State's minimum requirements. Where the transaction counterparties are unable to satisfy the requirements for granting trust loan pursuant to the regulatory provisions, the transaction counterparties may consider entering the market in the form of equity in the hope of reducing compliance risks.

In a typical transaction of "equity in the nature of debt", if the repayment comes from the target enterprise, usually a small portion of funds is provided to the target enterprise in the form of equity investment fund, and other funds are provided to the target enterprise in the form of trust loan. In this case, there is no loan agreement between Xinhua Trust and Harbor Real Estate, and no other legal relationship of creditor's rights has been formed. Therefore, when confirming the bankruptcy claims of Harbor Real Estate, Xinhua Trust can only be identified as the shareholder of Harbor Real Estate rather than its creditor.

2. Case 2: Adjustments to the Amount of Equity Repurchase and Cash Compensation Already Determined in Writing by the Parties

2.1 Basic Facts

On 20 August 2012, an investment fund (Claimant) and its target company (the first Respondent) entered into a Capital and Share Increase Agreement, agreeing that the Claimant shall subscribe for USD 625,000 of the newly increased registered capital of the first Respondent with RMB 80 million (the Claimant was investing in the target company at a price-earnings ratio of about 20 times based on the exchange rate between US dollar and RMB yuan). On the same day, the Claimant and the original shareholders of the target company (the second and the third Respondents) entered into the Shareholders' Agreement, agreeing that if the net profit of the target company in 2012 and 2013 fails to reach the agreed amount, the original shareholders of the target company shall compensate the Claimant in cash; if the target company fails to complete the initial public offering (IPO) within the territory of China prior to 30 June 2017, the Claimant shall have the right to request the target company and its original shareholders to repurchase all shares of the target company held by the Claimant.

Because the net profits of the target company in 2012 and 2013 failed to reach the agreed amount, and the IPO failed to be completed before 30 June 2017. In September 2017, the Claimant, the target company and the original shareholders of the target company jointly signed an Undertaking Letter, specifying that the target company and its original shareholders shall pay the equity repurchase price and performance compensation price to the Claimant within the agreed time limit.

Thereafter, due to the failure of the target company and the original shareholders of the target company to perform their payment obligations as agreed in the Undertaking Letter, the Claimant filed an arbitration application to require the Respondent to pay the equity repurchase price and performance compensation price. The issue of the dispute in this case is that the equity repurchase price and the performance compensation price have been confirmed by the parties in writing in the Undertaking Letter executed by the parties. However, the calculation of amounts therein is in conflict with the transaction principle. Should the arbitral tribunal fully support or make corresponding adjustments?

2.2 Opinions of the Arbitral Tribunal

The arbitral tribunal holds that, in terms of legal nature, equity repurchase and performance compensation are two different types of transaction arrangements with internal conflicts in their transaction logic, especially when such claims are made at the same time. The equity repurchase clause in the investment agreement is a kind of conditional termination or withdrawal clause, so the equity repurchase is an arrangement to terminate the investment trading relationship; while the performance compensation is an arrangement between the investor and the target company and/or the actual controller of the target company to adjust the price of the initial investment equity according to the operating conditions of the target company after the investment (especially the realization of profit indicators), which does not affect the existence of the investment laws between both parties of the investment and financing. From the perspective of economy, the performance compensation shall be tenable when it occurs separately; provided, however, that, if equity repurchase is involved or occurs afterwards, the factors for the performance compensation shall be taken into consideration in the calculation of the repurchase price—the calculation basis of the equity repurchase price shall be the investment price, and if the original investment price is adjusted due to the performance compensation, the calculation basis of the equity repurchase price shall change inevitably, i. e. the original investment principal must be deducted from the performance compensation. Therefore, from the above two perspectives, investors cannot have both performance compensation price and equity repurchase price. In this case, although the Undertaking Letter confirms that the investor is entitled to both the equity transfer price and the performance compensation, according to the principle of transaction however, the arbitral tribunal only chooses to support the Claimant's claim on the equity repurchase price (performance compensation naturally has no transaction basis if it chooses repurchase).

2.3 Observation of Disputes

The arbitral tribunal thoroughly analyzed the relationship between these two common circumstances of "valuation adjustment mechanism". On the qualitative level, the investor required the target company and/or majority shareholder and actual controller to repurchase the shares, implied to terminate the business relationship; and required the target company's majority shareholder and actual controller to give cash compensation, implied to continue the investment relationship. Therefore, the two claims are self-contradictory in legal logic, and the investor shall not request at the same time; even if the two claims are requested at the same time, the judge should not support both at the same time, but shall only support the request of the equity repurchase (the meaning to terminate the investment relationship is more than the meaning to continue the investment relationship). On the quantitative level, the basis for the calculation of the equity repurchase price shall be the actual amount invested by the investor. If the investor receives cash compensation during the existence of the investment relationship, the investment amount shall decrease naturally (due to the receipt of compensation), and the basis for the calculation of the equity repurchase price shall be adjusted downwards accordingly, i. e. the equity repurchase price that may be received by the investor shall be deducted by the amount of the cash compensation received. If, of course, the investor does not receive any cash compensation during the period which it invests in the target company, and claims the cash compensation and the equity repurchase price at the same time afterwards, the tribunal shall only support the latter and the calculation basis shall not be adjusted.

In this case, on the basis of the above transaction principle or logic, the arbitral tribunal did not rigidly recognize all of the contents agreed in the Undertaking Letter, that is, to support the two claims of the Claimant. Perhaps in some opinions, it seems to deny the autonomy of will of the two parties, but the author believes that the arbitrator should respect the agreement between the two parties and adjust the agreement or arrangement which is obviously not in line with the logic of trade and calculation and fully illustrate the reasons for such ruling. This is different from the kind of judgment which arbitrarily adjust the agreement of the parties on the grounds of "fairness" and "justice".

3. Case 3: Differences between Actual Transaction Arrangement and Standard Contract Text

3.1 Basic Facts

Natural Person B (the Claimant) and A futures subsidiary of ×× (the Respondent) entered into the Master Agreement on Financial Derivatives Trading and the Supplementary Agreement in August 2014, the main clauses of which directly target to the over-the-counter financial derivatives trading. Since then, the two parties have signed a series of agreements such as the OTC Transaction Margin and Transaction Fee Standards and the OTC Equity Swap Margin and Transaction Fee Standards, in which the two parties agreed that the Claimant shall pay a certain amount of initial performance bond (deposit) to the Respondent and have the obligation to maintain the amount at a certain level; if the amount is lower than the level, the Claimant shall superadd the deposit; if the amount is negative at a certain point in time, the Claimant shall compensate the respondents for their losses; the Claimant shall pay a certain proportion of the limit royalty

(which is fund occupation fee in essence) to the Respondent and the Claimant is entitled to obtain floating gains (which is income from stock investment in essence). During the performance of the agreement, the deposit of the Claimant was negative as of September 2015 and the Respondent forcibly closed the account of the Claimant. In November 2015, the Claimant and the Respondent resumed the transaction after the Claimant's affiliate merged the deposits in the respondent's account into the account of the Claimant (the amount of the Claimant's deposits after the merger of the accounts satisfied the transaction requirement in the contractual provisions). At the end of January 2016, the margin balance of the Claimant became negative again, and the Respondent forcibly closed the Claimant's account and terminated the series of agreements between the two parties, here arises the dispute between the two parties.

The Claimant claims that the series of agreements concluded by and between the two parties are actually agreements on over-the-counter stock financing and in violation of the *Securities Law of the People's Republic of China* (hereinafter referred to as the "*Securities Law*") and the relevant regulatory provisions, and shall be determined as void. In addition, based on certain judgment guidelines and the judicial practice of the local courts, it has been determined that if shares touch the close position line and the Finance Party (i. e. the Funding Party) failed to close the position timely, it shall bear the loss cause of exceeding the close position. Then the Respondent believes that the series of agreements between the two parties are on the equity exchange business with stocks as the subject matter, and are legal and valid as in no violation of valid and mandatory provisions of laws and administrative regulations; the parties compulsorily close the position when the security deposit in the account of the applicant is insufficient does comply with the agreement; the Respondent is not required to compensate for any losses to the Claimant while the Claimant shall compensate the Respondent for the deposit exposure losses. The issues of this case are the type of transaction and the validity of the series of agreements entered into by the parties.

3.2 Opinions of the Arbitral Tribunal

The arbitral tribunal held that although both parties have signed the Master Agreement, the Supplementary Agreement (which are standard and formatted agreements in the market), and the subsequent series of specific transaction agreements (which are equivalent to transaction confirmation) for the purpose of regulating financial and commodity derivatives business, the actual transaction between the two parties is over-the-counter stock financing, i. e., the Claimant pays a certain amount of funds (margin) to the Respondent and the Respondent uses funds including such funds for stock investment. The amount of limit royalty that the Claimant needs to pay to the Respondent, i. e., the fixed income which the Respondent has the right to obtain, is actually the capital occupation cost paid by the Claimant as the financing party to the supplier, i. e. the Respondent, while the floating income to which the Claimant is entitled to acquire is actually the investment income which the Claimant as the stock investor is entitled to obtain. Based on this, the arbitral tribunal found that the contract (formally) entered into between the parties is (substantially) inconsistent with the transaction actually conducted. However, in terms of formality, there is no violation of mandatory provisions of laws and administrative regulations in the series of agreements on financial derivatives signed by the two parties; and in terms of substance, the financing transaction relating to stock investment between the two parties does not violate laws and regulations, either. Although the Respondent, as a futures subsidiary, may have compliance issues to some extent in connection with the futures financing business (strictly, is beyond the scope of business of itself), the transactions between the two parties shall not be void solely due to such incompliance.

Based on the judgment of the nature of transaction, the arbitral tribunal holds that the main reason for the loss of the Claimant's stock investment is the risk of trading system caused by the drastic changes of regulatory measures in the stock market in the period. With respect to the assumption of losses, the parties expressly agreed in the relevant agreement that the financing party, i. e. the Claimant, shall assume the liabilities. Therefore, the arbitral tribunal did not support the claim of the Claimant that the Respondent should bear the loss of over RMB 20 million. Meanwhile, for the loss of security deposit exposure, the arbitral tribunal ruled that the Claimant shall compensate the Respondent by a certain amount in accordance with the contract and the evidence.

3.3 Observation of Disputes

Equity swap (swap) is a kind of transaction of financial derivatives, which means both parties agree to swap the cash flow that they consider to have equivalent economic value during a certain period in the future. Common equity swap transactions (contracts) in the market include interest rate swaps and currency swaps. But in this case, the so-called swap, in essence, is that the Claimant pay a certain amount of financing cost to get more capital to invest in the stock market, which is a typical OTC financing transaction and irrelevant to the financial derivatives transactions. Therefore, one of the key issues in this case is to deal with the mismatch between the contracts used by the Claimant and the Respondent (equity swap) and the transactions engaged in (over-the-counter financing). To make the futures financing business provided by the respondent seem compliant, the respondent, as a futures subsidiary, intentionally adopted the documents of the Master Agreement and the Supplementary Agreement with respect to financial derivatives within its scope of business license. The author is of the opinion that an adjudicator shall not determine the contract as invalid or the transaction is invalid simply because the parties concerned have arranged for a real transaction of any other nature by using derivative transaction agreement documents, and instead shall analyze the real transaction declaration of intentions of both parties from the perspective transaction reality so as to make a reasonable decision consistent with the facts and transaction logic.

The second issue of the case is compliance. First of all, the duty of the supervision department is to determine whether a certain financial behavior of a subject is in compliance with the law. Even if the adjudicator determines that the behavior is not in compliance with the regulations, the consequence of such non-compliance shall be distinguished from that of the illegal. Non-compliance is not equal to the violation of mandatory provisions of laws and administrative regulations, it shall not inevitably avoid the transactions or relevant agreements between two parties. Due to the regulatory policies encouraging innovation generally implemented in the past few years, a wide variety of financial innovation products have emerged in the market. However, due to the continuous tightening of regulation later on, the parties have different understandings on the compliance and effectiveness of innovative products (the Claimant in this case conducted several transactions with the Respondent; in particular, the Claimant thinks that the agreements and transactions between the two parties are null and void after the losses occurred). The arbitral tribunal determined that the over-the-counter stock financing transaction between the two parties is valid on the basis that the true intention of the parties at the time of concluding the contract and in the subsequent transactions as well as the transactions made between two parties have no violation of mandatory provisions. The arbitral tribunal believes that this not only sticks with the basic principles of the contract law on the identification of effective/invalid contracts, but is also conducive to protect the legitimate rights and interests of the honest party and maintaining the market trading stability and market order.

4. Case 4: Determination of the Liability of the Channel Business Manager

4.1 Basic Facts

An asset management contract is concluded among Institution A (as the principal), Institution B (as the trustee) and Institution C (as the custodian). Upon conclusion of the contract, the trustee shall deposit the principal's entrusted funds in Bank D according to the principal's instructions and shall require Bank D to transfer the funds to a time deposit account. On the same day, the employee of the principal received the original confirmation of opening the time deposit account. Later, it was confirmed that the aforementioned confirmation letter of account for the entity time deposit was forged, the entrusted assets of the principal were not converted to time deposit, but the official seal, financial seal, legal person seal and other seals of the entrusted party were forged by Bank D staff, the above-mentioned entrusted assets were all transferred into the account of a third party by purchasing transfer check in the name of the entrusted party through a false entrustment loan agreement. Meanwhile, when carrying out the operation of transfer from current account to time deposit as the trustee, Institution B fails to comply with the *Administrative Measures of the People's Bank of China for Entity Deposits* to submit the application for opening an account and the original copy of its business license, but only submit the instruction letter in the format prepared by itself, requiring Bank D to transfer the entrusted assets from current account to time deposit.

Institution A claims that Institution B has failed to perform its management obligations as a trustee, breached the asset management contract and caused losses to the assets of Institution A, and thus Institution B shall bear the corresponding liabilities to the principal in accordance with the asset management contract.

The arbitral tribunal has concluded upon analysis that, although Institution B is undutiful in performing its duties as a trustee, there is no causation between Institution B's dereliction of duty and the fact that the entrusted assets is transferred out from Bank D, and Institution B shall not bear direct civil compensation liabilities due to the fact that the principal is unable to obtain investment proceeds as agreed upon due to the fact that the entrusted assets being transferred out from Bank D and entering into a third party account. Therefore, the arbitral tribunal did not support Institution A's claim for compensation from Institution B for the principal and investment income of the entrusted assets. However, Institution B shall continue to perform trustee duties, and adopt all requisite recourse actions in respect of the entrusted assets.

4.2 Opinions of the Arbitral Tribunal

One of the issues of the case was the causation between the dereliction of duty or breach of contract of Institution B and the transfer of entrusted assets under the case into the account of a third party. The arbitral tribunal holds that Institution B is negligent of duty and has fault as the entrusted assets have not been effectively transferred from current to fixed terms. However, the substantive issue of the case did not lie in that the entrusted assets could not be changed from current to fixed terms, but in that how the entrusted assets were transferred out of the Bank D and into the account of the third party. That is to say, even if the entrusted assets are in a current state all the time, the entrusted assets shall still be deposited in Bank D unless otherwise specifically and effectively instructed by Institution B as the depositor, and it is impossible for the entrusted assets to be transferred out of Bank D and enter into the account of a third party. In other words, there is not necessary link between Institution B's failure to transfer entrusted assets to Bank D with due diligence and the fact that the entrusted assets are transferred out of Bank D and into the account of a third party. If the behavior of the third party outside the case is able to transfer the entrusted assets out of Bank D without the knowledge or participation and cooperation (in issuing transaction instructions to Bank D) of Institution B, then even if Institution B has handled the deposit certificate with due diligence, such situation may still occur and has no relationship with whether the entrusted assets are in the state of time deposit or not. Therefore, the arbitral tribunal held that there was no direct connection or causation between Institution B's failure to perform its duty or breach of contract under the contract in this case and the fact that the entrusted assets were transferred out of Bank D, and that the transfer of the entrusted assets were not caused by Institution B's dereliction of duty or breach of contract.

The second issue of the case was whether Institution B should bear the civil liabilities for compensation because its dereliction of duty might objectively facilitate the abnormal transfer of entrusted assets out of Bank D. The arbitral tribunal believes that the determination of whether Institution B shall assume direct civil compensation liability for the failure of Institution A to obtain investment income as agreed in this case due to the fact that the entrusted assets have been transferred out of the bank and entered into the account of a third party needs to be made in accordance with the relevant provisions of the contract in this case. However, where it is agreed in the asset management contract that the loss of entrusted assets is caused by factors beyond the control of Institution B, Institution B shall not be held liable, except where the loss of entrusted assets is caused deliberately or caused by gross negligence of Institution B. Since it cannot be ascertained that the entrusted assets in this case were improperly transferred out of Bank D and transferred into the account of a third party due to the deliberate or gross negligence of Institution B, Institution B shall not bear direct civil liability for compensation for the failure of Institution A to obtain the investment income as agreed up to the present due to the entrusted assets being transferred out of Bank D and transferred into the account of a third party.

4.3 Observation of Disputes

This case involves the general liability boundary of asset managers in the asset management business, i. e. whether managers shall be liable for civil compensation and (if necessary) the extent of liability when acts of third parties directly cause damage to the entrusted assets. There is no definite legal provision on this issue, according to the understanding of ordinary principal-agent relationship, the civil legal consequences of an entrustment include the ownership of the principal's investment profits or losses, unless the loss of the entrusted assets is caused by improper management, that is, there is a causation between the two. Therefore, unless it is agreed to the contrary in the relevant asset management contracts, the managers shall not be liable for the losses of entrusted assets caused by the acts of third parties.

At the same time, the asset management business involved in the case is a typical channel asset management business, and the trustee makes the investment in full accordance with the instructions of the principal. In general, the liability of the manager of a channel asset management business is far less than that of an active asset management business manager. However, this does not mean that the channel asset management business manager is fully exempted from the liability for the loss of entrusted assets. If it can be proved that there is a causation between the loss of entrusted assets and the manager's acts, the manager shall be held liable. Of course, in law, there is no clear distinction between the responsibilities of managers engaged in channel asset management business and those of managers engaged in active asset management business. The exemption of responsibilities of managers engaged in channel asset management business remains subject to the relevant asset management contracts. Therefore, agreement in an asset management contract is of vital importance to both parties.

Ⅲ. The Unique Value of Arbitration in Handling Disputes over Financial Businesses

As an important part of the dispute resolution market, more and more commercial parties choose arbitration to resolve disputes. In addition, with respect to the handling of financial dispute cases through arbitration, the practice in the Chinese market is different from that in some overseas developed financial markets such as the UK and the US, where litigation is traditionally a major way for financial institutions such as banks to resolve financial disputes, while arbitration is only respected in specific commercial fields such as shipping, goods trading or certain investment fields. Even today, some financial institutions do not believe that arbitrators have full understanding of financial businesses. However, market research also shows that arbitration is being used by more and more financial institutions in the international commercial field. This is mainly due to the unique advantages of arbitration in international dispute resolution, such as recognition and enforceability, neutrality, finality, confidentiality, flexibility, higher efficiency and lower cost. Among the advantages mentioned above, recognition and enforceability are the most important factors. Up to 2019, the *New York Convention* signed in 1958 has been acceded to by more than 160 member states, cross-border enforcement of the arbitral award is more convenient and possible. The *Convention* obliges the courts of member states to recognize and enforce foreign arbitral awards, unless the recognition or enforcement of the arbitral award is against the public policy or procedural justice of the state.

From the practice of financial arbitration in China, although litigation has an overwhelming advantage in the field of dispute resolution, it is different in the field of financial investment dispute resolution. On the contrary, arbitration is generally considered to be more effective, confidential and professional in financial dispute resolution. With the continuous improvement of the arbitration work of arbitration institutions and the high support of the Supreme People's Court for arbitration work, arbitration has become more and more popular in China as an alternative method for the resolution of commercial disputes. In addition to efficiency and confidentiality, professionalism is a key factor for financial institutions to choose arbitration. In a sense, for fast-growing financial markets, there appears a shortage in the courts of sufficient number of knowledgeable judges to decide innovative or complex financial business disputes. However, arbitration institutions have the flexibility to employ professional personnel in the market, and therefore the arbitration agencies, especially the major ones in the market, are generally capable of providing a good award that meets the market expectations. In recent years, arbitration has properly settled many innovative and complicated financial business disputes, providing valuable support for the development of financial markets.

However, it should be noticed that many large financial institutions in the market are not ready to switch from choosing litigation to choosing arbitration. One reason is that the finality of arbitration makes these large financial institutions worry that if the award is unjust, they will have no further remedies; and if the dispute is resolved by litigation, there are further remedies such as appeals to higher courts. The real reason behind this perplexity of the arbitration procedure is the anxiety about the uncertainty of arbitration. If the result of financial dispute arbitration has high certainty or predictability, the fear of choosing arbitration to resolve disputes will be greatly reduced. Therefore, from the perspective of arbitration institutions, they shall attach importance to the task and goal of improving the certainty of the arbitration awards of financial disputes. In this process, the author believes that arbitrators have a good professional background, can adhere to professional ethics, accurately understand the basic transactions, respect contracts and the true intention of the parties, and protect the integrity of the market, which will help to provide predictable, deterministic and consistent arbitration awards, and ultimately help to enhance the credibility of arbitration institutions.

Chapter Four *Singapore Convention on Mediation* and its Impact on China's Legislation and Arbitration

Based on the introduction and analysis of the background and basic content of the *Singapore Convention on Mediation* (the *Convention*), this chapter focuses on analyzing the relationship between mediation under the *Convention* and mediation under arbitration proceedings, the impacts of signing the *Convention* on China's current legislation, and identifying the problems that mediation centers should pay attention to in the work of mediation after China's joining in the *Convention*.

Ⅰ. Background of the *Singapore Convention on Mediation*

Over the past six decades, the Convention on the Recognition and Enforcement of Foreign Arbitral Awards (the "*New York Convention*") has achieved great success in making arbitration a popular choice for the resolution of international commercial disputes. However, with respect to mediation, there were no widely applied international rules on the enforcement of agreements concluded through mediation, which, to a large extent, restricted the development of international commercial mediation.

Currently there are three main ways for countries to enforce the settlement agreements reached through mediation:

First, the settlement agreement is regarded as a contract signed between the parties. In this case, the validity of the settlement agreement is of no difference from other contracts or agreements, so the binding force on the parties is weaker than that of court decisions or arbitral awards.

Second, the settlement agreement is transformed into a court decision by certain procedures. For example, Article 6 of the *EU Mediation Directive* provides that "the content of the agreement may be made enforceable by a court or other competent authority in a judgment or decision".

Third, the settlement agreement is regarded as an arbitral award or is transformed and merged into an arbitral award by certain procedures. For example, Article 51 of the *Arbitration Law of the People's Republic of China* (the "*Arbitration Law*") stipulates that "before rendering an award, an arbitral tribunal may first attempt to mediate... When a settlement agreement is reached through mediation, the arbitral tribunal shall issue the conciliation statement or render the arbitral award based on the settlement agreement. A conciliation statement shall have the same legal effect as that of an arbitral award".

However, these approaches may face difficulties in practice. To begin with, for international commercial disputes, it is relatively difficult to enforce the court decisions which contain the content of settlement agreements unless there are bilateral or multilateral treaties or reciprocal relations between the two countries to recognize and enforce court decisions. Furthermore, if a settlement agreement is converted into an arbitral award, although it can be recognized and enforced under the *New York Convention*, the parties still need to conclude a valid arbitration agreement and may bear the cost of arbitration. Therefore, the parties cannot enjoy the benefits of efficiency and low cost of mediation.

In order to unify the practice of various countries and guarantee the enforceability of settlement agreements, Working Group II (the "Working Group") of United Nations Commission on International Trade Law

("UNCITRAL") started to research and draft the *Convention* since 2014. On 27 June 2018, at its fifty-first session, UNCITRAL reviewed and approved the text of the *Convention*, which was open for signature by States on 7 August 2019.

Ⅱ. Main Articles of the *Singapore Convention on Mediation*

There are altogether 16 articles in the *Convention*, among which the first eight articles stipulate the scope of application, general principles, requirements for reliance on settlement agreements, grounds for refusing to grant relief and reservations, and the latter eight articles stipulate procedural matters such as entry into force and amendment, accession and withdrawal of the *Convention*. The main articles of the Convention are discussed below.

Article 1 of the *Convention* stipulates the scope of application of the *Convention*, in which the following aspects warrant our attention:

First, settlement agreements need to be of international nature. The *Convention* does not apply to settlement agreements that are purely domestic. According to Article 1. 1 of the *Convention*, a settlement agreement is international in the following circumstances: (a) at least two parties to the settlement agreement have their places of business in different States; or (b) the State in which the parties to the settlement agreement have their places of business is not the State in which a substantial part of the obligations under the settlement agreement is performed; or the State with which the subject matter of the settlement agreement is most closely connected.

Second, the *Convention* applies only to settlement agreements resulting from mediation. When drafting the *Convention*, some representatives contended that the term "agreement resulting from mediation" which reflects the causality should not be used. However, the Working Group considered that the term "agreements resulting from mediation" could encourage parties to choose mediation to settle international commercial disputes and ensure that the *Convention* would not conflict with the application of other conventions related to litigation or arbitration.

Third, a settlement agreement shall be in writing. The Working Group considers that the purpose of the *Convention* is to ensure the enforcement of settlement agreements and to require the settlement agreement be made in writing will enhance the efficiency of enforcement.

Fourth, the *Convention* applies to the whole settlement agreement, including monetary and non-monetary obligations. In the view of the Working Group, when a settlement agreement contains both monetary and non-monetary obligations, it may result in injustice if only monetary obligations are enforced. Therefore, the *Convention* applies to the whole settlement agreement without distinguishing between monetary and non-monetary obligations, and the *Convention* does not allow contracting States to make reservations on this point.

Fifth, the *Convention* applies only to settlement agreements on commercial disputes, but not to those related to marriage or family law, labor law or inheritance law. Also, whether the *Convention* is applicable to a settlement agreement reached during judicial or arbitral proceedings depends on whether the settlement agreement can be enforced as a court decision or arbitral award. If the answer is positive, then the *Convention* does not apply.

Article 2 of the *Convention* defines "place of business", "in writing" and "mediation". Regarding the written requirement, the Working Group believes that the principle of functional equivalence should be followed, i. e., electronic signatures satisfy the written requirement if they can be accessed and used in the future. Regarding the requirement for mediation, the Working Group emphasizes the importance of assistance of third parties that the mediation shall be done "with the assistance of a third person or persons." Accordingly, the *Convention* shall not apply to settlement agreements reached by the parties themselves without the assistance of any mediator. Furthermore, the *Convention* does not regulate whether a mediator should be listed in an institution or not.

Article 3 of the *Convention* provides for the enforcement of settlement agreements and the general principles for invoking settlement agreements in non-enforcement procedures.

First, the *Convention* adopts the direct enforcement mechanism. When drafting the *Convention*, some delegates believed that the *Convention* should adopt a review mechanism under which a settlement agreement shall be certified or approved by the competent authorities of the country of origin before it can be enforced in another country. However, other delegates argued that the adoption of a review mechanism in the *Convention* would require further consideration on which country had jurisdiction to review settlement agreements and which authority (such as the mediator, court, or other institution) was competent to review as well as the review procedure. It would take a long time to enforce a settlement agreement under the review mechanism, which may be contrary to the purpose of the *Convention*. In addition, by reference to the *New York Convention*, the review of an arbitral award's country of origin was not a precondition for recognition and enforcement of foreign arbitral awards, either. In conclusion, the Working Group adopted the direct enforcement mechanism similar to the *New York Convention*, enabling the parties to directly apply for enforcement at the place of enforcement without the review of the settlement agreement's country of origin.

Second, the *Convention* makes it clear that settlement agreements can be invoked in non-enforcement procedures. For example, one party makes a claim or request for a specific matter while the other party contends that the matter has been settled by a settlement agreement signed between the two parties and there is no dispute. The other party can invoke the settlement agreement to prove that the dispute has been resolved.

Article 4 of the *Convention* further stipulates the requirements for reliance on settlement agreements. First, the applicant should provide the settlement agreement. Second, the applicant needs to provide evidence that the settlement agreement is concluded through mediation. The *Convention* does not allow contracting States to make reservations excluding the application of this Article. Evidence to prove the existence of the mediation process includes the signature of the mediator, the documents signed by the mediator indicating that the mediation has been conducted, and the attestation by the institution that administered the mediation, etc. Third, the Article also explicitly allows the use of electronic and other means of communication to meet the written requirement. Fourth, this Article stipulates that the competent authority has the right to request the parties to issue a translation of the settlement agreement and to request the parties to provide all necessary documents. Fifth, this Article stipulates that the competent authorities should act swiftly when reviewing the request for relief. This provision is consistent with the purpose of the *Convention* to encourage mediation in the same way as the *New York Convention* promotes the development of arbitration by promulgating an enforceable multilateral convention on international commercial settlement agreements resulting from mediation, and to solve the cumbersome and time-consuming drawbacks of cross-border enforcement under contract laws.

Article 5 of the *Convention* stipulates the grounds for refusing to grant relief by the competent authorities, which distinguishes between grounds that can be invoked only by application of the parties and grounds that the competent authority can also apply *ex officio*.

The grounds for refusing relief based on application can be further divided into three categories, namely, ground related to the parties, grounds related to the settlement agreement itself, and grounds related to the mediation process.

Specifically, ground related to the parties refers to the incapability of one party to the settlement agreement. Grounds related to the settlement agreement include that (a) the settlement agreement (i) is invalid, inoperative or incapable of being performed; (ii) is not binding or final; or (iii) has been subsequently modified; and (b) the obligations in the settlement agreement (i) have been performed; or (ii) are not clear or comprehensible; and (c) granting relief would be contrary to the terms of the settlement agreement. Grounds related to the mediation process include material breach of standards applicable to the mediator or the mediation and the failure of the mediator to perform disclosure obligations.

The grounds for the competent authorities to review and refuse granting relief *ex officio* include that granting relief would be contrary to the public policy of the country and that matters covered by the settlement agreement could not be resolved by mediation.

Article 6 of the *Convention* deals with parallel applications or claims.

The so-called parallel applications refer to the judicial or arbitral applications which are parallel to the enforcement applications of the settlement agreement and may have influence on the enforcement of the settlement agreement. For example, litigation or arbitration proceedings concerning the validity of a settlement agreement are conducted in one jurisdiction while enforcement proceedings of a settlement agreement are conducted in another jurisdiction. The Working Group decides that the *Convention* shall make reference to Article 6 of the *New York Convention* with respect to parallel applications. If there exists judicial or arbitral proceedings to a settlement agreement, the enforcement authority, if it deems appropriate, may postpone its decision on enforcement before the completion of the judicial proceedings or refuse to enforce the settlement agreement if the competent court decides that the settlement agreement is invalid. This Article also allows the enforcement authority to require one party to provide security upon the request of the other party.

Regarding the relationship between requesting for relief under the *Convention* and other mechanisms (for example, the party requests to enforce a settlement agreement in accordance with contract law rather than under the *Convention*), the Working Group believes that the *Convention* should respect the provisions of domestic laws such as contract laws of various countries as well as the party autonomy to apply for enforcement under contract law and other rules rather than the *Convention*. Therefore, the *Convention* will only introduce a mechanism on enforcement of settlement agreement without dealing with the procedural matters in domestic laws and regulations. Also, the *Convention* should not deprive any contractual relieves that may be enjoyed by the parties under the applicable contract law.

Article 7 of the *Convention* stipulates that the *Convention* shall not deprive any interested party of any right it may have to avail itself of a settlement agreement in the manner and to the extent allowed by the law or the treaties of the contracting States where such settlement agreement is sought to be relied upon. This Article refers to Article 7 of the *New York Convention* and its core purpose is to allow parties to apply domestic laws which may be more favorable to enforcement.

Article 8 of the *Convention* provides for reservations. The *Convention* only allows contracting States to make the following two types of reservations: first, to declare the *Convention* shall not apply to the settlement agreement involving a governmental agency; and second, to declare that the *Convention* only applies to the extent that the parties to the settlement agreement have agreed to the application of the *Convention*. In addition, the *Convention* provides that the contracting States shall not make any other reservations (e.g. reciprocal reservations).

Ⅲ. The Relationship between Mediation under the Convention and Mediation in the Course of Arbitration Proceedings

Article 51 of the *Arbitration Law* stipulates the "combination of arbitration and mediation" system (or Med-Arb) in China that "before rendering an award, an arbitral tribunal may first attempt to mediate. If the parties apply for mediation voluntarily, the arbitration tribunal shall mediate. If mediation is unsuccessful, an award shall be made promptly. When a settlement agreement is reached through mediation, the arbitral tribunal shall issue the conciliation statement or render the arbitral award based on the settlement agreement. A conciliation statement shall have the same legal effect as that of an arbitral award."

The "combination of arbitration and mediation" system is praised internationally as "oriental experience", which is fundamentally different from a mere mediation. Under the "combination of arbitration and mediation" system, the mediator who presides over the mediation is usually the arbitrator. If the mediation is successful, the arbitral tribunal shall issue a mediation statement or render an arbitral award based on the content of the settlement agreement. If fails, the arbitral tribunal shall resume the arbitration procedure and make an award in time. The combination of arbitration and mediation reflects the procedural flexibility and convenience and may encourage the parties to settle disputes in amicable ways. At the same time, since mediation in arbitration is not mandatory, if the parties are unwilling to mediate or the mediation fails, the arbitral tribunal can quickly resume the arbitration procedure and issue an arbitral award.

To understand the relationship between mediation in China's "combination of arbitration and mediation" system and the mediation under the *Convention*, the following aspects require close attention.

First, the scope of mediation in the "combination of arbitration and mediation" system is broader than that under the *Convention*. Because mediation in "the combination of arbitration and mediation" system is made in the process of arbitration, the scope of mediation should be the same as the scope of arbitration stipulated in Article 2 of the *Arbitration Law*, i. e., disputes "over contracts and over property rights and interests between citizens, legal persons and other organizations with equal legal status." The *Convention*, however, only applies to settlement agreements for commercial disputes. Article 1. 2 of the *Convention* provides that "the *Convention* does not apply to settlement agreements: (a) concluded to resolve a dispute arising from transactions engaged in by one of the parties (a consumer) for personal, family or household purposes..." Therefore, the mediation under the *Convention* cannot include the consumer contracts stipulated in item (a). According to the footnote 1 of Article 1. 1 of the *UNCITRAL Model Law on International Commercial Mediation and International Settlement Agreements Resulting from Mediation* (as amended in 2018, the "*Model Law*"), the term "commercial" means "matters arising from all relationships of a commercial nature, whether contractual or not. Relationships of a commercial nature include, but are not limited to, the following transactions: any trade transaction for the supply or exchange of goods or services; distribution agreement; commercial representation or agency; factoring; leasing; construction of works; consulting; engineering; licensing; investment; financing; banking; insurance; exploitation agreement or concession; joint venture and other forms of industrial or business cooperation; carriage of goods or passengers by air, sea, rail or road."

Second, the *Convention* cannot be applied to settlement agreements reached through mediation under the "combination of arbitration and mediation". According to Article 51 of the *Arbitration Law*, when a settlement agreement is reached through mediation, the arbitral tribunal shall issue the conciliation statement or render the arbitral award based on the settlement agreement. A conciliation statement shall have the same legal effect as that of an arbitral award. Therefore, settlement agreement resulting from the "combination of arbitration and mediation" system in China is regarded as an arbitral award or is transformed into an arbitral award through a certain procedure. However, Article 1.3 of the *Convention* clearly states that "this article does not apply to: ... (b) Settlement agreements that have been recorded and are enforceable as an arbitral award." Consequently, the *Convention* cannot apply to settlement agreements resulting from mediation in China's arbitration procedure.

It is also noteworthy that, in accordance with Article 49 of the *Arbitration Law*, "after submission of the request for arbitration, the parties may settle the dispute among themselves. If a settlement agreement has been reached, the parties may apply to the arbitral tribunal for an arbitral award based on the content of the settlement agreement, or the applicant may withdraw the request for arbitration." In the case of settlement by the parties, the *Convention* cannot apply if the arbitral tribunal has made an award in accordance with the settlement agreement. However, if the parties reach a settlement agreement and then withdraw the request for arbitration, whether the *Convention* can apply depends on whether the parties reach the settlement agreement through mediation. Article 2.3 of the *Convention* provides that "mediation means a process, irrespective of the expression used or the basis upon which the process is carried out, whereby parties attempt to reach an amicable settlement of their dispute with the assistance of a third person or persons ('the mediator') lacking the authority to impose a solution upon the parties to the dispute." The Working Group also stresses that the definition of mediation should provide for the nature of "the collaboration of third party". Therefore, if the parties reach a settlement agreement without the assistance of any third party and then withdraw the request for arbitration, the *Convention* cannot apply; if the parties reach a settlement agreement through the assistance of a third party (e.g. a commercial mediation institution) and then withdraw the request for arbitration, the *Convention* may be applied.

Ⅳ. The Impacts of Ratification of the Convention on China's Current Legislation

The *Convention* was open for signatory on 7 August 2019 and the signing ceremony was held in Singapore. Representatives from 67 countries and regions attended the ceremony and 46 countries and regions, including China, the United States of America and Singapore, signed the *Convention*.

After signing the *Convention*, China will first need to make proper adjustments to its legislative and judicial system to link up the *Convention*, submit the *Convention* to the Standing Committee of the National People's Congress (the "NPC") for ratification pursuant to the *Law on the Procedure of the Conclusion of Treaties*, and then deposit the instrument of ratification with the depositary (the Secretary-General of the United Nations) in accordance with Article 11 of the *Convention*. Pursuant to Article 14 of the *Convention*, the *Convention* shall enter into force six months after the deposit of the third instrument of ratification, acceptance, approval or accession. When a State ratifies, accepts, approves, or accedes to the *Convention* after the deposit of the third instrument of ratification, acceptance, approval, or accession, the *Convention* shall enter into force in respect of that State six months after the date of the deposit of its instrument of ratification, acceptance, approval, or accession.

The legislative system of commercial mediation in China has not been established and the provisions of mediation are scattered in the laws of *People's Mediation Law*, *Civil Procedure Law* and *Arbitration Law*. It is therefore necessary for China to make appropriate adjustments to the current legislative and judicial system to link up with the *Convention* so that the settlement agreements can be successfully enforced under the framework of the *Convention* in China.

First, the legislature needs to speed up the promulgation of commercial mediation law. In 2010, China promulgated the *People's Mediation Law*, which filled the gap in the legislation of mediation. However, the *People's Mediation Law* cannot meet the needs of commercial mediation. For example, Article 7 of the *People's Mediation Law* stipulates that "people's mediation commissions are mass-based organizations legally formed to settle disputes among the people." Accordingly, the nature of people's mediation is community mediation which is characterized by non-professionalism, which does not meet the requirement of professionalization of commercial mediation. Article 4 of the *People's Mediation Law* stipulates that "people's mediation commissions shall not charge fees for the mediation of disputes among the people." This rule will weaken the enthusiasm of mediators and damage the construction of a professional group of mediators. Also, it will result in the lack of funds for mediators to carry out mediation work. Therefore, it is in dire need of a commercial mediation law which will treat and regulate mediation as a professional career and dispute resolution mechanism.

After years of development, international commercial mediation has gradually formed mature rules and regulations which can be used as reference for the establishment of China's commercial mediation legal system. The *Model Law* is the most influential commercial mediation legislation which provides detailed rules on the definition of commercial mediation, the selection and disclosure obligations of mediators, the procedures from commencement to termination of mediation, effect of mediation and post-mediation issues. China is suggested to take into consideration the rules of *Model Law* when promulgating the commercial mediation law which should be based on the principle of encouraging and supporting the development of commercial mediation and of respecting the party autonomy.

Second, the legislature is suggested to enact laws to recognize the effect of non-institutional mediation, and to encourage the development of individual mediation.

When drafting the *Convention*, the Working Group expressed that "mediation" should not be restricted to that carried out under the auspices of a mediation institution or be implying an "arranged or organized process". Accordingly, settlement agreements resulted from both institutional and non-institutional mediation can be sought to be enforced in accordance with the *Convention*.

China's traditional commercial mediation can be categorized as mediation affiliated with the courts, mediation affiliated with arbitration institutions, and mediation administered by commercial mediation institutions. The effect of non-institutional or individual mediation is not legally acknowledged. Therefore, it is suggested that China should recognize the effect of non-institutional mediation in relevant laws and encourage legal practitioners with expertise and capability to take commercial mediation as a professional career. It is also suggested to cultivate a group of mediation specialists who highly value their personal reputation and professionalism and to establish a sound management and salary system for full-time mediators. Only in this way can China's commercial mediation system achieve full-fledged and healthy development.

Third, the Supreme People's Court (the "SPC") should issue relevant judicial interpretation to guide the understanding and application of some provisions of the *Convention*.

For the *Convention* to gain a wider support, the Working Group took the middle ground and left some vagueness in certain provisions. As a result, the responsibility is on the contracting States to interpret and implement those provisions. In China, the SPC needs to take on this role by issuing relevant judicial interpretations. Below are some instances of those provisions.

To begin with, according to Article 1 of the *Convention*, the *Convention* applies to the entire settlement agreement without distinguishing the monetary obligations from non-monetary obligations. In practice, settlement agreements often include non-monetary obligations and it is frequent that both parties bear obligations under a settlement agreement. For example, a settlement agreement may provide that Party A should pay Party B a certain amount of money, and Party B will deliver specific items (such as a famous painting) to Party A. If Party B's non-monetary obligation cannot be enforced (for example, the painting has been destroyed), it is uncertain whether the court should enforce Party A's monetary obligation. Therefore, the SPC should provide further guidance in judicial interpretations to avoid resulting in unfairness to any party.

Furthermore, Article 3.2 of the *Convention* provides that "if a dispute arises concerning a matter that a party claims was already resolved by a settlement agreement, a Party to the *Convention* shall allow the party to invoke the settlement agreement in accordance with its rules of procedure and under the conditions laid down in this Convention, in order to prove that the matter has been already resolved". This provision allows the parties to invoke the settlement agreement as a defense to claims raised in non-enforcement proceedings. For instance, if a party raises a claim or request on an issue, the other party may invoke the settlement agreement to prove that the issue has been resolved. However, this provision is silent on the conditions and effect of invoking the settlement agreement. Therefore, the SPC is expected to specify the procedural prerequisites for the parties to invoke the settlement agreement in non-enforcement procedures and its consequent legal effects under the Chinese law. Questions that need to be addressed include whether a settlement agreement without notarization or certification conforms to the formality requirements stipulated in the *Civil Procedure Law*, and whether the invocation of settlement agreement would have the effect of staying the litigation proceedings, or conversely, its effect is no more than that of evidence. All these problems need to be clarified by the SPC in future judicial interpretations.

At last, Article 5. 1(c) of the *Convention* provides that "the obligations of the settlement agreement are not clear or comprehensible" is a ground for refusing enforcement, the retaining of which was intensively debated in the *Convention*'s drafting process. Those who are against inclusion suggested that this would give the competent authority an excessive amount of discretion. The Working Group eventually decided to retain it as a ground for refusal to grant relief and left the determination of whether certain obligations in the settlement agreements were clear and comprehensible to the contracting States. Therefore, the SPC should prescribe the standard for reviewing the content of settlement agreement.

The standard of review can be broadly categorized as *prima facie* and interpretivism. Under the *prima facie* standard, so long as the settlement agreement is unclear or incomprehensible on the appearance, the competent authority may refuse to grant relief. Whereas under the interpretivism standard, the competent authority may only refuse to grant relief when the content of a settlement agreement remains to be unclear or incomprehensible after efforts to interpret it having been made. Both standards are reasonable, but the SPC needs to make the standard clear in future judicial interpretations to ensure the consistency of the standard of review adopted by courts of all levels.

Fourth, the legislature and the SPC should improve the regulations on the handling of fraudulent mediation.

After the announcement of the *Convention*, some legal professionals expressed concerns on fraudulent mediation that may emerge in the course of implementing the *Convention* in China. Fraudulent mediation can be dealt with firstly by reference to Article 112 of the Civil Procure Law and secondly by penalizing relevant parties in accordance with provisions on fraudulent litigation in *Criminal Law of China*.

First, Article 112 of the *Civil Procedure Law* prescribes that "where more than two parties to a case maliciously collaborate to infringe the legitimate rights and interests of any other party by initiating lawsuits or mediation, the people's court shall reject the claims of such parties...". Article 227 of the *Civil Procedure Law* provides, "Where, during enforcement, a person which is not a party to the case files a written objection regarding the subject matter of enforcement, the people's court shall examine the written objection within 15 days after receiving it and, if the objection is supported, issue a ruling to suspend enforcement against the subject matter; or if the objection is not supported, issue a ruling to dismiss the objection..."

Applying for enforcing settlement agreement concluded through fraudulent mediation is fundamentally the same as fraudulent litigation and fraudulent mediation stipulated in the *Civil Procedure Law* in the sense that they all capitalize on the power of trial and enforcement vested in the judicial authority through malicious collusion and result in harm to the interests of third parties. According to Article 1 of the *Convention*, the place where the mediation took place is not a factor in deciding whether the settlement agreement is of "international" nature. However, regardless of the place where mediation is conducted, so long as the parties reach a settlement agreement fraudulently and attempt to seek enforcement in China based on the *Convention*, Chinese courts shall reject the application and may impose penalties such as fines according to the severity of their behavior. In the process of enforcing a settlement agreement, if a third party finds that the settlement agreement was concluded through fraudulent mediation and has injured its rights, the third party can file an objection against enforcement.

Second, Article 307.1 of the *Criminal Law of China* criminalizes fraudulent litigation. Where a party files a civil lawsuit based on fabricated facts, obstructs the judicial order or seriously infringes upon the legitimate rights and interests of others, it will be subject to criminal punishment. Article 1 of the *Interpretations of the Supreme People's Court and Supreme People's Procuratorate on Several Issues Concerning the Application of Law in Handling Criminal Cases Involving False Litigation* (in force as of 1 October 2018) further stipulates that if a party collides with the enforcement debtor to fabricate claims by forging evidence and making false representations, this constitutes "filing civil actions based on fabricated facts" as stipulated in Article 307.1 of the *Criminal Law*. Article 2 prescribes that where a party brings about a civil action based on fabricated facts and caused the people's court to file a case to enforce an arbitral award or notarized documents which are made on the basis of fabricated facts, this constitutes "obstructing the judicial order or seriously infringing on the legitimate rights and interests of others". The legislature and the SPC are expected to enact relevant regulations, identify the behavior of conducting fraudulent mediation based on fabricated facts and seeking enforcement of the settlement agreement resulting from the said mediation as "obstructing the judicial order or seriously infringing on the legitimate rights and interests of others", and to apply criminal punishment on fraud litigation to the said behavior.

To conclude, China needs to make amendments to its current legal system and to establish and improve its current commercial mediation legislation and system after signing the *Convention*. However, it should be noted that in the legislative plan of the 13th Standing Committee of National People's Congress issued in September 2018, there was no mention of mediation-related laws. As the task list for the legislative work of the NPC, the legislative plan indicates the focus of the legislative work in the next five years. It can thus be inferred that the enactment of commercial mediation law and reform of the mediation system is not on China's agenda for the near future. Signing and ratifying the *Convention* will help set a countdown for the enactment of a commercial mediation law.

Ⅴ. Comments on the Mediation Centers and Mediation Rules Established by Domestic Arbitration Institutions

In recent years, many arbitration institutionsin China have set up mediation centers to provide diversified dispute resolution services for the parties. For example, China International Economic and Trade Arbitration Commission (the "CIETAC") held the unveiling ceremony of its mediation center on 18 May 2018. Beijing Arbitration Commission established its mediation center on 1 August 2011, and the Shenzhen Court of International Arbitration (Shenzhen Arbitration Commission) established its mediation center in December 2008.

Courts in China have also encouraged the resolution of disputes between parties through diversified mechanism. For example, it is stipulated in the *Notice of the General Office of the Supreme People's Court on Inclusion of the First Group of International Commercial Arbitration and Mediation Institutions in the "One-stop" Diversified International Commercial Dispute Resolution Mechanism* that, "In respect of the international commercial cases brought before the China International Commercial Court, the parties may... choose a mediation institution that is included in the Mechanism to conduct mediation by agreement. If the parties reach a meditation agreement after the mediation conducted by the mediation institution, the International Commercial Court may issue a conciliation statement in accordance with the law. If the parties request a judgment, the International Commercial Court may make a judgment based on the mediation agreement and serve it to the parties". Besides, the said notice also announced that CIETAC, Shanghai International Economic and Trade Arbitration Commission, Shenzhen Court of International Arbitration, Beijing Arbitration Commission, China Maritime Arbitration Commission, Mediation Center of China Council for the Promotion of International Trade and Shanghai Commercial Mediation Center were included in the first group of arbitration and mediation institutions in the "one-stop" diversified international commercial dispute resolution mechanism.

Taking the *CIETAC Mediation Center Mediation Rules* (the "*CIETAC Mediation Rules*") as an example, from the perspective of the *Convention*, the following aspects should be noted.

First, with respect to the scope of mediation, Article 2 of the *CIETAC Mediation Rules* defines its scope of application as "civil and commercial disputes between natural persons, legal persons and unincorporated organizations as equal parties". However, Article 1.2 of the *Convention* excludes general consumer contracts and applies only to settlement agreements concluded through mediation over commercial disputes. Therefore, the scope of application of the *CIETAC Mediation Rules* is broader than that of the *Convention*.

Second, *CIETAC Mediation Rules* provides for the default number of mediators failing the agreement of the parties. Article 12.1 of the *CIETAC Mediation Rules* stipulates "The parties may agree on the number of mediators and the approach of mediator appointment. Unless otherwise agreed by the parties, the mediation proceedings shall be conducted by a sole mediator." However, the definition of mediation in the *Convention* only emphasizes that mediation is assisted by one or more third parties without regulating the default number of mediators.

Third, *CIETAC Mediation Rules* provides for the obligation of continuous disclosure of mediators and the avoidance of conflicts of interest. Article 14 of the *CIETAC Mediation Rules* stipulates: "Within 10 days upon acceptance of the nomination or appointment, the mediator shall sign a Declaration of Independence and Impartiality, and shall disclose in writing if there exist any circumstances likely to give rise to justifiable doubts as to his/her impartiality or independence. If circumstances that need to be disclosed arise during the mediation proceedings, the mediator shall disclose such circumstances to the parties without undue delay. After the disclosure, with the approval of all parties, the mediator may continue to carry out his/her duties to mediate. Even after the mediation proceedings are over, the mediator shall still be obligated to prevent conflict of interest or circumstances that may lead to conflict of interest. The mediator shall not act as arbitrator, judge, or one party's representative, consultant or witness in arbitration, litigation or any other proceedings for the same or relevant dispute, unless otherwise agreed by the parties." While according to Article 5. 1 (e) and (f) of the *Convention*, if a mediator has violated the applicable code of ethics or disclosure obligation, application to enforce the relevant settlement agreement will be refused by the competent authorities. Therefore, the position of the *CIETAC Mediation Rules* and that of the *Convention* are highly consistent, that is, the disclosure obligations of mediators and the avoidance of conflicts of interest are clearly defined to ensure the fairness of the mediation results.

Fourth, *CIETAC Mediation Rules* provides for the link-up between the mediation procedure and the arbitration or litigation procedure. Article 24 of the *CIETAC Mediation Rules* stipulates that "[e]ither party may, based on the arbitration clause contained in the settlement agreement or concluded between the parties separately, request CIETAC to render an arbitral award in accordance with the terms of the settlement agreement pursuant to the relevant provisions of its Arbitration Rules..." Article 25 stipulates that "the Center may provide corresponding mediation service with the entrustment or appointment by a court of law".

Ⅵ. Issues That Mediation Institutions Should Beware of in Conducting the Mediation Proceedings after China Signed the *Convention*

1. Mediation institutions should pay special attention to mediator's disclosure

obligation and circumstances that might constitute conflict of interest to avoid rendering the settlement agreement unenforceable.

2. If the parties have applied to an arbitration institution to issue an arbitral award based on the settlement agreement concluded from mediation procedure, they cannot rely on the *Convention* to apply for enforcement of the same settlement agreement.

3. Article 5 of the *Convention* provides for the grounds that the competent authority may refuse to grant relief. Mediation institutions should make efforts to prevent those circumstances, ensuring the subsequent effective enforcement of the settlement agreement.

First, Article 5.1(a) of the *Convention* provides, "a party to the settlement agreement was under some incapacity". Accordingly, mediation institutions should examine the capability of the parties. With respect to legal persons, they should be required to provide its business license and other operation documents, and mediation institutions should investigate whether the legal person is bankrupt or has entered the bankruptcy procedure. With respect to natural persons, mediation institutions should beware whether the person is without capacity or with limited capacity.

Second, according to Article 5.1(b) of the *Convention*, if the settlement agreement is null and void, inoperative or incapable of being performed, or is not binding or final, or has been subsequently modified, the competent authority of a contracting State may refuse to grant relief. When drafting the *Convention*, the Working Group expressed that it was self-evident that fraud, gross misunderstanding, misrepresentation, and duress would render the settlement agreement void, inoperative, or incapable of performed. Therefore, the Working Group did not include those circumstances as grounds to refuse granting relief. Mediation institutions should examine on its own whether those circumstances

Ⅰ. Confirmation of Validity of Foreign-Related and HMT-Related Arbitration Agreements

i. Applicable Law of Foreign-Related and HMT-Related Arbitration Agreements

In the appeal against the jurisdiction concerning the dispute over sale of goods contract{Civil Judgment [(2017) Jin Min Zhong No. 494] issued by Tianjin High People's Court on 16 July 2018} of CNMC (Tianjin) International Trading Co., Ltd. (the Appellant or CNMC Company) v. Hongda International Trading Limited (the Appellee or Hongda Company) and Lin Cheng'en (the Defendant in the First Instance), CNMC Company filed a lawsuit in accordance with the *Cooperation Agreement* and claimed payment of goods against Hongda Company and Lin Cheng'en. Tianjin High People's Court held that, according to the examined facts, CNMC Company filed the lawsuit according to the *Sales Contract*, rather than the *Cooperation Agreement*. Pursuant to the three sets of *Sales Contract*: "Any disputes and claims arising from the performance of these contracts that failed to be settled through amicable negotiation should be submitted to the arbitration institution in the domicile of the Respondent (any sub-commission of China International Economic and Trade Arbitration Commission or Hong Kong International Arbitration Centre) for arbitration." The *Sales Contract* failed to specify the laws and regulations applicable to arbitration clauses, so laws of the domicile of the arbitration institution or laws of the seat of arbitration should be applied to confirm the validity of arbitration clauses. Laws in Chinese Mainland should be used for confirming the validity of arbitration clauses if the *Sales Contract* failed to make clear provisions. The arbitration clause thereof specified that arbitrations may be submitted to two institutions for arbitration, which, however, is restricted by "in the Respondent's domicile", so the arbitration institution depends on whether the "Respondent" is CNMC Company or Hongda Company. Because Hongda Company, the "Respondent" of this case, was registered in Hong Kong Special Administrative Region (HKSAR), the laws of HKSAR (rather than the laws of Chinese Mainland) should apply to the arbitration clauses. Pursuant to the laws of HKSAR, the validity of arbitration clauses is subject to the expression of intention of both parties concerned to submit the disputes for arbitration, but should not take the following conditions as necessary ones, e. g. whether the arbitration institution is stipulated, whether the arbitration institution specified therein is unique, whether the name of designated arbitration institution is accurate, whether the designated arbitration institution truly exists, etc. Because the arbitration clauses in the said *Sales Contract* are simply the expression of true intention of the parties who agree to submit the disputes for arbitration, these arbitration clauses should be declared valid. Therefore, the ruling of the first instance upon which CNMC Company filed the lawsuit was upheld. CNMC Company filed an appeal for retrial on the grounds that the ruling of basic findings in the second instance lacked the supporting evidence and the applicable laws were wrong, the Supreme People's Court (SPC) held that the grounds for retrial were untenable and thus dismissed the appeal of CNMC Company for retrial {Civil Judgement [(2018) SPC Min Shen No. 6088] issued by SPC on 29 December 2008}.

In the case of application for confirming the validity of an arbitration agreement in the case of Chinalight Tri-union International Co., Ltd. (the Claimant or Chinalight Group) v. Tata International Metals (Asia) Limited (the Respondent or Tata Limited) {Civil Judgement [(2017) Jing 04 Min Te No. 25] issued by Beijing Municipal Fourth Intermediate People's Court on 14 December 2018}, the arbitration clause involved therein specifies that "When such negotiation fails, the dispute should be submitted to Singapore International Trade

Arbitration Commission (SITAC) for arbitration in line with the valid US arbitration rules." The court held that the parties concerned clearly stated and agreed that disputes should be submitted to SITAC for arbitration, though SITAC was not the specific designation of any arbitration institution in Singapore and the wrong name made the identification of arbitration institution impossible, the said agreement can be recognized as both parties' agreement on arbitration, and can be accordingly presumed that both parties agreed to arbitration in line with the legal framework of Singapore. Pursuant to the *Law of the People's Republic of China on Choice of Law for Foreign-related Civil Relationships* and relevant judicial interpretations, as well as the provisions of arbitration clauses agreed by the parties concerned, the Court considered that the seat of arbitration should be Singapore, the proper law applicable to the validity of the arbitration agreement involved therein should be the laws of Singapore.

In the case of the series of disputes over the maritime goods transport contract of Maersk Line A/S (the Appellant or MSK Company) v. Star Shipping International Ltd. (the Appellee or Star Shipping Limited) and Provence Tomato Products (Tianjin) Co., Ltd. & Tianjin Oushang International Freight Forwarding Co., Ltd. (the Defendant in the First Instance) {Civil Judgement [(2018) Jin Min Zhong No. 260] issued by Tianjin High People's Court on 26 November 2018}, the court identified that the *Booking Agency Agreement* reached by and between MSK Company and Star Shipping Limited set forth the arbitration clause, specifying "This Agreement should be construed in accordance with the laws of the UK. Any dispute arising out of or in connection with this Agreement should be settled amicably through negotiation. Where such negotiation fails, such dispute should be submitted for arbitration in London in line with the *UK Arbitration Act* 1996 and its amendments". Both Tianjin Maritime Court (conducted the first instance) and Tianjin High People's Court (conducted the second instance) identified that the said agreement failed to clearly specify the laws applicable to the arbitration clause, but specified that the seat of arbitration should be the UK, so the validity of arbitration clause should be identified in accordance with laws of the UK. Moreover, the arbitration clause stipulated that disputes should be submitted for arbitration in London, but the laws of the UK do not specify that the selected arbitration institution should be necessary conditions of the arbitration agreement, so the arbitration clause thereof should be valid.

In the case of application for confirming the validity of an arbitration agreement of China National Materials Industry Import & Export Corporation (the Claimant or Sinoma Import & Export) v. Indonesia P. T. Merge Energy Sources Development (the Respondent or MESD Company), Qitaihe Jinchen Mining Co., Ltd. (the Respondent or Jinchen Mining Company), and Shandong Zhaochen Construction Engineering Co., Ltd. (the Respondent or Zhaochen Company) (Civil Judgement [2018] Jing 04 Min Te No. 12 issued by Beijing Municipal Fourth Intermediate People's Court on 19 November 2018), the Court considered that the case was actually the dispute over the arbitration clause set forth in the *Supplementary Agreement* reached by and among all the parties involved therein, the arbitration clause involved two aspects, i. e., laws applicable to the *Supplementary Agreement* and methods to solve the disputes. Such clause was independent and should be deemed an arbitration agreement, so the proper law applicable to the *Supplementary Agreement* that were determined by the parties involved therein was not necessarily applicable to the arbitration agreement. The parties to the arbitration agreement neither identified the proper law applicable to the arbitration agreement nor selected the seat of arbitration, but they identified the arbitration institution, the laws of the domicile of such arbitration institution (Beijing Arbitration Commission), i. e., laws of the People's Republic of China, should apply.

According to the aforesaid cases, courts at various levels can apply the proper law involving foreign-related and HMT-related arbitration agreements in a more accurate way since the implementation of the *Interpretations of the Supreme People's Court on Several Issues Concerning Application of the Law of the People's Republic of China on Choice of Law for Foreign-related Civil Relationships*(I) in 2013, and all the courts can identify the laws applicable to the foreign-related and HMT-related arbitration agreements according to the sequence of "three-step method", i. e., proper law of the arbitration agreement agreed by the parties concerned — laws of the place of Arbitration institution or the seat of arbitration — Laws of the place of the court, in accordance with Article 14 of the said *Interpretations*: "Where the parties to an arbitration agreement fail to select the laws applicable to the foreign-related arbitration agreement, and fail to identify the arbitration institution or the seat of arbitration, either; or where the parties concerned fail to reach a clear agreement, the people's court may use the laws of the People's Republic of China to confirm the validity of such arbitration agreement." In addition, courts at various levels gain a clear understanding of the principle of independence of arbitration agreements, and many cases show that the applicable law of the main agreement is not necessarily the applicable law of the arbitration agreement, which is determined according to the "three-step method".

ii. Issues about Identification of Foreign-Related Factors and Validity of Overseas Arbitration Clauses

In the appeal concerning the dispute over the purchase and sales contract of Aier Shidai Medical Technology (Beijing) Co., Ltd. (Aier Company) v. Advanced Bionics Medical Device (Shanghai) Co., Ltd. (Advanced Bionics Company) {Civil Judgement [(2017) Hu 02 Min Zhong No. 9941] issued by Shanghai Second Intermediate People's Court on 23 November 2017}, the court of the first instance dismissed the action of Aier Company on the grounds that the parties agreed for arbitration. Then Advanced Bionics Company filed an appeal. The court of the second instance found that: both parties agreed in the *Distribution Contract* that any dispute arising out of or in connection with the contract should be subject to the final ruling before a three member arbitral tribunal in accordance with the arbitration rules of International Chamber of Commerce (ICC), and the seat of arbitration should be Shanghai, China. The court in the second instance held that it should be deemed the selection of arbitration institution by both parties was clear and specific, i. e., ICC, in accordance with Article 6.2 of the ICC arbitration rules (By agreeing to arbitration under the Rules, the parties have accepted that the arbitration should be administered by the Court.) that came into force on 1 January 2012. Any existing laws of China did not allow Chinese parties to submit the dispute with no foreign factors to foreign institution for arbitration. Both Aier Company and Advanced Bionics Company were enterprises incorporated and registered in accordance with the laws of China, though the shareholder of Advanced Bionics Company was a foreign-funded company, Advanced Bionics Company was a Chinese legal entity, so there were no foreign factors with regard to the parties involved therein. Aier Company promoted and sold the products for Advanced Bionics Company. All of these products were imported by Advanced Bionics Company and then distributed to Aier Company, thereby the subject of the transaction had no foreign factors, neither did the relationship between the parties. Therefore, this case did not have any foreign factors, and the arbitration clauses agreed by both parties for submitting the disputes to a foreign arbitration institution should be invalid. Based on these findings, the court of the second instance revoked the first-instance decision and ordered Shanghai Huangpu District People's Court to rehear this case. Advanced Bionics Company filed a petition for retrial, which was rejected by Shanghai High People's Court{Civil Judgement [(2018) Hu Min Shen No. 921] issued on 26 June 2018}.

Rules for jurisdiction of these cases are consistent with spirit of the *Letter of Reply of the Supreme People's Court on the Request for Instructions Re Arbitration Agreement Validity in the Case of Jiangsu Aerospace Wanyuan Wind Power Equipment Manufacturing Co., Ltd. v. LM Wind Energy Turbine Blade Products (Tianjin) Co., Ltd.* ([2012] Min Si Ta Zi No. 2), i. e., Article 271 of the *Civil Procedure Law of the People's Republic of China* (*the Civil Procedure Law*): "For disputes arising from foreign-related economic and trade activities or international transportation or maritime activities, where the parties have included an arbitration clause in the contracts or have reached a written arbitration agreement after a dispute arose to refer such disputes to an international arbitration institution of the People's Republic of China or any other arbitration institution for arbitration, the parties should not institute an action in a people's court." should be considered as the authorizing provision. Since no law of China allows the parties to submit a dispute with no foreign factor to an overseas arbitration institution for arbitration or *ad hoc* arbitration outside China, the agreement of the parties on submitting pure Chinese disputes to overseas arbitration institution had no legal grounds, and the arbitration agreement concerned should be invalid. Article 522 of the *Interpretations of the Supreme People's Court on the Application of the Civil Procedure Law of the People's Republic of China* specifies that "Where a case falls under any of the following circumstances, the people's court may determine it as foreign-related civil case: i. Where either party or both parties are foreign citizens, stateless persons, foreign enterprises or organizations; ii. Where the habitual residence of either party or both parties is located outside the territory of the People's Republic of China; iii. Where the subject matter is outside the territory of the People's Republic of China; iv. Where the legal fact that leads to establishment, change or termination of civil relationship happens outside the territory of the People's Republic of China; or v. Other circumstances under which the civil case may be determined as foreign-related civil case." In this case, the court identified the foreign-invested enterprise as a Chinese legal entity whose capital was from abroad, which did not fall under "Other circumstances under which the civil case may be determined as foreign-related civil case" set forth in Item v of the said *Interpretations*.

iii. Judgement of Validity of Arbitration Clauses in the Lawsuit for Tort

In the request for instructions to objection to the jurisdiction over the tort dispute of Singapore Ruixin Overseas Enterprise Co., Ltd. (Ruixin Company) v. Qingdao Asende Fertilizer Co., Ltd. (Qingdao Asende Company) {the *Letter of Reply* [(2018) SPC Min Ta No. 103] issued by the SPC}, Article 15 of the *Purchase Contract* of both parties specifies: "Any dispute, controversy or claim arising out of or in connection with or caused by the contract or violation of this Contract should be settled by Singapore International Arbitration Centre (SIAC) in Singapore in accordance with its arbitration rules and procedures." In the *Letter of Reply*, the SPC stated that although Ruixin Company filed a lawsuit on the grounds of tort, its dispute between Qingdao Asende Company fell under the arbitration clause in the *Sales Contract*, i. e., "Any dispute in connection with the Contract", such dispute should be submitted to the arbitration institution agreed upon by both parties, the people's court had no jurisdiction over the same. Therefore, the lawsuit filed by Ruixin Company against Qingdao Asende Company should be rejected. For the litigation between Ruixing Company, Beijing Asende Fertilizer Co., Ltd. (Beijing Asende Company) and a person surnamed Li, the arbitration clause was not legally binding upon Beijing Asende Company and Li who were not parties to the said *Sales Contract*, so the people's court had jurisdiction and should continue hearing the lawsuit between Ruixin Company and the parties concerned.

To avoid the arbitration clauses, some plaintiffs filed lawsuits to the court in convenience of the location of the plaintiffs on the grounds of tort and add other defendants in recent years' practice. Therefore, Article 7 of the *Minutes of the Second National Working Conference on Foreign-Related Commercial and Maritime Trials* specifies: "Where the valid arbitration clause in the foreign-related commercial contract reached by and between both parties specifies that any dispute arising out of or in connection with the contract should be settled through arbitration, the people's court will have no jurisdiction over the litigation filed by the plaintiff on the grounds of tort relating to the disputes between the parties thereto arising from the execution and performance of the contract", which, however, fails to specify the way to handle the disputes between the plaintiff and other defendants who are not the parties of the arbitration clause. This case distinguished litigation from arbitration while reaffirming the principle of valid arbitration agreement excluding court jurisdiction. Since the plaintiff and other defendants failed to reach the arbitration clause, so disputes between them should be continuously tried by the court.

iv. Issues about Validity of Arbitration Clauses Involving Agency

In the request for instructions to the validity of arbitration clause in the shipbuilding contract between China Communications Import & Export Co., Ltd. (CIE Company) and Strait Cruise II Co., Ltd. (Strait Cruise Company) v. Jiangsu Huatai Construction Engineering Co., Ltd. (Huatai Company) {the *Letter of Reply* [ZGFMT(2018) No. 105] issued by the SPC}, the court identified that: the *Shipbuilding Contract* bore no stamp of CIE Company, but being affixed with "Wei × ×, China Communications Import & Export Co., Ltd." and signed instead by Wei × × at the signature of the shipbuilder. In the *Letter of Reply*, the SPC considered that laws of the locality of agency relationship should apply to the civil relations between the principal and the agent in accordance with Article 16 of the *Law of the Application of Law for Foreign-related Civil Relations of the People's Republic of China*, and the *Shipbuilding Contract* was signed in

Shanghai, China, so the laws of China should apply to identify whether the agency relationship was established. CIE Company denied the authorization to Wei ×× for signing the Shipbuilding Contract, moreover, Strait Cruise Company failed to provide evidence to prove that CIE Company had authorized Wei ×× to do the same, so it was unable to identify CIE Company as a party thereto, and the arbitration clause had no binding force to CIE Company.

In the case of application for confirming the validity of an arbitration agreement in the case of Chinalight Tri-union International Trade Co., Ltd. (the Claimant or Chinalight Group) v. Tata International Metals (Asia) Limited (the Respondent or Tata Limited) {*Civil Judgement* [(2017) Jing 04 Min Te No. 255] issued by Beijing Municipal Fourth Intermediate People's Court on 14 December 2018}, the Claimant stated that it had signed the *Sales Contract* with Tata Limited upon the authorization of Tianjin Majestic Company, it acted as an agent but not a party to such *Sales Contract*, so it should not be subject to the arbitration clause, and the arbitration clause therein was actually an invalid arbitration agreement. The arbitration clause involved therein specifies that "When such negotiation fails, the dispute should be submitted to Singapore International Trade Arbitration Centre (SITAC) for arbitration in line with the valid US arbitration rules." The court held that the arbitration agreement was valid pursuant to the laws of Singapore, the proper law of the arbitration clause. If the Claimant thought the actual party undertaking the rights and obligations of the *Sales Contract* was an outsider of the case, such allegation would fall outside the jurisdiction of this case and should be heard after the case was brought to substantive trial. The application raised by the Claimant was thus rejected.

From the judgement on the validity of arbitration clauses of the aforesaid two cases involving the agency relationship, it can tell that the courts always give no touches on apparent agency, indirect agency and other factors, and consider the true intention of both parties signing thereon and the authorization of such parties instead, accordingly identifying the parties subject to the arbitration clause. This way, the courts can effectively avoid involving the problems of apparent agency, indirect agency and other substantial issues at the stage of confirming the validity of arbitration clause. It is worth noticing that the case of Chinalight Group involved the domestic and overseas parallel proceedings, the arbitral tribunal of SIAC identified that the laws of China should apply to the arbitration clause in the *Sales Contract* according to the doctrine of the most significant relationship, and the arbitration institution specified therein should be SIAC and the arbitration should be conducted in Singapore. Also, the arbitral tribunal of SIAC held that the arbitration agreement was valid. Besides, the arbitral tribunal issued an anti-suit injunction, prohibiting Chinalight Group from bringing a lawsuit before Beijing Municipal Fourth Intermediate People's Court for confirming the validity of the arbitration agreement. Beijing Municipal Fourth Intermediate People's Court thus dismissed the application of Chinalight Group for confirming the invalidity of the arbitration agreement, eliminating the hidden risk of parallel proceedings.

v. Issues about the Bill of Lading being Incorporated into the Arbitration Clauses of the Charter Party

In the case of dispute over the foreign-related arbitration clause in the maritime goods transport contract of Anhui Huayi Commercial Trade Co., Ltd. (Huayi Company) v. Vietnam National Shipping Lines (Vinalines) and China Reinsurance (Group) Corporation {the *Letter of Reply* [(2018) SPC Min Ta No. 13] issued by the SPC}, the SCP held that this case involved the dispute of maritime goods transport contract and the legal relationship under dispute was not the voyage charter party, and the bill of lading involved therein was prepared in *Congen Bill* 1994, on which clearly specified that "used together with the charter party", "freight should be paid according to the charter party", "the arbitration clause should be incorporated into this bill of lading", but the bill of lading failed to specify the concrete charter party to be incorporated, the name of parties to the charter party to be incorporated and the date of execution. Furthermore, the clause of "freight should be paid according to the charter party" specified the charge standards of freight, but nothing about the incorporation of the arbitration clause of the charter party, so it was unable to conclude that the arbitration clause of voyage charter party had been incorporated into the bill of lading, and such arbitration clause had no binding force to Huayi Company. Acting as the maritime court in the destination of transport, Wuhan Maritime Court had jurisdiction over this case.

In the request for instructions to objection to the jurisdiction over the dispute in the maritime goods transport contract of Shanghai All-Ways International Freight Forwarding Co., Ltd. (Shanghai All-Ways Company) v. Jiangsu Sainty Sunshine Co., Ltd. (Sanity Company) {the *Letter of Reply* [(2018) SPC Min Te No. 184] issued by the SPC}, the court identified that All-Ways Company, prior to the execution, had sent the bill of lading via email to Sanity Company for confirmation, and the arbitration clause in the bill of lading stipulated that disputes arising from the freight contract thereunder should be submitted to American Arbitration Association (AAA) for arbitration in New York in line with its commercial arbitration rules, it also mentioned that "Any claim or dispute arising out of the bill of lading should be subject to the laws of the US, and the litigation brought by the shipper against the carrier should be submitted only to the District Court for the Southern District of New York." In the *Letter of Reply*, the SPC held that Sanity Company asked All-Ways Company to compensate the damage on the grounds that the loss incurred during the transport of the goods. Although All-Ways Company, prior to the execution, has sent the bill of lading via email to Sanity Company for confirmation, it failed to particularly explain the clause of dispute of settlement to Sanity Company in advance. The bill of lading may be taken as the evidence of maritime goods transport contract, but it was not the maritime goods transport contract. As a carrier, Sanity Company accepted the aforesaid bill of lading, but no evidence was provided to prove that it has accepted the aforesaid clause, or to prove that both the shipper and the carrier reached a consensus on the said clause. The fact that the bill of lading involved therein bore not only the arbitration clause but also the clause of exclusive competent court could prove that both parties failed to reach a consensus on the way to resolve the disputes. Because the aforesaid clauses had no binding force on Sanity Company, Shanghai Maritime Court, as the court in the port of loading and the domicile of the defendant, had jurisdiction over this case.

As the causes of solving the possible disputes arising between both parties to the charter party, the arbitration clauses were independent comparing with other clauses thereof. According to the maritime and commercial judicial practice, only special incorporation clauses can include the clauses of settlement of dispute into the bill of lading, i. e., using clear and explicit words to include some special clauses into the bill of lading: firstly, these clauses should be clearly specified on the front side of the bill of lading; secondly, the charter party number, name of the parties thereto and date of execution that were included thereto should be clearly specified; thirdly, the inclusion of the arbitration clause into the charter party should be clearly specified. The most common terms in the voyage, e. g., "All terms and conditions, liberties and exceptions of the Charter Party, dated as overleaf, including the law and arbitration clause, are herewith incorporated" stated in *Congen Bill* 1994, were not sufficient to produce the legal effect of incorporating the arbitration clauses in the charter party into the bill of lading.

vi. Interpretation of General Arbitration Clauses

In the case of application for confirming the validity of an arbitration agreement in the case of South Korea Meejansen Co., Ltd. (the Claimant or

Meejansen Company) v. Dongguan Yuti Cosmetics Co., Ltd. (the Respondent or Yuti Company) {Civil Judgement [(2018) Yue 01 Min Te No. 207] issued by Guangzhou Intermediate People's Court on 20 April 2018}, Meejansen Company claimed that Article 10 of the *Business Contract* which it has signed with Yuti Company stated: "Any matter unresolved herein should be determined by both parties through negotiation. Where such negotiation fails, such matter may be submitted to China Nansha International Arbitration Centre (NSIAC) for arbitration", in which "unresolved matter" was unclear, so such arbitration clause should be confirmed as invalid. The court held that the arbitration institution selected based on the arbitration agreement involved therein was within the territory of China, so the law of China was applicable to this case. According to its wording, matters of arbitration mentioned in Article 10.1 of the *Business Contract* included all matters in connection with the Contract, which both parties failed to make a clear provision or reach an agreement, should be submitted to NSIAC for arbitration, provided that negotiation about such matters failed. Therefore, both parties reached a clear agreement on matters for arbitration. To this end, the said arbitration clause was the true intention of requesting for arbitration, bore the clear matters to be arbitrated and designated the arbitration institution, which satisfied the provisions set forth in Article 16 of the *Arbitration Law of the People's Republic of China* (the *Arbitration Law*) and should be valid. The court thus dismissed the application of Meejansen Company.

In the appeal against the objection to jurisdiction of the tort dispute of WeWork APAC Holdings Limited (WeWork Company) and Hongdiao Zhongchuang Space Management (Shanghai) Co., Ltd. (Hongdiao Zhongchuang Company) (collectively "the Appellant") v. Xinjiang Ronghui Xinghe Management Consulting Co., Ltd. (the Appellee or Xinjiang Ronghui Company) [(2018) SPC Min Xia Zhong No. 453 issued by the SPC on January 31, 2019],

Article 29 of the *House Leasing Contract* between Hongdiao Company and Xinjiang Ronghui Company stipulated: "Where both parties fail to reach a consensus on the way to resolve the disputes, discrepancies or claims arising out of this Contract (including default, termination or invalidity hereof) within 30 days, such disputes, discrepancies or claims should be submitted to China International Economic and Trade Arbitration Commission (CIETAC) for arbitration." Hongdiao Company filed a lawsuit of tort, the SPC stated that the people's court should interpret the intention of the parties according to the principle of contract interpretation when explaining the scope of dispute resolution clauses between the parties. Though such clauses only specified "disputes arising out of the performance of this Contract", it was the reasonable expectation of both parties for the settlement of related disputes through the same approach based on the general provisions. Hence, a wider scope should be used for the explanation of arbitration matters, including not only the contractual rights and obligations, but also the disputes about the tort or other disputes arising therefrom. Moreover, utmost efforts should be made to avoid the repeated trial of the same fact or behavior by the court or arbitration institution due to different causes of action. Therefore, the action filed by any party thereto, no matter on the grounds of contractual dispute or torts, should be subject to the arbitration clause.

This case proved skillful use of the principle of contract interpretation by the people's court, fully respected the parties' intention of submitting the contract-related dispute for arbitration according to the general arbitration clause, and having the dispute solved by the same institution to the greatest extent, which conduced to not only restraining the parties from misusing the mechanism of objection to jurisdiction to avoid arbitration, but also solving the dispute in a cost-effective and efficient way.

vii. Interpretation of the Arbitration Institution Stipulated in the Arbitration Clauses

1. Unclear Identification of the Arbitration Institutions

In the case of application for confirming the validity of an arbitration agreement in the case of Beswit International Ltd. (the Claimant or Beswit Company) v. Zhang Qiang (the Respondent) (Civil Judgement [2018] Su 02 Min Te No. 26 issued by Wuxi Intermediate People's Court on 26 December 2018), the arbitration agreement stipulated that: "Both parties agree to submit the disputes to the arbitration commission in the signing place of contract for arbitration." The court considered that the *Engineering Agency Agreement* did not specify the signing place of contract, both parties had dispute over the signing place of contract, and neither of them presented any evidence. The arbitration commission involved therein was unclear, and both parties failed to reach a supplementary agreement, either. Pursuant to Article 18 of the Arbitration Law, the arbitration agreement involved therein was invalid.

2. Inaccurate Designation of the Arbitration Institutions

In the case of application for confirming the validity of an arbitration agreement in the case of Hehua Xiangrui Investment Holding Limited (the Claimant or Hehua Xiangrui Company) v. China Sonangol International Holding Limited (China Sonangol Limited) and Zhou Jinhui (collectively the Respondent) (Civil Judgement [2018] Jing 04 Min Te No. 115 issued by Beijing Municipal Fourth Intermediate People's Court on 14 September 2018), the arbitration institution specified in the arbitration agreement is "China International Trade and Economic Arbitration Commission". The court held that the correct name should be "China International Economic and Trade Arbitration Commission ('CIETAC')", though the parties involved therein failed to use the correct name of the arbitration institution in the arbitration agreement, it was very easy to judge

Arbitration Law.

Pursuant to Article 16. 2 of the *Arbitration Law*: "An arbitration agreement should contain the following particulars: (1) An expression of intention to apply for arbitration; (2) Matters for arbitration; and (3) A designated arbitration commission." At the early period of the implementation of the *Arbitration Law*, many local courts carried out more rigorous standards of the designated arbitration commission, e. g., the Civil Judgement ([1997] Su Min Zhong Zi No. 62 issued by Jiangsu High People's Court) identified that the designated arbitration commission did not exist due to the omission of "Economic" from "China International Economic and Trade Arbitration Commission", and accordingly affirming the arbitration agreement was invalid. With the formulation of the *Interpretations of the Arbitration Law*, local courts took a wider standard for identifying the designated arbitration institution, and identified that the arbitration institution has been designated if the literary content thereof can define the concrete arbitration institution, though the name of arbitration institution mentioned in the arbitration clause was inaccurate. Nevertheless, the *Interpretations of the Arbitration Law* remained rigorous from some perspective. Where the arbitration clause stipulated two arbitration institutions, but the parties concerned were unable to reach a consensus on the designation of arbitration institution, Article 5 of the *Interpretations of the Arbitration Law* declared the invalidity of such arbitration agreement, denying the rules that the parties concerned should be entitled to select one of the arbitration institutions for arbitration as set forth in the *Letter of Reply* of the SPC to the *Issue about the Validity of Arbitration Clause in the Dispute Relating to Joint Venture Contract of Qilu Pharmaceutical Group v. US Aetna International Trade Co., Ltd.* (Fu Han [1996] No. 176 issued by the SPC). The last aforesaid case reaffirmed the current rules of judgement in accordance with Article 5 of the *Interpretations of the Arbitration Law*.

viii. Litigation about Requesting for Confirming the Formation of Arbitration Agreements

In the case of application for confirming the validity of an arbitration agreement in the case of Liao × × (the Claimant) v. Zhang × × (the Respondent, a US citizen) (Civil Judgement [2018] Yu 01 Min Te No. 556 issued by Chongqing First Intermediate People's Court on 31 October 2018), the Claimant stated that the signature in the *Loan Agreement* was not his personal signature, so they never entered into an arbitration clause. Pursuant to the arbitration clause in the *Loan Agreement*: "If both parties failed to resolve any dispute arising out of or in connection with this Agreement through negotiation, such dispute should be submitted to China Chongqing Arbitration Commission for arbitration." The court identified that the cause of action of this case was the application for confirming the validity of the arbitration agreement, but actual claim of the Claimant was the request for confirming the nonexistence of an arbitration agreement with the Respondent. Based on the doctrine of judicial necessity, judicial review of arbitration should be restricted to the statutory scope and procedures of review. Nonexistence of an arbitration agreement was actually the cause of action of canceling the arbitration award, but neither the current arbitration law nor relevant judicial interpretations stipulated that the parties concerned may file an independent litigation over the said dispute, so the people's court should not accept the said litigation filed by the said party based on the principle of statutory procedures of review, and should dismiss the litigation that has been accepted. The application raised by the Claimant was thus rejected.

In the case of application for confirming the validity of an arbitration agreement of Huang × × (the Claimant, a resident from Taiwan region, China) v. He × (the Respondent) (Civil Judgement [2018] Yue 18 Min Te No. 127 issued by Qingyuan First Intermediate People's Court on 23 November 2018), the

Claimant claimed that the arbitration clause was separately added by the Respondent after the *Supplementary Agreement* was signed, and both parties never reach a consensus on the arbitration clause. The court held that the *Personal Mortgage Loan Contract* had stipulated that any matter uncovered therein may be agreed by the parties separately, and both parties, upon negotiation, entered into a *Supplementary Agreement*, which constituted an integral part of and should have the same legal force as the original contract. The *Supplementary Agreement* involved in this case bore the signatures of the parties concerned, their information, amount of loan, information of the guaranteed subject matter, beneficiary bank account, way of repayment, arbitration clause and other important contents, all of which were in handwriting without any sign of alteration. Moreover, the *Supplementary Agreement* clearly specified that either of the parties held one duplicate thereof, but the Claimant failed to submit his duplicate for comparison, so the Claimant's claim that the arbitration clause was separately added by the Respondent after the *Supplementary Agreement* was signed had no strong evidence and grounds, and the court did not accept it. Since the arbitration clause in the *Supplementary Agreement* involved in this case has contained the expression of intention of the parties concerned for arbitration, matters for arbitration and the designation of Qingyuan Arbitration Commission as the arbitration institution, which satisfied the provisions set forth in Article 16 of the *Arbitration Law* and should be valid. To this end, the cause presented by the Claimant for confirming the nonexistence of an arbitration agreement with the Respondent was ungrounded, and the Claimant's application was dismissed.

In the case of application for confirming the validity of an arbitration agreement in the case of Guangzhou Huashangmao Real Estate Development Co., Ltd. (the Claimant) v. Harvest Trade Investments Limited (the Respondent, a company incorporated in the British Virgin Islands) (Civil Judgement [2016] Jing

04 Min Te No. 39 issued by Beijing Municipal Fourth Intermediate People's Court on 29 January 2018), the Claimant claimed that arbitration agreement was invalid on the grounds of counterfeit stamp onto the *Amendment Agreement to the Clauses of Loan Contract*(2005) involved therein, and asked for judicial authentication of the stamp. According to the findings, the *Loan Contract* and the *Amendment Agreement to the Clauses of Loan Contract*(2004) entered into by and between the Claimant and the Respondent in 2004 specified that: "Disputes arising herefrom should be submitted to Hong Kong International Arbitration Centre (HKIAC) for final arbitration." In 2005, the Respondent and the Claimant together with Huashunda Real Estate Co., Ltd. reached the *Amendment Agreement to the Clauses of Loan Contract*(2005), specifying that "Any dispute arising among the three parties or arising out of the Loan Contract and the supplementary agreements should be submitted to China International Economic and Trade Arbitration Commission for final arbitration." The Claimant and the Respondent entered into an agreement in 2006, agreeing that disputes arising therefrom should be submitted to Guangzhou Arbitration Commission for arbitration. The Respondent requested for the arbitration to CIETAC according to the *Amendment Agreement to the Clauses of Loan Contract*(2005). The court held that the Claimant challenged the authenticity of the arbitration clause, but it failed to provide basic evidence to prove the *Amendment Agreement to the Clauses of Loan Contract*(2005) was forged or any circumstances as set forth in Articles 17 and 18 of the *Arbitration Law* that could make the said agreement null and void, it was thus unable to conclude that the arbitration clause in such agreement was null and void. The parties concerned signed an arbitration agreement in 2006 and reached a new stipulation of the arbitration institution in charge of the disputes arising therefrom, so the arbitration clause in the *Amendment Agreement to the Clauses of Loan Contract*(2005) was substituted by that in the 2006 arbitration agreement,

and had no binding force on both parties. Therefore, the Claimant's request for judicial authentication of the stamp was rejected. On this basis, it was ruled that the arbitration clause in the *Amendment Agreement to the Clauses of Loan Contract* (2005) had no binding force on the Claimant and the Respondent.

Article 20. 1 of the Arbitration Law stipulates that: "If a party challenges the validity of the arbitration agreement, he may request the arbitration commission to make a decision or apply to the people's court for a ruling. If one party requests the arbitration commission to make a decision and the other party applies to the people's court for a ruling, the people's court should give a ruling." The objection system of the validity of arbitration agreements in China follows the principles of "concurrent control by courts and arbitration institutions and final decision by the courts", which, however, fails to make an explicit provisions for whether the scope of the court's review of arbitration agreements involves the formation and invalidity of the arbitration agreements, the parties and matters of arbitration subject to the arbitration agreements, etc. Therefore, it is widely controversial about whether to accept the litigations about confirming the formation of arbitration agreements, and whether to make an overall review of the authenticity of arbitration clauses if such litigations are accepted. Regarding the right of action, all the requests for confirming the formation, nonexistence and invalidity involve the challenge to the validity of the arbitration agreements, and are the negative confirmation suit (same as the application for confirming the invalidity of arbitration agreements) in the nature of litigation, which is actually the litigation filed by a party for the purpose of seeking the stability of legal relationship when the validity of arbitration agreement is disputed, so the right of action should be granted to the party concerned in accordance with Article 20 of the *Arbitration Law*. It is greatly controversial about how to determine the scope of trial of such type of cases after being accepted by the court, in particular involving the authenticity of signatures and stamps, and whether to conduct an overall review. Determining the scope of trial actually involves the determination of power division of the courts/arbitral tribunals. Some foreign courts follow the mode of delay trial. At the early stage of a dispute, the court only make superficial review of the effect of arbitration agreement and confirm the invalidity of the same only if the arbitration agreement is obviously invalid, i. e. , the court will make an overall review of the jurisdiction of arbitral tribunal only when accepting the case of requesting for canceling or performing the arbitration. However, this mode is based on Competence-Competence and is controversial, but Article 20 of the Arbitration Law fails to identify the principle of Competence-Competence, so it needs further research whether such mode can be used as a reference.

ix. Determination of Matters for Arbitration

In the case of application for confirming the validity of an arbitration agreement in the case of China National Materials Industry Import & Export Corporation (the Claimant or Sinoma Import & Export) v. Indonesia P. T. Merge Energy Sources Development Co. , Ltd. (the Respondent or MESD Company), Qitaihe Jinchen Mining Co. , Ltd. (the Respondent or Jinchen Mining Company) and Shandong Zhaochen Construction Engineering Co. , Ltd. (collectively the Respondent or Zhaochen Company), Sinoma Import & Export claimed that disputes should be submitted to CIETAC for arbitration pursuant to the *Indonesia Coal Mine Goods Import and Export Contract* it has reached with MESD Company, although the *Supplementary Agreement* stipulated that disputes should be submitted to Beijing Arbitration Commission for arbitration, MESD Company failed to reasonably remind the Claimant about the change of arbitration institution, so the provision that disputes being submitted to Beijing Arbitration Commission for arbitration was not the expression of true intention of the parties concerned, and Sinoma Import & Export requested for confirming the invalidity of the arbitration clause set forth in the *Supplementary Agreement*. The court considered that the case was actually the dispute over the arbitration clause set forth in the *Supplementary Agreement* reached by and among all the parties concerned, which showed a clear expression of arbitration, and also specified the matter for arbitration and designated arbitration institution clearly. Moreover, no evidence was presented to show that the *Supplementary Agreement* incurred any of the circumstances making the arbitration agreement null and void as stipulated in Article 17 of the *Arbitration Law*. On this basis, the application raised by the Claimant was thus rejected.

In the case involving the dispute series over the maritime goods transport contract of Maersk Line A/S (the Appellant or MSK Company) v. Star Shipping International Ltd. (the Appellee or Star Shipping Limited) and Provence Tomato Products (Tianjin) Co., Ltd. & Tianjin Oushang International Freight Forwarding Co., Ltd. (the Defendant in the First Instance), Tianjin High People's Court considered: MSK Company claiming that Star Shipping Limited, as the carrier's freight agency, should disclose the real carrier, or else it should be confirmed as the carrier and should accordingly undertake the corresponding responsibilities. Booking and transporting the goods by Star Shipping Limited for MSK Company fell within the scope of consignment as stipulated in the *Booking Agency Agreement*. After the court of the first instance concluded the first court hearing, MSK Company presented the *Booking Agency Agreement*, claiming that Star Shipping Limited acted in a dual capacity, i. e., freight agency and ship agency, and MSK Company enjoyed the right of request for the transport expense under the bill of lading. Although the causes of action raised by MSK Company were different, this case always fell under the scope of arbitration clause set forth in the *Booking Agency Agreement*, i. e., simply "Any dispute arising out of or in connection with this Agreement". Therefore, both MSK Company and Star

Shipping Limited should be bound by the arbitration clause.

In judicial practices, some related contracts always provide for different ways of dispute resolution or arbitration by different arbitration institutions, the courts generally determine the matters for arbitration upon consideration of the context of the contract.

x. Period of Raising the Objection to Jurisdiction of Courts based on Arbitration Agreements

In the case involving the series of disputes over the maritime goods transport contract of Maersk Line A/S (the Appellant or MSK Company) v. Star Shipping International Ltd. (the Appellee or Star Shipping Limited) and Provence Tomato Products (Tianjin) Co., Ltd. & Tianjin Oushang International Freight Forwarding Co., Ltd. (the Defendant in the First Instance) {Civil Judgement [(2018) Jing Min Zhong No. 260] issued on 26 November 2018}, the court identified that MSK Company presented the *Booking Agency Agreement* concluded with MSK Company after the first court hearing, and claimed against Star Shipping Limited in line with such agreement. Afterwards, Star Shipping Limited challenged the jurisdiction on the grounds of the existence of an arbitration agreement during the second court hearing. In the first instance, Tianjin Maritime Court held that MSK Company asked Star Shipping Limited to bear the corresponding responsibilities as the carrier, without filing a litigation in accordance with the *Booking Agency Agreement*. During the court hearing, MSK Company invoked the *Booking Agency Agreement* and changed the basis of litigation, so the pleading period of Star Shipping Limited should be extended. The existence of a valid arbitration agreement with MSK Company claimed by Star Shipping Limited was tenable, thus the court dismissed the court action of MSK Company. However, Tianjin High People's Court held that although the causes of action raised by MSK Company were different, this case always fell under the scope of arbitration clause set forth in the Booking Agency Agreement. As the party to the *Booking Agency Agreement*, Star Shipping Limited was fully aware of the arbitration clause, but it did not challenge the acceptance of this case by the court of the first instance prior to the first court hearing, the court of the first instance should continue hearing this case in accordance with Article 26 of the *Arbitration Law*. Based on the findings above, Tianjin High People's Court canceled the original ruling and designated Tianjin Maritime Court to hear this case.

Pursuant to Article 26 of the *Arbitration Law*: "If the parties have concluded an arbitration agreement and one party has instituted an action in a people's court without declaring the existence of the arbitration agreement and, after the people's court has accepted the case, the other party submits the arbitration agreement prior to the first hearing, the people's court should dismiss the case unless the arbitration agreement is null and void. If, prior to the first hearing, the other party has not raised an objection to the people's court's acceptance of the case, he should be deemed to have renounced the arbitration agreement and the people's court should continue to try the case." Pursuant to Article 14 of the *Interpretations of the Arbitration Law*: "The 'first hearing' mentioned in Article 26 of the Arbitration Law refers to the first open hearing held by the people's court upon the expiry of pleading period and it should not include the activities in pre-hearing procedures." In this case, Star Shipping Limited failed to respond the claim during the first hearing, and did not challenged the jurisdiction on the argument of the existence of arbitration agreement, which has constituted the responding jurisdiction. So even the court allowed the additional pleading, given no changes to the claim, the objection to jurisdiction of court was prohibited.

Ⅱ. Recognition and Enforcement of Foreign Aibitral Awards

i. About Jurisdiction over Application for Recognizing and Enforcing Foreign Arbitral Awards

1. Jurisdiction of the Courts in the Case Acceptance Place of Related Cases

In the case of application for recognizing the foreign arbitral award of Chinaland Shipping Pte. Ltd. (the Claimant or Chinaland ShippingCompany) v. Conor Shipping Company Limited (the Respondent or Conor Company) (Civil Judgment([2018] Jin 72 Min Te No. 2) issued by Tianjin Maritime Court on 25 May 2018), both parties reached the *Voyage Charter Party*, specifying the shipping of a batch of steel through "Elaine" from Tianjin New Harbor, China to Damietta, Egypt. The consignee raised the claim for cargo damages against Conor Company after the ship arrived at the destination port. To keep the ship from being detained, Conor Company provided the guarantee for the consignee, and initiated arbitration against Chinaland Shipping Company before London Maritime Arbitrators Association (LMAA) in accordance with the Charter Party. LMAA made the final award, ruling Chinaland Shipping Company was responsible for the cargo damages, and made a second ruling to specify the amount of compensation. Chinaland Shipping Company requested for recognizing the second ruling. The court held that both the domicile and the location of property of Conor Company were outside Chinese Mainland, but the case accepted by the court (Civil Judgement [2016] Jin 72 Min Chu No. 501) defined Chinaland Shipping Company as the plaintiff, Tianjin Tiangang International Trade Co., Ltd. as the defendant and Conor Company as the third party, so the action for indemnity involving the transport matter of the arbitration dispute was associated with the arbitration case. Pursuant to Article 3 of the *Provisions of the Supreme People's Court on Several Issues concerning Trying Cases of Arbitration-Related Judicial Review*: "Where a foreign arbitral award is related to a case tried by a people's court, and neither the place of the domicile of the respondent nor the place where the property of the respondent is located in Chinese Mainland, and the applicant applies for recognition of the foreign arbitral award, the people's court accepting the related case should have jurisdiction." So the court can accept and try this case. The Respondent of this case failed to come up with the review matters about the refusal of recognition and enforcement of the award in accordance with Article V:1 of the *New York Convention*, and no circumstances of non-arbitrability or contrary to the public policy as stipulated in Article V:2 thereof was found, no reserved matter of China was found, either. To this end, the effect of arbitral award was recognized.

2. Objection to Jurisdiction

In the case of objection to jurisdiction over the application for recognizing and enforcing the foreign arbitral award of Rizhao Xingyujia Trade Co., Ltd. (the Appellant) v. ADM Asia-Pacific Trading Pte. Ltd. (the Appellee) (Civil Judgement [2018] Lu Min Ta No. 1 issued by Shandong High People's Court on 10 January 2018), the Appellant refused to accept the Civil Judgment{[2016] Lu 11 Xie Wai Ren No. 4(1)} issued by Rizhao Intermediate People's Court and filed an appeal, claiming that it operated no business in the place of registration, but had its principal business carried out in Andi Town, Yinan County, so this case should be subject to the jurisdiction of Linyi Intermediate People's Court. The court held that the place of registration in the business license and operating office indicated in the sales contract involved therein were both in Rizhao City, Shandong Province, falling within the jurisdiction of Rizhao Intermediate People's Court. Therefore, Rizhao Intermediate People's Court had jurisdiction over this case. The Appellant stated that its principal business office was in Andi Town, Yinan County, but without providing any evidence to make further proof, so the court rejected the appeal and reaffirmed the original ruling.

In the case of application for recognizing and enforcing the foreign arbitral award of Johnson Matthey Davy Technologies Limited et al. (the Claimant or JMD Company) v. Luxi Group Co., Ltd. (the Respondent or Luxi Company) (Civil Judgement [2018] Lu 01 Xie Wai Ren No. 7 issued by Jinan Intermediate People's Court on 17 August 2018), Luxi Company raised the objection to jurisdiction on the grounds of its principal office being located in Liaocheng City, Shandong Province. However, JMD Company stated that Luxinan Equipment Technology Co., Ltd., a wholly-owned subsidiary of Luxi Company, was actually registered in Ji'nan. The court held that the intermediate people's court in the location of property was only applicable to natural persons or legal persons who had no domicile, residential office or principal office in China. The principal office of Luxi Company was based in Liaocheng City, Shandong Province, so it was ruled that this case was transferred to Liaocheng Intermediate People's Court for ruling.

3. Not Accepting the Cases Applying for the Recognition and Enforcement

In the case of applying for the recognition and enforcement of foreign-related arbitral award of Changsheng Trading Co., Inc. (the Claimant or Changsheng Company) v. Henan Jianghe Industrial Co., Ltd. (the Respondent or Jianghe Company) (Civil Judgement [2016] Su Min Zhong No. 783 issued by Jiangsu High People's Court on 22 September 2018), Changsheng Company submitted the dispute to the Arbitration Institute of the Stockholm Chamber of Commerce (SCC) in line with the arbitration clause set forth in the joint venture contract. SCC ruled that Changsheng Company enjoyed the right to liquidate and dissolve the joint venture Lianyungang Asia Container Co., Ltd. (Lianyungang Container Company), and Jianghe Company had the obligation to participate in dissolving the joint venture and solving the problems arising therefrom. Changsheng Company considered that Jianghe Company possessed the assets of Lianyungang Container Company, which was mainly located in Lianyungang City, Jiangsu Province, it thus applied to Lianyungang Intermediate People's Court for recognizing the arbitral award concerned. In the first instance, Lianyungang Intermediate People's Court held that Jianghe Company was located in Henan Province, and all the assets of Lianyungang Container Company have been liquidated and distributed due to other litigation cases, so Jianghe Company had no property in Lianyungang. The application of Changsheng Company did not fulfill the conditions of acceptance as stipulated by relevant laws, and the court ruled that the application should not be accepted in accordance with Article 119.4 of the *Civil Procedure Law*. Changsheng Company filed an appeal. Jiangsu High People's Court held that Changsheng Company failed to provide preliminary evidence to prove that the property of Jianghe Company was in Lianyungang, Jianghe Company and its successor who passed on the debts and creditor rights were both in Henan Province, so Lianyungang Intermediate People's Court enjoyed no jurisdiction over this case. The court thus rejected the appeal and reaffirmed the original judgement.

ii. Scope of Review of Refusal of Recognition and Enforcement of Defense Causes under *New York Convention*

1. Defense Matters Falling outside the Scope Specified in Article V of *New York Convention*

In the case for applying for recognizing and enforcing the arbitration award (No. 21190/TO) rendered by the International Court of Arbitration of International Chamber of Commerce (ICC Court) of Glencore Operations South Africa Proprietary Limited (the Claimant) v. Northern Heavy Industry Group Co., Ltd. (the Respondent) (Civil Judgement [2018] Liao 01 Xie Wai Ren No. 8 issued by Shenyang Intermediate People's Court on 6 September 2018), the Respondent raised a defense and claimed: the seat of arbitration suggested by ICC Court was in the South Africa, but it operated no arbitration institution in the same place. Moreover, the substantial arbitration ruling didn't deduct the contractual quality deposit, which was erroneous. The court held that whether the claims raised by the Respondent could affect the recognition and enforcement of the arbitral award should be judged in accordance with Article V: 1 of the *New York Convention*, i. e. , recognition and enforcement of the award may be refused, at the request of the party against whom it is invoked, only if that party furnishes to the competent authority where the recognition and enforcement is sought, proving any of the following five circumstances. However, the Respondent of this case failed to provide the evidence, proving the five circumstances as set forth in the *New York Convention*, so the grounds of opposition was not upheld and the arbitral award involved therein should be recognized and enforced.

2. Review of Cases without Defense Causes

In the case of application for recognizing and enforcing the foreign arbitral award of Guangdong COSCO Shipping Heavy Industry Co. , Ltd. (the Claimant) v. The Kingdom of Bramco W. L. L. (the Respondent) (Civil Judgement [2018] Yue 72 Xie Wai Ren No. 2 issued by Guangzhou Maritime Court on 13 November 2018), the Respondent neither contested nor refused to enforce the UK maritime award involved therein. The court held that the Claimant and the Respondent instituted an arbitration of the dispute over refitting expense involved in the ship refitting contract and other loss claim arising therefrom, which fell under the contractual commercial legal relationship as confirmed by the Chinese law, and should be applicable to the *New York Convention*. The arbitral award concerned was made on 21 September 2017, and the Claimant requested for the recognition and enforcement of the arbitral award to the court on 9 July 2018, falling within the timeframe that the application for enforcement should be raised within two years as stipulated in Article 239 of the *Civil Procedure Law*. Moreover, the Respondent did not plead for refusing the recognition and enforcement of the arbitral award in accordance with Article V: 1 of the *New York Convention*.

Through investigation, the court held that the arbitral award thereof did not incur any circumstances for refusal of recognition and enforcement of such arbitral award as set forth in Article V:2 of the *New York Convention*.

In the case of application for recognizing and enforcing the foreign arbitral award of Dong-A Tanker Corporation (the Claimant) v. Zhuhai Long Success Chemical Lndustry Co., Ltd. (the Respondent) (Civil Judgement [2018] Yue 72 Xie Wai Ren No. 1 issued by Guangzhou Maritime Court on 12 October 2018), the Respondent neither defended itself nor present any evidence. The court identified that: the Claimant and the Respondent entered into the *Dong-A Rigel Charter Party* on 19 June 2015, which included the Asbatankvoy clause of the Association of Ship Brokers and Agents. The Charter Party specified that adjustment of general average and disputes should be arbitrated in London in accordance with laws of the UK. The Claimant went to the arbitration for disputes over demurrage charge. The court held that the arbitral award concerned was made on 15 May 2017 and ruled for the immediate enforcement, and the Claimant requested for the recognition and enforcement of the arbitral award to the court on 2 April 2018, falling within the timeframe that the application for enforcement should be raised within two years as stipulated in Article 239 of the *Civil Procedure Law*. Apart from the arbitral award being the duly certified copy thereof and the Chinese translation, the Claimant also presented the Charter Party and the corresponding Chinese translation, which meets the requirements of the application for documents as stipulated in Article IV of the *New York Convention*. Moreover, the Respondent did not plead for refusing the recognition and enforcement of the arbitral award in accordance with Article V: 1 of the *New York Convention*. Through investigation, the court held that the UK arbitral award thereof did not incur any circumstances for refusal of recognition and enforcement of such arbitral award as set forth in Article V:2 of the *New York Convention*.

In the case of application for recognizing the foreign arbitral award of Chinaland Shipping Pte. Ltd. (the Claimant or Chinaland Shipping Company) v. Conor Shipping Company Limited (the Respondent or Conor Company) {Civil Judgment([2018] Jin 72 Min Te No. 2) issued by Tianjin Maritime Court on 25 May 2018}, the Respondent of this case failed to apply for refusal of recognition and enforcement of the award in accordance with Article V: 1 of the *New York Convention*, and no circumstances of non-arbitrability or contrary to the public policy as stipulated in Article V: 2 thereof was found, no reserved matter of China was found, either. To this end, the effect of arbitral award was affirmed.

iii. Existence of Arbitration Agreements

In the case of application for recognizing the foreign arbitral award of VALF-RUS Limited Liability Company (the Claimant) v. Zhejiang Taizhou Huangyan Jingzheng Mould Co. Ltd. (the Respondent) (Civil Judgment([2018] Zhe 10 Xie Wai Ren No. 1) issued by Taizhou Intermediate People's Court on 4 April 2018), the Respondent responded that contract executed by both parties contained no arbitration clause, so the arbitration institutions in Russia had no jurisdiction. The court held that the *Purchase Contract* reached by and between the parties concerned were in English and Russian, and each page thereof was affixed with the stamp of "Zhejiang Taizhou Huangyan Jingzheng Mould Co. Ltd." and had signature of its legal representative, "Wang × ×". Moreover, Article 13 of the Arbitration Clauses specified that disputes arising therefrom should be submitted to the International Commercial Arbitration Court at the Chamber of Commerce and Industry of the Russian Federation for arbitration, and the Respondent's defense was untenable, so the court ruled that the arbitral award should be recognized and enforced.

In the case of application for recognizing the foreign arbitral award of Louis Dreyfus Commodities Suisse S. A. (the Claimant or Louis Dreyfus Company) v.

Ningbo Future Import & Export Co. ,Ltd. (the Respondent or Future Company) (Civil Judgement [2015] Zhe Yong Zhong Que Zi No. 5 issued by Ningbo Intermediate People's Court on 24 February 2018), the Respondent pleaded that it never received any contract signed by both parties, and such contract did not exist. Both parties never reached a consensus on the arbitration clause. Therefore, the Cotton Council International (CCI) enjoyed no jurisdiction over this case, and the Respondent requested the court to dismiss the claims of Louis Dreyfus Company. The court identified that: according to the application of Louis Dreyfus Company, CCI arbitrated 22 original raw cotton sale contracts under dispute. Based on the consultation between both parties on the said 22 contracts, Louis Dreyfus Company sent a "letter for terminating the contracts" to Future Company on 8 October 2012, and attached the list of contract numbers, including those of 22 raw cotton sale contracts thereto. Future Company raised no objection to the execution of the said 22 contracts in the reply given on 26 October, but just asked for further holding a consultation on its difficulty to perform these contracts. The reply of Future Company did not only indicate the execution of the 22 contracts, but also proved that both parties had reached an agreement on the arbitration clauses contained therein. So CCI had the right to conduct the arbitration in accordance with the arbitration clause stated therein and ruled the recognition and enforcement of the award.

iv. Issues about the Arbitration Proceedings

1. About Submittal of Evidence

In the case of application for recognizing the foreign arbitral award of Louis Dreyfus Commodities Suisse S. A. (the Claimant or Louis Dreyfus Company) v. Ningbo Future Import & Export Co. ,Ltd. (the Respondent or Future Company), the Respondent pleaded that it neither received the arbitral award released by CCI, nor reached an agreement on the arbitration clauses with the Claimant, and CCI had no jurisdiction over this case. Louis Dreyfus Company presented three contracts (S1043, S1044 and S1045) that have been signed by both parties one year after the commencement of the arbitration (i. e., 29 January 2014), later than the deadline of presenting the evidence (16 January 2014) specified by CCI, so the arbitration proceedings was illegal. Overall, the Respondent requested the court to dismiss the application of Louis Dreyfus Company. Through investigation, the court held that CCI had emailed the arbitral award to Future Company on 29 October 2014. The time that the said three contracts were presented was indeed later than the deadline specified by CCI, but the deficiency of arbitration proceedings fell out of the circumstances of refusing the recognition and enforcement of arbitral award as stipulated in the *New York Convention*.

2. About Notices being Properly Served

In the case of application for recognizing the arbitration of Singapore International Arbitration Centre (SIAC) of Golden Agri International Pte Ltd. (the Claimant) v. Shandong Changhua Industry Development Co., Ltd. (the Respondent) (Civil Judgement [2017] Lu 11 Xie Wai Ren No. 4 issued by Rizhao Intermediate People's Court on 23 August 2018), the Respondent contested that it had gone through the bankruptcy procedures, causing chaos in sending and receipt of emails, and the Claimant should bear the burden of proof that the notice has been properly served. The court held that the Respondent's address for notices about the appointment of arbitrator, etc. was Andongwei Changhua Industrial Park, Lanshan District, Rizhao City, Shandong Province, and the inquiry page of delivery proved that mails had been sent to Qingdao, China, and then forwarded to another address that could not be further inquired, nevertheless, mails have been served. The initial sending of the arbitral award was unserved and returned to the senders. It could be identified that notices about the appointment of arbitrators were served after comparing the inquiry result of served mails and that of unserved ones. As a result, the court confirmed the recognition of arbitral award.

In the case of application for recognizing and enforcing the foreign arbitral award of Li Yuejiu (the Claimant) v. Beihai Xinzhongli Trade Co., Ltd. (the Respondent) (the *Letter of Reply* [2018] SPC Min Te No. 9 issued by the SPC), the Respondent pleaded that it did not receive any materials from the arbitral tribunal. In the letter of reply, the SPC held that although the way of serving the documents in the case was allowed by the Arbitration Rules of Vietnam International Arbitration Centre (VIAC), whether the documents were properly served should be determined based on actual delivery or the recipient was presumed to have received the documents pursuant to Article 3 of the VIAC Arbitration Rules: "VIAC could send the notices and documents to the addresses provided by the parties through the registered mail, email, facsimile or any other means of communication that provides a record of the sending thereof. Any notice or document sent by VIAC to the parties should be deemed to have been received on the day it was received by the parties, or would have been received on the day of delivery if the notice or document has been sent in accordance with Article 2.2 thereof. The Respondent's registered address was identical to the address indicated in the contract from which the dispute arose, so VIAC had the chance and was able to send the notices to such address. Existing evidence proved that the arbitral tribunal only had spelled the Respondent's address correctly in the fifth sending of arbitral award. The notices of hearing and composition of arbitral tribunal were sent in the second and third service, and the notice for both parties to provide submissions was sent in the fourth service, all concerning important procedural rights of parties, which could directly affect the exercise of their rights of defense. Moreover, the Respondent neither responded to the claims nor selected the arbitrator, etc., it could be considered that VIAC failed to duly perform its duty of care, which has actually deprived the parties of their right of defense. Although the address was correct in the fifth sending, the arbitration proceedings has been completed, which could not effectively make up the said procedural defects. To this end, the arbitral award incurred the circumstance as indicated in Article V:1(b) of the *New York Convention*, and the recognition and enforcement of such award should be refused accordingly.

3. The Composition of Arbitral Tribunal

In the case of application for recognizing the arbitration of Singapore International Arbitration Centre (SIAC) of Golden Agri International Pte Ltd. (the Claimant) v. Shandong Changhua Industry Development Co., Ltd. (the Respondent) (Civil Judgement [2017] Lu 11 Xie Wai Ren No. 4 issued by Rizhao Intermediate People's Court on 23 August 2018), the Respondent contested that it had gone through the bankruptcy procedures, causing chaos in sending and receipt of emails, and the Claimant should bear the burden of proof that the notice has been properly served. Pursuant to the arbitration clauses thereof, the arbitral tribunal should be composed of three arbitrators. Either of the parties should appoint one arbitrator within 14 days after the other party sends a written request. Or else, the other party can notify it in a written form that if an arbitrator was still not designated within seven days, the arbitrator designated by the other party should act as a sole arbitrator. Given the Respondent's failure to appoint an arbitrator, SIAC appointed the arbitrator designated by the Claimant as a sole arbitrator. The agreement for the composition of arbitral tribunal and actual way of appointment went against Article 8 of the *SIAC Arbitration Rules*. The court held that the arbitration clause in the contract concerned clearly specified that a sole arbitrator should be allowed when failing to consist a three-arbitrator-tribunal, which actually did not violate the *SIAC Arbitration Rules*.

v. About the Public Policies

In the case of application for recognizing and enforcing the foreign arbitral awards of ACTION Capital Corporation (the Claimant) v. Mr. Tian, *et al.* (the Respondent) (Civil Judgement ([2018] Ji 24 Xie Wai Ren No. 163 issued by the Intermediate People's Court of Yanbian Korean Autonomous Prefecture on 15 November 2018), the Respondent contested that the guarantee contract involved therein was the loan guarantee provided by the Chinese citizens to a South Korean enterprise, for which the overseas guarantee approval and registration were not made with the foreign exchange administration, so it was invalid. Recognizing or enforcing the arbitral award concluded by Korean Commercial Arbitration Board (KCAB) could seriously violate the public policies of China. The court held that the arbitral award was made in the South Korea, which, together with China, were both the contracting member states of the *New York Convention*. Whether to recognize and enforce such arbitral award should be determined in accordance with relevant provisions of the *New York Convention* and the *Civil Procedure Law* of China. KCAB made the arbitration in line with the applicable law (the law of South Korea) as stipulated in the contract executed by the parties concerned, incurring no circumstance mentioned in Article V of the *New York Convention*. Therefore, recognizing and enforcing such arbitral award did not violate the public policies of China. The court thus ruled the arbitral award made by KCAB should be recognized and enforced.

In the case of application for recognizing the foreign arbitral award of South Korea Chang Myung Shipping Co., Ltd. (the Claimant) v. Hebei Ocean Shipping Co., Ltd. (the Respondent) (Civil Judgement [2018] Lu 72 Xie Wai Ren No. 1 issued by Qingdao Maritime Court on 5 November 2018), the Respondent contested that its external guarantee was not approved by the competent foreign exchange administration, violating the public policies of China. The court held that: the Respondent's behavior of providing external guarantee without obtaining the approval of or registering with the competent administration definitely violated relevant laws and foreign exchange management policies of China, but recognizing the arbitral award involved therein could not incur the circumstances of violating basic legal principles of China, infringing upon the sovereignty of China, impairing social public security, going against good custom and jeopardizing fundamental social and public interests. To this end, the court did not support the Respondent's argument.

In the case of application for recognizing and enforcing the foreign arbitral award of Palmer Maritime Inc. (the Claimant) v. China Animal Husbandry Industry Co., Ltd. (the Respondent) (Civil Judgement [2017] Jin 72 Xie Wai Ren No. 1 issued by Tianjin Maritime Court on 11 August 2018; the Letter of Reply [2017] SPC Min Te No. 140 issued by the SPC), the SPC held that the Respondent had instituted an action before Guangzhou Maritime Court in May 2016, asking the Claimant to undertake the responsibilities of goods damage, and the Claimant challenged the jurisdiction on the grounds of the existence of an arbitration agreement concluded between both parties. The SPC replied to Guangzhou High People's Court through the *Letter of Reply* ([2017] SPC Min Te No. 83), stating that the arbitration clauses in the contract failed to be incorporated into the bill of lading, and the arbitration clauses on the back side of which were invalid. Guangzhou Maritime Court thus ruled the dismissal of the objection to jurisdiction raised by the Claimant on 16 October 2017, and Guangdong High People's Court dismissed the appeal of the Claimant in January, 2018. The court held that recognizing and enforcing the arbitral award based on the arbitration clauses of which the Chinese court had renounced its existence and validity should constitute the judicial judgement completely contrary to the same facts in the same jurisdiction, which should be included into the scope of "public policies", in particular to keep unification and consistency with the national legal values. Pursuant to Article V: 2 (b) of the *New York Convention*, the arbitral award

for confirming the validity of arbitration clauses in recent years, i. e. , one party initiates an arbitration at abroad according to the arbitration clause, and the other party then sues and demands for confirming the invalidity of such arbitration clause at home. Because the conflict rules on confirming the validity of arbitration clauses are not exactly the same as the provisions of the *New York Convention*, the application for recognizing and enforcing the foreign arbitral awards usually cause the circumstances that the courts in China has ruled the arbitration agreement invalid before the foreign arbitral award is sought to be recognized and enforced. From the perspective of protecting the judicial sovereignty and *res judicata* of effective ruling, courts may refuse to recognize and enforce foreign arbitral awards relying on the provisions relating to public policies. The parallel proceedings confirming the validity of arbitration clauses and the *res judicata* of ruling are worth further study.

Ⅲ. Recognition and Enforcement of Arbitral Awards Rendered in Hong Kong, Macao and Taiwan regions

i. Arbitral Awards beyond Proper Scope

In the case of application for recognizing and enforcing the arbitral award concluded by HKIAC of IP Cathay II, L. P. (the Claimant) v. Zhou Jiting, et al. (the Respondent) (Civil Judgement [2016] Jing 04 Ren Gang No. 2 issued by Beijing Municipal Fourth Intermediate People's Court on 16 April 2018), one argument of Respondent's defense is that Claimant only chose 12 of 21 respondents, making the remaining 9 respondents unable to state their opinions. According to the findings, the court held that the arbitral award involved 21 respondents, but the Claimant only asked China Vocational Education Co. , Ltd. , five founders (Zhou Jiting, Zhou Mengkui, Zheng Xianghong, Chen Wenhe, Li Jingbiao and Ruiming Company) to perform the obligations of redemption and repurchase when filing an arbitration, however, Items 1 and 2 of the arbitral award required all the respondents to undertake the obligation of redemption, which obviously went beyond the Claimant's request. Moreover, the arbitral award was made on the basis of taking the 21 respondents as an entirety, and matters of arbitration cannot be separated, so recognition and enforcement of such award should be refused as a whole. On this basis, the arbitral award could not be recognized and enforced in accordance with Article 7. 1. 3 of the *Arrangement of the Supreme People's Court on Mutual Enforcement of Arbitral Awards between the Mainland and the Hong Kong Special Administrative Region* ("*the Arrangement of Arbitral Awards*").

ii. Violation of the Statutory Procedures

In the case of application for enforcing the arbitral award made in HKSAR of Asia Maritime Pacific Chartering Limited (the Claimant) v. Peak International Trade (Tianjin) Co., Ltd. (the Respondent) (Civil Judgement [2018] Jin 72 Min Te No. 13 and No. 14 issued by Tianjin Maritime Court on 30 October 2018), the Respondent pleaded that the arbitration clause in the Voyage Charter Party stipulated: "Arbitration in Hong Kong region with English Law to apply, and other clauses should be subject to GENCON 1994", that is to say, Hong Kong region was simply the seat of arbitration, the procedural law and substantive law of the UK should be applied. Therefore, invoking the procedural law and Arbitration Rules of HKSAR to settle the disputes of this case was erroneous. Due to the misleading of the Claimant's attorney, the Respondent wrongly recognized and selected a sole arbitrator, making the arbitral tribunal consist of the arbitrator solely appointed by the Claimant, which violated the arbitration rules and constituted the circumstances of refusal of the enforcement as set forth in Article 7. 4 of the *Arrangement of Arbitral Awards*, i. e., "the composition of arbitral tribunal or the arbitration proceedings is inconsistent with the agreement reached by and between the parties." The court identified that Article 13 of the Confirmation of Ship Chartering specified: "the Charter Party should be under the jurisdiction of the English law. Any dispute should be arbitrated in Hong Kong region and the arbitral award should be the final", which should be interpreted as the seat of arbitration was in Hong Kong region, and the applicable law should be the English substantive law, so the procedure law should be law of the seat of arbitration, i. e., the *Arbitration Law of HK*. HKIAC determined that this case should be heard by the sole arbitrator in accordance with the *Arbitration Law of HK*, and the appointment of a sole arbitrator by both parties for arbitration did not violate the agreement involved therein, so the court ruled the arbitral award should be enforced.

In the case of application for enforcing the arbitral award made in HKSAR of Noble Resources International Pte. Ltd. (the Claimant) v. Tianjin Binhai Fengze Commercial Trade Co., Ltd. (the Respondent) (Civil Judgement [2018] Jin 02 Ren Gang No. 1 issued by Tianjin Second Intermediate People's Court on 27 June 2018), the Respondent claimed that the Claimant did not furnish the actual contract relating to this case, making the arbitration proceedings illegal. The court held that HKIAC concluded the arbitral award based on legal and valid arbitration clauses agreed by the parties concerned, and the Respondent failed to provide corresponding evidence to support its claim that the arbitration proceedings was illegal. The Claimant raised the application within the period as stipulated in Article 239 of the *Civil Procedure Law*, and the arbitral award neither incurred the circumstances that enforcement should be refused as stated in Article 7 of the *Arrangement of Arbitral Awards*, nor violated the social public interests of Chinese Mainland and the public policies of Hong Kong region, either, so the court ruled that the arbitral award should be enforced.

iii. Objection to Jurisdiction

In the case of application for recognizing and enforcing the arbitral award

(No. HKIAC/A15034) rendered by HKIAC of Shangluo BYD Industry Co. ,Ltd. (the Appellant or BYD Company) v. Gebr. Schmid Gmbh (the Appellee) (Civil Judgement [2018] Shaan Min Xia Zhong No. 136 issued by Shaanxi High People's Court on 16 December 2018), the Claimant requested Xi'an Intermediate People's Court to recognize and enforce the arbitral award, but the Respondent challenged the jurisdiction and claimed: it was Shangluo Intermediate People's Court, rather than Xi'an Intermediate People's Court, that had the jurisdiction according to the domicile of BYD Company, the subject matter in dispute and the property involved therein. Through investigation, Shaanxi High People's Court held that Shangluo Intermediate People's Court had no jurisdiction over foreign-related civil and commercial cases in accordance with Article 1.2 of the *Provisions of the Supreme People's Court on Several Issues Concerning the Jurisdiction of Foreign-related Civil and Commercial Cases* and the *Reply of the Supreme People's Court to the First Instance of Foreign-Related Civil and Commercial Cases by Xianyang, Baoji and Hazhong Intermediate People's Court*, so this case should be under the jurisdiction of Xi'an Intermediate People's Court. It is not inappropriate for the court in the first instance to rule to dismiss the objection to jurisdiction of BYD Company. The court delivered a ruling to reject the appeal and uphold the original judgement.

No case of application for recognizing and enforcing the arbitral award made in Macao and Taiwan regions was available in 2018. The HK-related arbitral awards indicate that they were always reviewed in accordance with relevant provisions of the *Arrangement of Arbitral Awards*, but the expression of review of public policies incurred the circumstances of both reviewing whether violating the social public interests of Chinese Mainland and the public policies of Hong Kong region, which did not comply with the provisions of Article 7.3 of the *Arrangement of Arbitral Awards*, i.e., Enforcement of an arbitral award may be refused if the court in Chinese Mainland holds that the enforcement of such award would be contrary to the social public interests of Chinese Mainland, or if the court of HKSAR decides that the enforcement of such award in Hong Kong region would be contrary to the public policies of Hong Kong region. To facilitate the enforcement of arbitral awards, it is suggested that Article 3 of the *Interpretations of the Supreme People's Court of Several Issues concerning the Enforcement Procedures in the Application of the Civil Procedure Law of the People's Republic of China* could be considered, i. e. the ruling of objection to jurisdiction may be reported to the high-level court for reconsideration, but recognition and enforcement of the arbitral award should move on during the period of reconsideration, so as to prevent the parties concerned from misusing the jurisdiction to delay the enforcement.

Ⅳ. Review of Annulment and Non-Enforcement of Foreign-Related and HMT-Related Arbitral Awards

i. Understanding of the SPC's Reply No. 15

The *Reply of the Supreme People's Court on the Requests of the Shanghai High People's Court and Other Courts for Instructions on Cases Involving Judicial Review of the Arbitral Awards Issued by the China International Economic and Trade Arbitration Commission, Former Sub-Commissions Thereof and Other Arbitration Institutions* (*Reply No.* 15) has been implemented as from 17 July 2015. Article 3 of the *Reply* specifies: For cases accepted by CIETAC or South China Commission of CIETAC or Shanghai Commission of CIETAC prior to the implementation of this Reply while it should not accept under the provisions of Article 1 hereof, if any of the parties concerned, after the arbitral award is rendered, applies to the people's court for setting aside or non-enforcement of the arbitral award on the ground that the arbitral institution does not have the jurisdiction over the case, the people's court should not uphold the request. But the

Reply fails to clarify whether to set aside or not enforce the arbitral award rendered by the aforesaid arbitration institutions for the same dispute. Nevertheless, there are precedents providing the prerequisite for the application of Article 3, i. e., the people's court did not accept the litigation filed by the party concerned for confirming the validity of arbitration agreement, nor issue a ruling. Provided that the people's court has done so, the effective ruling should be enforced.

ii. Having No Right to Arbitrate

In the case of application for annulling the arbitral award of Huizhou Xingxin Paints and Chemical Industry Co., Ltd. (the Claimant or Xingxin Company) v. Kim Won-shi, a South Korean citizen (the Respondent) (Civil Judgement [2018] Yue 01 Min Te No. 383 issued by Guangzhou Intermediate People's Court on 17 October 2018), Xingxin Company claimed the annulment on the grounds that it had reached the relationship of factual labor contract with Kim Won-shi, other than the commercial relationship, and the arbitration clauses involved in this case were invalid. Guangzhou Arbitration Commission had no jurisdiction over the dispute. The investigation identified that Xingxin Company filed a lawsuit of confirming the validity of the arbitration agreement to Guangzhou Intermediate People's Court after Guangzhou Arbitration Commission accepted the case. The Court held that the *Technical Cooperation Agreement* involved therein clearly specified the purposes of cooperation, rights and obligations, period of cooperation, profits distribution, responsibilities of loss, ownership of research and development results and related intellectual property right, cancellation of the Agreement, non-competition, liabilities for breach and so forth, complying with common provisions of general commercial contracts, so it was unable to conclude that the *Technical Cooperation Agreement* was a labor contract and the arbitration clauses thereof should be legal and valid. Guangzhou Intermediate People's Court held that its ruling has identified the *Technical Cooperation Agreement* had the characteristics of commercial contract, and the arbitration clauses thereof should be valid. Guangzhou Arbitration Commission had the jurisdiction to accept the application for arbitration submitted by Kim Won-shi. Given the failure of Xingxin Company to provide sufficient contrary evidence to reverse the fact of effective ruling, the application for annulling the arbitral award with the same causes lacked the factual and legal grounds, so such application should be dismissed.

Article 77 of the *Arbitration Law* stipulates: "Regulations concerning arbitration of labor disputes and agricultural contractor's contract disputes arising within the agricultural collective economic organizations should be formulated separately." Article 2 of the *Labor Dispute Mediation and Arbitration Law of the People's Republic of China* stipulates: "The *Law* should be applicable to the labor disputes arising between an employer and an employee within the territory of China" (i. e., labor dispute arbitration procedure prior to litigation). Therefore, disputes between the parties always incur the circumstances of judging whether such disputes are labor-related ones. This case and related cases of confirming the validity of arbitration clauses are identified as having the characteristics of commercial contract according to the matters of cooperation, distribution of profit and undertaking of loss, etc., showing the value orientation of the people's court to respect the parties' autonomy and facilitate the enforcement of the arbitration clause to the largest extent.

iii. Interpretation of the Scope of Arbitration Agreements

In the case of application for annulling the arbitral award of Zhengcheng Petroleum Investment Co., Ltd. (the Claimant or Zhengcheng Company) v. Sunshine International Co., Ltd. (the Respondent or Sunshine Company) and Jili Enterprise Co., Ltd. (Jilin Company or the Second Respondent of Original Arbitration) (Civil Judgement [2018] Jing 04 Min Te No. 179 issued by the SPC on 27 September 2018), Zhengcheng Company claimed: the *Tripartite Agreement on the Change of Contract Subjects* stipulated that disputes arising therefrom should be submitted to China National Petroleum Corporation (CNPC) for arbitration, which should be deemed no provisions of the institution in charge of settling the disputes. Moreover, Zhengcheng Company, as the guarantor, did not make its presence when the Contract was signed, so it never reached an arbitration agreement with Sunshine Company. The court identified that Sunshine Company had reached the Contract with Zhengcheng Company, specifying that Zhengcheng Company would purchase the movable houses from Sunshine Company, and disputes arising therefrom should be submitted to CNPC for settlement. Afterwards, both parties entered into a supplementary agreement, specifying that disputes should be submitted to CIETAC for arbitration in line with its arbitration rules, and the supplementary agreement should prevail in case of any conflict with the original contract. Other clauses in the original contract should remain in force. Later, Sunshine Company, Zhengcheng Company and Jili Company entered into the *Tripartite Agreement on the Change of Contract Subjects*, specifying that Jili Company would become the buyer by replacing Zhengcheng Company, who would undertake the joint and several liabilities, and other contents of the original contract remained unchanged, unless otherwise provided. According to the findings above, the court considered: According to several contracts reached by and among the parties concerned, the *Supplementary Agreement* between Zhengcheng Company and Sunshine Company clearly appointed CIETAC to act as the arbitration institution of disputes arising therefrom, both parties concluded a valid arbitration agreement. The *Tripartite Agreement on the Change of Contract Subjects* concluded afterwards made no change to the said arbitration clauses, or made other provisions for the settlement of dispute, either, but further specifying that "other contents of the original contract should remain unchanged". Therefore, the said arbitration clauses should be binding upon Zhengcheng Company, Sunshine

Company and Jili Company, and the application for annulling the arbitral award was set aside accordingly.

In the case of application for annulling the arbitral award of Beijing Keyun Logistics Co. ,Ltd. (the Claimant or Keyun Company) v. Pan-China Construction Group Co. , Ltd. (the Respondent or Pan-China Company) {Civil Judgement [2018] Jin 72 Min Te No. 1(1) issued by Tianjin Maritime Court on 13 August 2018}, the Claimant claimed that the *Shipping and Freight Contract* on Luanda Social Housing Project in the Republic of Angola reached into by and between Keyun Company and Pan-China Company provided for disputes being submitted to CIETAC for arbitration. During the performance of the said contract, Tianjin Harbor suffered the "8 · 12 Extraordinarily Serious Safety Production Accident", Keyun Company and Pan-China Company thus signed the *Agreement on Matters of Compensation for Damaged Materials Relating to the Social Housing Project*(the *Compensation Agreement*). Since the arbitration clause in the *Shipping and Freight Contract* cannot be applied to resolve the disputes arising from the *Compensation Agreement*, so Keyun Company applied for annulling the arbitral award thereof. The court held that the arbitral award was rendered for the dispute under the *Shipping and Freight Contract* in accordance with the *Compensation Agreement*, other than the award for the disputes arising from the *Compensation Agreement*. Article 9.2 of the *Shipping and Freight Contract* stipulated: "Any dispute arising from the performance of this Contract... either of the parties may submit such dispute to China International Economic and Trade Arbitration Commission in Beijing for arbitration." Moreover, pursuant to Article 2 of the *Interpretations of the Arbitration Law*, i. e. , where the parties have generally agreed that the subject matter of arbitration is a contractual dispute, any dispute arising from the formation, validity, modification, transfer, performance, liability for breach, interpretation, termination of the contract etc. may be deemed as a subject matter of arbitration, so the arbitration clauses in *Shipping and Freight Contract* may cover the matters of arbitration involved therein. As a result, whether the *Compensation Agreement* contained the arbitration clause could not affect the effect of evidence used in the arbitration proceedings, so the court ruled dismissing the Claimant's application.

In the case of application for annulling the arbitral award of LeTV Holdings Co. Ltd. (the Claimant or LeTV Company) v. Shanghai Qichengyueming Investment Partnership Enterprise (Limited Partnership) (the Respondent) and Jia Yueting (the original Respondent of Arbitration) (Civil Judgement [2018] Jing 04 Min Te No. 439 issued by Beijing Municipal Fourth Intermediate People's Court on 25 December 2018), LeTV Company applied for annulling the arbitral award on the argument that such award ruled LeTV Company to undertake joint and several liabilities, but the guarantee responsibilities of LeTV Company were actually matters as agreed in two copies of *Commitment and Guarantee Letter*, which, however, contained no arbitration clause, and the ruling had exceeded the scope of arbitration as stipulated in the *Convertible Bonds Purchase Agreement*, so such arbitral award should be reversed according to relevant laws. The court held: Any objection to an arbitration agreement and/or the jurisdiction over an arbitration case shall be raised in writing before the first oral hearing held by the arbitral tribunal. Where a case is to be decided on the basis of documents only, such an objection shall be raised before the submission of the first substantive defense in accordance with Article 6. 4 of the *CIEATC Arbitration Rules* (2015 Revision). In this case, LeTV Company failed to raise the written objection to the arbitration agreement and/or the jurisdiction over the arbitration case before the first oral hearing held by the arbitral tribunal, instead it appointed the arbitrator and responded to the claims, so it should be deemed that LeTV Company had accepted the jurisdiction of arbitral tribunal over this case. To this end, the application for annulling the arbitral award on the ground of nonexistence of the arbitration agreement between the parties concerned would not be upheld. This case actually involves the creditor's claim against the guarantor and asks the guarantor to perform its responsibilities of guarantee, the arbitral tribunal cannot hear this case without reviewing the performance of the main contract. Reviewing the disputes in connection with the *Guarantee Contract* by the arbitral tribunal in line with the arbitration clause set forth in the *Convertible Bonds Purchase Agreement* was not beyond the scope of arbitration agreement. The court thus ruled to dismiss the application.

In the case of application for annulling the arbitral award of Huake Industry Development Corp. (the Claimant or Huake Company) v. Hang Fok Properties Limited (the Respondent or Hang Fok Limited) (Civil Judgement [2018] Jing 04 Min Te No. 47 issued by Beijing Municipal Fourth Intermediate People's Court on 4 September 2018), the Claimant raised the claim on the grounds that the court's ruling identified Hang Fok Company was not an eligible subject and had no right to ask Huake Company to refund the equity transfer amount and interest thereof totaling RMB 145 million. However, the arbitral award ruled that Huake Company should refund the equity transfer amount and interest thereof totaling RMB 145 million to Hang Fok Limited, going against the principle of "*ne bis in idem*". Through investigation, the court identified that: the *Equity Transfer Agreement* reached by and between the parties concerned stipulated that Huake Company should transfer 36% equity it held in Century City International Company at the consideration of RMB 210 million, Huake Company confirmed that it owed RMB 145 million to Hang Fok Limited, which should be offset with the equivalent equity transfer fund to be paid by Hang Fok Limited, so that Hang Fok Limited would not pay such amount. On the very same day, Huake Company and its affiliate Junda Investment Co., Ltd., Hang Fok Limited and its affiliate Paliburg

Holdings Limited signed the *Supplementary Agreement*, respectively, specifying that Huake Company should be responsible for undertaking and paying the total debt amounting to RMB 145 million of Junda Company, so Huake Company should directly transfer such amount to the account designated by Paliburg Limited, which instructed Huake Company to pay the arrears of RMB 145 million to be paid by Huake Company (on behalf of Junda Company) to Hang Fok Limited. Huake Company requested the arbitration for rescinding the *Equity Transfer Agreement* and the *Supplementary Agreement* and asking Hong Fok Limited to return the equity, which was upheld by CIETAC through the arbitral award, however, it held that it had no jurisdiction over the relationship of rights and obligation among the four parties under the *Supplementary Agreement*. Hang Fok Limited then filed an action to Beijing Municipal High People's Court for asking Huake Company and Junda Company to reimburse the debt of RMB 145 million. Through trial, Beijing Municipal High People's Court and the SPC held that Hang Fok Limited was not an eligible subject, thus dismissed the action. Hang Fok Limited requested to CIETAC for arbitration, CIETAC ruled that Huake Company should return the equity transfer fund RMB 145 million, together with the interest generating therefrom to Hang Fok Limited. The court held: the arbitral award ruled that Huake Company should return the equity transfer fund RMB 145 million, together with the interest to Hang Fok Limited, which was the dispute arising out of or in connection with the *Equity Transfer Agreement*, and the dispute matters involved therein were not beyond the scope of arbitration agreement. The arbitral award involved in this case did not conflict with the SPC's ruling that has come into effect, and is facilitative to the resolution of the dispute. Moreover, Huake Company would not bear the double responsibilities of repayment in substance. The court thus did not admit the causes of Huake Company for annulling the award, and ruled dismissing the application.

The basis of arbitration is the arbitration agreement. The arbitral award that ruled the matter beyond the scope of arbitration agreement would violate true intention of the parties concerned, thereby lacking the proper grounds. The interpretation of the scope of arbitration agreement is always controversial in practice. According to the aforesaid cases, courts keep a wider definition of the scope of arbitration agreement for the general provisions of arbitration matters. As to the relationship between main contract and supplementary agreement, these two contracts are generally the same contractual relationship. The arbitration clause should be binding upon the disputes under both contracts, saved as otherwise separately provided in the supplementary agreement.

iv. Issues about the Arbitration Proceedings

1. Changing the Arbitration Request without Extending the Pleading Period

In the case of application for annulling the arbitral award of Liu ×× (the Claimant) v. Feng ××, Wu ××, Chen ××, Guangzhou Longtai Property Co., Ltd. (Longtai Company) (the Respondent) (Civil Judgement [2018] Yue 01 Min Te No. 72 issued by Guangzhou Intermediate People's Court on 13 September 2018), the court held that the Feng ×× requested for relieving the *Guangzhou Stock Housing Purchase Contract* he has signed with Wu ×× and Chen ××. During the trial of the arbitral tribunal, Feng ×× intended to change his request and demanded for rescinding the *Guangzhou Stock Housing Purchase and Sale Contract* he has signed with Liu ××, who forthwith raised an objection and claimed for extending the periods of presenting evidence and pleading. The arbitral tribunal did not accept the request for change, but the final award rescinded the *Guangzhou Stock Housing Purchase and Sale Contract* reached by and between Feng ×× and Liu ××, objectively making Liu ×× unable to plead for the case. The arbitral tribunal's failure to extend the period of pleading violated Article 20 of the current *Arbitration Rules of Guangzhou Arbitration Commission*, the court thus ruled annulling the arbitral award.

2. Extending the Arbitration Period

In the case of application for annulling the arbitral award of A-one Products Bottlers Ltd. (the Claimant or A-one Company) v. Guangzhou Tech-Long Packaging Machinery Co., Ltd. (Tech-Long Company) and Hong Kong Hua Yun Industrial Limited (Hua Yun Company) (collectively the Respondent) (Civil Judgement [2018] Jing 04 Min Te No. 4 issued by Beijing Municipal Fourth Intermediate People's Court on 8 April 2018), the Claimant submitted the application on the grounds that CIETAC intentionally delayed the ruling and violated the statutory proceedings. According to the findings, A-one Company submitted an arbitration application to CIETAC in January 2016. CIETAC organized the arbitral tribunal to try this case in June 2016 and then sent the letter to both parties in December 2016, stating that it agreed to extend the period of rendering the award until June 8 2017 upon the request of arbitral tribunal for the demands of arbitration proceedings. CIETAC rendered the award in May 2017. The court held: such period complied with the provisions of Article 48 of the *CIETAC Arbitration Rules*: 1. The arbitral tribunal shall render an arbitral award within six (6) months from the date on which the arbitral tribunal is formed. 2. Upon the request of the arbitral tribunal, the President of the Arbitration Court may extend the time period if he/she considers it truly necessary and the reasons for the extension truly justified. The court thus ruled dismissing the application for annulling the arbitral award.

In the case of application for annulling the arbitral award of Shaanxi Head-Moly Industry Co., Ltd. (the Claimant or Head-Moly Company) v. ICD ALLoys and Metals LLC. (the Respondent or ICD Company) (Civil Judgement [2018] Jing 04 Min Te No. 363 issued by Beijing Municipal Fourth Intermediate People's Court on 20 November 2018), the Claimant claimed since the two delayed decisions and delivery of notice of the arbitral tribunal were both later than the deadline, the arbitration proceedings violated relevant laws. The court held that although Head-Moly Company received the decision on extending the period for ruling after the expiration of original deadline, which, however, did not affect the rights of Head-Moly Company to state its opinions and other rights, its claims should not be admitted and ruled dismissing its application for annulling the arbitral award.

3. About the Evidence

In the case of application for annulling the arbitral award of Shaanxi Head-Moly Industry Co., Ltd. (the Claimant or Head-Moly Company) v. ICD ALLoys and Metals LLC. (the Respondent or ICD Company) (Civil Judgement [2018] Jing 04 Min Te No. 363 issued by Beijing Municipal Fourth Intermediate People's Court on 20 November 2018), the Claimant applied for annulling the arbitral award on the grounds that ICD Company was a US enterprise that failed to go through the formalities of certification and verification for authorization in accordance with the *Civil Procedure Law*, and all the extraterritorial evidence presented by ICD Company failed to go through the formalities of certification and verification, and failed to provide the corresponding Chinese translation, either. The court held that the said causes were actually the admissibility of evidence, rather than those for annulment of arbitral award as stipulated by the laws, to which the court would not make further review.

4. About the Authentication

In the case of application for annulling the arbitral award of Jilin Liyuan Precision Manufacturing Co., Ltd. (the Claimant or Liyuan Company) v. Haco-Mubea Systeme Gmbh (the Respondent or Haco-Mubea Company) (Civil Judgement [2018] Jing 04 Min Te No. 448 issued by Beijing Municipal Fourth Intermediate People's Court on 5 December 2018), Liyuan Company submitted the application for annulling the award on the grounds that whether the equipment concerned had the function of 5-axis linkage was the key of this case, but the most reasonable way to authenticate such function was "loading test", the arbitral tribunal decided not to carry out the "loading test" because both parties failed to reach a consensus on doing so, which violated the provisions of the arbitration law. The court held that the arbitral tribunal did not carry out such test because Liyuan Company refused to make advance payment of such test fee, and then adopted the authentication opinion issued by the authentication agency without including the loading test. The admissibility of the authentication conclusion actually involved the behavior of arbitral tribunal for exercising its free discretion of identifying evidence and facts, such behavior did not violate relevant provisions of the *Arbitration Law* and *CIETAC Arbitration Rules*, the court thus dismissed the application of Liyuan Company.

5. About the Proceedings Preceding Arbitration

In the case of application for annulling the arbitral award of LeTV Holdings (Beijing) Limited (the Claimant or LeTV Company) v. Shanghai Qichengyueming Investment Partnership Enterprise (Limited Partnership) (the Respondent or Qichengyueming L. P.) and Jia Yueting (the Original Respondent of Arbitration) (Civil Judgement [2018] Jing 04 Min Te No. 439 issued by Beijing Municipal Fourth Intermediate People's Court on 25 December 2018), LeTV Company submitted the application on the grounds that either of the parties could institute a litigation only when the dispute cannot be resolved within thirty (30) days after the negotiation in accordance with Article 14. 2 of the *Convertible Bonds Purchase Agreement*. Qichengyueming L. P. failed to meet the requirement of preceding proceeding during the negotiation period when requesting for the arbitration, so the arbitral award should be annulled. The court held that Qichengyueming L. P. requested for the arbitration subject to its rights under the *Transfer Agreement*, master agreement of the transferee, convertible bonds, guarantee letter and all the other related transaction documents, including the creditor's demanding for the realization of claim right. The period that Qichengyueming L. P. sent the redemption notice to its original debtors, LeTV Company and Jia × × has met the requirements of 30-day negotiation period, so Qichengyueming L. P. has performed the preceding proceedings, the court thus ruled dismissing the application.

The legality of foreign-related and HMT-related arbitration proceedings should be reviewed in accordance with Article 274. 1. 2 of the *Civil Procedure Law*: "The person against whom the application is made is not duly notified to appoint the arbitrator or to proceed with the arbitration, or the said person fails to state its opinions due to reasons for which he is not held responsible" and Article 274. 1. 3 thereof: "The composition of the arbitration division or the procedure for arbitration is not in conformity with the arbitration rules." According to the aforesaid case, firstly, courts generally consider that the admissibility of evidence by the arbitral tribunal including the adoption of the authentication opinion, was always the substantive matters, without falling under the scope of legality of the arbitration proceedings. Secondly, decision on extending the period of rendering the ruling after the expiration of deadline and other slight procedural defect will not constitute the circumstance of setting aside the arbitral award if no substantial impact is delivered on the rights of the parties concerned. Thirdly, failing to extend the period of pleading as specified in the arbitration rules will constitute the circumstance of setting aside the arbitral award. The said practices can guarantee the values of the arbitration proceedings in a better manner, guaranteeing not only equal participation in the arbitration of the parties concerned but also efficient progress of the arbitration, and protecting the arbitral award from being annulled due to slight defect.

v. Annulling the Arbitration Mediation Statements

In the application for annulling the arbitration mediation statement of the US citizen Zhang × × (the Plaintiff and Respondent in the arbitration) v. Lin × × (the Defendant and Claimant in the arbitration), Yang × × (the Defendant and Respondent in the arbitration), Guangdong Hengshen Futong Property Co., Ltd. (the Defendant and Respondent in the arbitration) and Nanao Hengsheng Futong Real Estate Development Co., Ltd. (the Defendant and Respondent in the arbitration) (collectively the Defendant) (Civil Judgement [2017] Yue 01 Min Te No. 1281 issued by Guangzhou Intermediate People's Court on 19 September 2018), the Plaintiff applied for annulling the arbitration mediation statement on the grounds that she never signed a power of attorney. The court identified that: Jing × ×, as the attorney of the said four Respondents, participated in the court hearing and reached a settlement agreement with Lin × ×. The arbitral tribunal issued the arbitration mediation statement based on the settlement agreement, and Jing × × signed the statement as the attorney of Zhang × ×. The power of attorney in the arbitration archives was not the original thereof, but similar to the picture printing copy. The court held that: A party who appoints an attorney to participate in the arbitration activities shall submit a power of attorney that expressly states the authorized matters and powers, as well as the identity proof documentation in accordance with Article 27.3 of the *Arbitration Rules of Guangzhou Arbitration Commission*. In this case, no original power of attorney was available, and Zhang × × denied the said power of attorney during the review of this case. Without the original power of attorney by Jing × ×, the arbitral tribunal still identified Jing × × as the attorney of Zhang × × and issued an arbitration mediation statement based on the settlement agreement reached by and between Jing × × and the other party, which violated the said provisions of the *Arbitration Rules*, so the arbitration mediation statement and matters therein relating to Zhang × × should be set aside.

The arbitration law does not make any provisions of the application for annulling the arbitration mediation statements, but the *Research Opinions of Research Office of the Supreme People's Court on Whether A People's Court should Accept the Litigations about the Application for Annulling the Arbitration Mediation Statement* (*Judicial Research and Guidance*, Issue 2, 2012) states that Article 58 of the *Arbitration Law* is only applicable to the circumstances that a claimant applies for annulling the arbitral award, excluding the arbitration mediation statement, so the application for annulling the arbitration mediation statement lacks the legal grounds. However, most of the judicial practices grant the rights of application for annulling the arbitral award to the parties. The *Reply of the Supreme People's Court to the Request for Instruction to the Application of South China International Leasing Co., Ltd. for Setting aside the Amendments to Statement on Medication* ([2007] *Shen Zhong Tiao Zi No.* 20 - 1) *Issued by Shenzhen Arbitration Commission* (The Reply of Letter ([2017] Min Si Ta Zi No. 45 issued by the SPC on 27 July 2010) specifies that the arbitration proceedings of the Amendments to Statement on Medication issued by Shenzhen Arbitration Commission is inconsistent with the arbitration rules, which should be set aside in accordance with Article 70 of the *Arbitration Law*. Because the arbitration mediation statement has the same legal effect as the arbitral award, the arbitration medication also incurs the circumstances of violating the legal provisions or voluntary principle, so it is necessary to grant the remedial right that the parties apply for annulling the arbitration mediation statements.

vi. Issues about Violating the Social Public Interests

In the case of application for annulling the arbitration mediation statement of Shanghai Jiayu Investment Co., Ltd. (the Plaintiff or Jiayu Company) v. Shanghai Diviton Equity Investment Management Co., Ltd. et al. (the Defendant or Diviton Company) (Civil Judgement [2018] Hu 01 Min Te No. 52 issued by Shanghai First Intermediate People's Court on 13 February 2018), the Plaintiff submitted setting aside the arbitration award rendered by Shanghai Arbitration Commission on the grounds that Diviton Company, *et al.* had colluded in transferring its loan from China Everbright Bank to Tang × ×, who then lent the loan in his personal name to all the partners and charged high interest, which disrupted the national financial management order and violated the social public interests. The court held that the arbitration request raised by Diviton Company actually involved the confirmation of validity of expulsion decision and cooperation of Jiayu Company in handling the registration of withdrawing as a partner. The arbitral tribunal confirmed the validity of expulsion decision, which did not violate the social public interests. The court thus did not admit the claims and ruled dismissing the application for annulling the arbitral award.

In the case of application for annulling the arbitral award of Harbin Great Wall Junyue Culture Communication Co., Ltd. (the Claimant or Junyue Company) v. Mauritius Harbin International Co., Ltd. (the Respondent or Harbin International Company) (Civil Judgement [2018] Jing 04 Min Te No. 272 issued by Beijing Fourth Intermediate People's Court on 21 September 2018), the Claimant claimed that Harbin International Company was not qualified for engaging in operating the real estate business within the territory of China, so the *House Leasing Contract* signed by it was invalid, the arbitral award violated the social public interests. The court held that social public interests were associated with all members of the society and were in public and social nature, which is different from the interest of the parties to a contract. The *House Leasing Contract* involved in this case was signed on a voluntary basis by the civil subjects, its content did not violate the mandatory provisions of the laws and administrative regulations. Moreover, the arbitral award of this case only affected the parties thereto, without involving the social public interests, so the Claimant's application for annulling the arbitral award should be dismissed.

In the *Letter of Reply of the Supreme People's Court on the Instructions to the Application for Non-enforcement of the Arbitral Awards Submitted by Luoyang Tianli Real Estate Co. ,Ltd.* ([2018] SPC Min Ta No. 305), the SPC held that social public interests were the common interest of the society or a certain community, the arbitral award involved therein focused on determining whether the liquidated damage was too high, which could only affect the rights and obligations of the parties thereto, so it could not be considered that such award violated the social public interests.

In the case of application for annulling the arbitral award of the US citizen Su ××(the Claimant) v. Yao ××, Chen ×× and Foshan Nanhai Baochen Audio-Visual Furnitures Co. ,Ltd. (collectively the Respondent) (Civil Judgement [2018] Yue 06 Min Te No. 201 issued by Foshan Intermediate People's Court on 26 July 2018), the Claimant claimed that this case involved tax evasion, and the other party's behavior of transferring the foreign exchange at abroad also violated relevant provisions of foreign exchange management of China, so the arbitral award on such basis could harm the State's interest. The court held that the remittance notice provided by Su ×× only proved the fact that an extraterritorial subject remitted money to an extraterritorial bank. The arbitral award focused on resolving the dispute arising from the equity purchase contract and was rendered on the basis that some clauses of the contract were invalid due to the violation of relevant legal provisions, so the arbitral award has excluded the invalid clauses for reason of impairing the State's interest, thus there was no circumstance of violating the social public interests, and the application for annulling the arbitral award was dismissed.

According to the aforesaid cases, the people's courts are very restrained when defining social public interests, and hold that social public interests were associated with all the public members and were of public and social nature, different from the interest of the parties to a contract.

Summary of the Year

China adheres to the fundamental national policy of opening up, pursues development with its doors opening wide and actively promote international cooperation among "Belt and Road" countries. China supports multilateral trading system, make great efforts to facilitate the construction of free trade zones and free trade areas and build an open world economy. The international development and cooperation advocated by China are full of moral strengthen and totally reflect strong inspiration and attraction.

After China raised the "Belt and Road" Initiative, more than 160 countries and international organizations have signed cooperation documents with China. In April 2019, Over 6,000 foreign guests from 150 countries and 92 international organizations participated in the 2nd Belt and Road Forum for International Cooperation, at which a total of 283 items of practical outcomes were achieved. A report recently published by the World Bank points out that the "Belt and Road" Initiative could lift 32 million people out of moderate poverty (those who live on less than $3.20 a day), and could boost global trade, corridor economies, and global income by 6.2%, 9.7% and 2.9%, respectively.

This year is the 70th anniversary of the founding of the People's Republic of China. CIETAC has witnessed and practiced the integrative development of Chinese arbitration and international arbitration. Upholding motto of independence and impartiality, CIETAC has long been committed to driving the development of international and domestic commercial arbitration, continuously enhancing the international influence and competitiveness of Chinese arbitration, striving to enhance the credibility of arbitration, providing both Chinese and foreign parties with fair and efficient arbitration legal services, and guiding and driving the development of China's international commercial arbitration.

In retrospect of the year 2018 – 2019, developments of China's international commercial arbitration are mainly evidenced by the following five aspects:

First of all, the environment of international commercial arbitration legal system was increasingly optimized, the policies for arbitration legal system became looser and outstanding achievements in the legal services of arbitration were made. 2018 was the fifth anniversary of the "Belt and Road" Initiative, General Office of the CPC Central Committee and General Office of the State Council released the *Opinions Concerning the Establishment of the Belt and Road International Commercial Dispute Resolution Mechanism and Institutions* deliberated and adopted by the Central Leading Group for Comprehensively Deepening Reform, arranging for the establishment of an international commercial court, the setup of an international commercial expert committee and the construction of a "one-stop" international commercial dispute resolution platform, delivering a great significance for guaranteeing the smooth implementation of the "Belt and Road" Initiative and bringing about opportunities for the internationalization of China's commercial arbitration. The General Office of the CPC Central Committee and General Office of the State Council released the *Several Opinions on Improving the Arbitration System and Strengthening the Credibility of Arbitration* in 2018, laying a solid foundation for orderly development and legislation amendment of China's international commercial arbitration. In 2018, the SPC made active efforts to support the development of arbitration cause, further regulated the trial procedures and institutional arrangement for confirmation of validity of arbitration agreements, conservatory measures for arbitration, annulment and non-enforcement of arbitral awards and devoted greatly to the creation of the judicial environment propitious to the arbitration, to guarantee and strengthen the credibility of the arbitration both at home and abroad. In 2018, Chinese arbitration institutions underwent a continuous sharp increase in terms of caseload and steady increase with regard to foreign-related arbitration caseload, and recorded an apparent increase in the total dispute amount. The subject amount of the arbitration cases accepted by CIETAC exceeded RMB 100 billion for the first time.

Secondly, efforts were made to analyze the characteristics of commercial dispute cases involving the "Belt and Road" countries/regions for the first time and sum up the experience of dealing with foreign-related commercial dispute cases by the parties to the disputes, and suggestions for risk prevention were thus raised. This year is the sixth year of the implementation of the "Belt and Road" Initiative, and China further opens up the market and takes up an active attitude of conforming to the international practice in terms of the dispute resolution with continuous progress of the "Belt and Road" Initiative. Projects covered by the "Belt and Road" Initiative involve a huge size and diversified transaction types, so the arbitration, as one of the important diversified dispute resolution methods, becomes the first choice of the majority of the international commercial subjects. In this context, China also actively explore and support the diversified dispute resolution mechanism, so as to support the implementation of the "Belt and Road" Initiative. As a renowned international commercial arbitration institution, CIETAC has accumulated abundant practical experience in the management of disputes involving the commercial subject matters in "Belt and Road" countries/regions. From January 2013 to June 2019, CIETAC accepted a total of 557 cases involving "Belt and Road" countries/regions, with a total amount in dispute of RMB 24.357 billion in aggregate. During the construction of the "Belt and Road", the Chinese parties should attach great importance to the pre-setting of dispute resolution mechanism, drafting of arbitration clause and advance arrangement of the seat of arbitration. In recent years, China has become increasingly friendly to the arbitration, and the judicial support to the arbitration was more evident. Moreover, the legal system relating to arbitration is increasingly sound, so China has won the favor from more and more foreign-related commercial subjects and become one of the most popular seats of arbitration of international commercial disputes.

Thirdly, special observation is made on the latest development, problems and challenges of financial dispute cases with the focus being placed on asset management which has witnessed the most rapid development, maintained a huge market size, and involved various complex legal issues and frequent default disputes in recent years. The development history of asset management in China indicates that the asset management has to some extent broken the traditional boundaries of operation and supervision by separate business, and met the financing demands of continuous increase in the amount and changes in the form to a great extent. However, during the rapid development, the asset management also suffered a heap of problems, e. g. , rigid honoring, prevailing regulatory arbitrage, mounting capital cost, negligence of management institutions, etc. A market survey reveals that arbitration is being used by more and more financial institutions in the international commercial sector. According to the financial arbitration practice in China, although litigation shows an unfair advantages in the resolution of various disputes, it is different in the resolution of financial investment disputes, where litigation does not have definite advantage. Instead, arbitration is usually deemed the way featuring more efficient, confidential and professional to resolve financial disputes. In some sense, for the soaring financial market, courts do not have a sufficient number of judges with professional knowledge and background to try the innovative or complex financial disputes. However, arbitration institutions, in particular major arbitration institutions, which can make flexible use of the professionals available in the market, are usually capable of rendering good arbitral awards in line with the market expectation. In recent years, CIETAC has properly resolved a great many innovative and complex financial disputes by arbitration, providing valuable support to the development of financial market.

Fourthly, it gives an overall introduction of basic content of the *Singapore Convention on Mediation* (*Singapore Convention*), focuses on analyzing the relationship between mediation under the *Singapore Convention* and mediation in the arbitration proceedings, and the influence of acceding to the *Singapore Convention* on China's current legislation, as well as raises problems requiring special attention after China accedes to the *Singapore Convention*. The *Singapore Convention* applies to a settlement agreement resulting from mediation and concluded to resolve an international commercial dispute, clarifies the application of direct enforcement mechanism, specifies that the settlement agreement may be used in the non-enforcement procedure and provides the grounds that the competent authority may refuse the relief at the request of the party and those the competent authority may initiate a review *ex officio* and refuse the relief. The method of "combining arbitration with mediation" is internationally regarded as the "oriental experience", which has fundamental differences from the separate mediation. Moreover, the scope of mediation of "combining arbitration with mediation" is wider than that as set forth in the *Singapore Convention*, which, however, is inapplicable to the settlement agreement resulting from mediation under the "combining arbitration with mediation". Because China has not established a sound mediation legislation system yet, provisions of mediation are scattered in the *People's Mediation Law*, the *Civil Procedure Law*, the *Arbitration Law* and other laws, appropriate adjustments should be made to the existing judicial regimes of China, so as to make effective linkage of the existing regimes with the

Singapore Convention and realize smooth implementation of the settlement agreements under the *Singapore Convention* in China. During the mediation, the existing commercial mediation centers in China should pay additional attention to the disclosure obligations of mediators and the circumstances that could probably give rise to conflicts of interest, so as to avoid the non-enforcement of settlement agreements.

Fifthly, courts in China conduct judicial review of arbitration in a prudent way, uphold the judicial concept of "supporting arbitration" and prove such persistence in the practice, orient to the validating interpretation of arbitration clauses and actively recognize and enforce the arbitral awards relating to foreign countries, Hong Kong, Macao and Taiwan regions. Judicial reviews of confirming the validity of foreign-related and HMT-related arbitration clauses chiefly involves the applicable law of arbitration agreement, identification of foreign-related factors, the validity of clauses on overseas arbitration, judgement of validity of arbitration clauses in the lawsuit on the grounds of infringement, validity of arbitration clauses involving agency behaviors, incorporation of the arbitration clauses in the bill of lading into the charter party, interpretation of general arbitration clauses, interpretation of the arbitration institution stipulated in the arbitration clauses, etc. Some new issues emerged in practice, including litigation about requesting to confirm for the non-existence of arbitration agreements, determination of matters for arbitration, time limit for raising the objection to jurisdiction of arbitration agreements, etc. New review standards raised by the court in such regards are worth noticing. Judicial reviews on the recognition and enforcement of arbitral awards made in foreign countries, Hong Kong, Macao and Taiwan regions in recent years, has witnessed an increase of disputes concerning objection to jurisdiction when applying for recognizing and enforcing the foreign arbitral awards, including the circumstances where the parties exploit their rights to challenging the jurisdiction to delay the procedures. Secondly, courts focus on the defense causes of the respondent to review the cases. The people's courts may not carry out any review for the request for which the respondent failed to furnish the circumstances as set forth in Article V:1 of the *New York Convention*. In terms of arbitration proceedings, the courts focus on reviewing the consistency with the agreement of the parties concerned and the arbitration rules agreed by such parties. The principle of strictly defining the public policies continued to be followed. It is worth noting that international parallel proceedings to confirm the validity of arbitration clause appear in recent years. From the perspective of protecting the judicial sovereignty and *res judicata* of valid ruling, courts may refuse to recognize and enforce foreign arbitral awards based on the clauses relating to public policies.

In the remarks delivered at the Press Conference of the 2nd Belt and Road Forum for International Cooperation, President Xi Jinping stressed that the theme of this year's Forum was "Belt and Road Cooperation: Shaping a Brighter Shared Future". At the Roundtable, leaders of participating countries and international organizations held in-depth discussions on "Boosting Connectivity to Explore New Sources of Growth", "Strengthening Policy Synergy and Building Closer Partnerships" and "Promoting Green and Sustainable Development to Implement the UN 2030 Agenda", thereby reaching extensive consensus on promoting high-quality Belt and Road cooperation with refined principles, clear priorities and stronger mechanisms. The leaders' common views are reflected in the Joint Communiqué adopted by consensus at the Leaders' Roundtable and will guide future efforts to advance the "Belt and Road" international cooperation in the coming years.

In 2019, the General Office of the CPC Central Committee and General Office of the State Council released the *Opinions on Accelerating the Building of a Public Legal Service System*, expressly require active efforts be made to provide legal services to important national economic and trade activities and all-around opening-up, integrate advantageous resources of arbitration, building up international famous arbitration institutions, promote and support arbitration institutions to participate in the international commercial dispute resolution. Functions of the judicial assistance channels should be exerted into full play and efforts should be made to firmly strengthen the international enforcement and judicial cooperation. Also, efforts should be devoted to set up international commercial mediation organizations, establish and refine the mechanism for law ascertainment, provide the services for ascertainment of extraterritorial laws by establishing the legal information database and expert database. This *Opinions* points out the direction for future development of China's international commercial arbitration cause and provides the supporting system and guarantee services.

Chinese arbitration institutions, represented by CIETAC, will continuously sum up the arbitration practical experience and push forward the further improvement of the arbitration system, continue to exercise the advantages in commercial arbitration and mediation, actively cooperate in the building of the SPC's International Commercial Courts, participate in the construction of the "one-stop" dispute resolution platform on which mediation, arbitration and litigation are efficiently integrated and promote the perfection of the diversified dispute resolution mechanism. Continuous efforts will also be made to draw on advanced theories of international arbitration, make extensive research on arbitration theory and practice in China, enhance the self-confidence of arbitration culture and increase the internationalization and modernization of China's arbitration.